太平洋战争全史书系

狂飙与重挫

第二卷　1942

团结出版社

UNITY PRESS

萧西之水 作品

图书在版编目（ＣＩＰ）数据

狂飙与重挫：1942 / 萧西之水著. -- 北京：团结
出版社，2018.11（2020.5 重印）
（太平洋战争全史书系 ；第二卷）
ISBN 978-7-5126-6466-1

Ⅰ．①狂… Ⅱ．①萧… Ⅲ．①太平洋战争－史料－
1942 Ⅳ．①E195.2

中国版本图书馆 CIP 数据核字(2018)第 165862 号

出　版：团结出版社
　　　　（北京市东城区东皇城根南街 84 号　邮编：100006）
电　话：（010）65228880　65244790 （出版社）
　　　　（010）65238766　85113874　65133603（发行部）
　　　　（010）65133603（邮购）
网　址：http://www.tjpress.com
E-mail：zb65244790@vip.163.com
　　　　fx65133603@163.com（发行部邮购）
经　销：全国新华书店
印　装：三河市东方印刷有限公司

开　本：170mm×240mm　　　16 开
印　张：16.75
字　数：260 千字
版　次：2018 年 11 月　第 1 版
印　次：2020 年 5 月　第 2 次印刷

书　号：978-7-5126-6466-1
定　价：49.00 元
（版权所属，盗版必究）

目 录

楔 子
太平洋战争初期地政局势

太平洋战争爆发之后，德、意、日等国其实对于未来战争如何进行并没有联动规划，相反盟军方面却迅速结成一体。

1941 年 12 月 14 日，正是日本奇袭珍珠港之后首个星期日，丘吉尔便率领英国皇家海军新锐战列舰"约克公爵"（HMS Duke of York）出航访问美国。不过很有趣，丘吉尔表面目的是给盟友打气，实际上却是要劝说美国不要因为参战就放弃"欧洲第一"战略。

沿海路行进过程中，丘吉尔听到远东英国殖民地接连告急，从香港到马来亚，从泰国妥协到"威尔士亲王"沉没，丘吉尔只能在军舰航行地图室内正襟危坐，看着地图上"日本"图钉一点点威胁着"远东直布罗陀"——新加坡。

美国人也差不多，等待丘吉尔到来的过程中，菲律宾受到日军空袭，麦克阿瑟被迫将残存飞机撤退到澳大利亚达尔文港，日军距离马尼拉越来越近。而就在丘吉尔乘船抵达美国诺福克海军基地当日（华盛顿时间 12 月 22 日），太平洋中部的威克岛也失守了。

与后来日本人一样，当时美国媒体选择

1941 年 12 月 14 日抵达美国的英国海军战列舰"约克公爵"号

丘吉尔与罗斯福早在1941年8月便已经建立起英美之间的攻守同盟

性忽视各条战线败绩，将头版留给了丘吉尔如何从诺福克飞往华盛顿，头版照片也是丘吉尔叼着雪茄漫步走下飞机舷梯。华盛顿时间18点，丘吉尔坐车前往白宫，并在深夜开始与罗斯福举行会谈。

就在这次所谓"阿卡迪亚会议"（Arcadia Conference）中，成立以英、美、苏、中等盟国为基础的一个崭新组织被提上日程：12月29日，罗斯福第一次用"联合国"（United Nations）来形容同盟国阵营的外交合作组织；1942年1月1日，以英美为首的26个国家代表在华盛顿签署《联合国宣言》。

"联合国"一词最早出现于拜伦《恰尔德·哈罗德游记》（Childe Harold's Pilgrimage）第35章，用来形容滑铁卢战役中对抗拿破仑的联盟部队。有趣的是，拿破仑法国是陆海结合区域的新生大国，因而触犯到传统海洋国家（英国）与传统陆地国家（俄罗斯）的利益，进而受到双方夹击而亡；第一次世界大战时德意志帝国登上了这个地位，继续受到英国与俄罗斯夹击，直到第二次世界大战依然如此。

虽然英美海洋国家与苏联在意识形态上大相径庭，甚至在战后形成冷战，但一旦陆海结合区域出现强势政权，双方利益一致性远远超出想象。因而轴心三国正是扮演着当年拿破仑法国、一战德国的角色；"联合国"这一概念，也与前身"国际联盟"相似，都建立在传统海洋国家与传统陆地国家合作的理念基础之上。

第二次世界大战看似是同盟国与轴心国进行集团对战，然而传统海洋国家封锁海路，传统陆地国家封锁陆路，除去德、意两国首脑由于接壤而频繁会面之外，远东轴心——日本首脑与其他两国首脑从未会面。别说像罗斯福、丘吉尔一样建立私人关系，日本与德、意两国之间甚至无法像罗斯福、丘吉尔与斯大林一样建立对话机制。事实上轴心国是在欧洲与北非、太平洋与印缅两块分裂战场上与同盟国作战。

站在同盟国角度讲，必须利用海洋国家既有优势，继续在太平洋与印度洋双方向切断日本与德、意两国联系，然后开辟第二战场，与苏联夹击纳粹德国；站在轴心国角度讲，就必须打破这种断裂，首先争取打通印度洋，在中东地区与德国军队接洽一处，进而从各个方向占领苏联的工业领土。毕竟所有人都明白日本从长期看一定打不过美国，那么夺取东南亚之后，日本应该将太平洋各占领岛屿要塞化，尽可能延缓美军进攻步伐。

然而1942年1月18日，日本与德、意两国签订军事协议，以东经70度为界，将印缅战场与太平洋战场统一交给日本，而将中东到北非再到大西洋的广阔地域交给德、意两国。由于东经70度大体就卡在英属印度最西侧，而德国、意大利海军力量又各自投放在大西洋、地中海，整个印度洋中西部缺乏战略布局，自然也就无法有效组织英属印度与埃及之间互通有无。

日本之所以不在印度洋方面继续进军，一方面确实是国力所限，但另一方面也是因为陆海军缺乏明确战略与远期目标。1941年11月5日《帝国国策实施要领》只是提到"打开目前危局、确保自存自卫、建设大东亚新秩序"。

其中"危局"自然是指日本受到英美盟国在物资与金融等多方面的封锁。然而究其原因，却是日本从1941年上半年进驻法属印度支那南部而导致一连串外交连锁反应；再往前思考，便可以发现日本没有妥善利用美国在1937年中国七七事变以后给予日本的绥靖政策，反而是将内部矛盾扩展到外部；如果追求远因，更需要提到1931年中国"九一八"事变前后日军军部中层力量反噬政党内阁；当然若要从文化层次上探寻本质，还要上溯到日本700年幕府统治留下的"武者治国"与"下克上"传统。

应该说，日本对美宣战本质上是一种应激反应与短期行为，很难称得上有什么深谋远虑，但也正是在一团混乱之中，日本开启了地狱之门。

　　但吊诡的是，地狱之门打开以后，第一场景却是：日本迅速侵占马来亚半岛、菲律宾、荷属东印度、缅甸南部，并逼迫泰国对日妥协。

第一章　集火，突击东南亚

（一）陆海强袭：东南亚战场开启

就在日本海军如火如荼准备着奇袭珍珠港的时候，日本陆军也悄然开始对东南亚的侵略计划。

1941年11月5日御前会议之后，日本基本确立了同盟军宣战的方针；6日，日本命令寺内寿一大将出任日本南方军总司令，同日大本营发布《南方军作战要领》与《南方作战陆海军中央协定》两份机密文件。

在这一时点，日本南方军仍然属于保密状态，所以司令部并没有单独设立，而是借用了陆军大学的办公室以为掩护。

11月15日，南方军正式确立建制与作战分工（见表1-1），并将进攻东南亚地区的南方作战分为三个阶段：第一阶段为同时登陆马来亚半岛、菲律宾，并迅速占领荷属婆罗洲、苏拉威西岛等地区；第二阶段为进攻爪哇岛及夺取缅甸南部的盟军航空基地；第三阶段为继续进攻缅甸要地。

为了配合日本陆军行动，日本海军联合舰队也派遣第2舰队、南遣舰队、第11航空战队组成南方部队（近藤信竹中将）。

表1-1　日本"南方军"初期作战分工

军（指挥官）	进攻目标	师团构成
第14军 （本间雅晴中将）	菲律宾	第16师团、第48师团、第65旅团，配第5飞行集团
第15军 （饭田祥二郎中将）	泰国、缅甸	第33师团、第55师团
第16军 （今村均中将）	荷属东印度	第2师团、第38师团、第48师团、混成第56步兵联队
川口支队 （川口清健少将）	荷属婆罗洲	第18师团第35旅团
第25军 （山下奉文中将）	马来亚半岛与新加坡	近卫师团、第5师团、第18师团（缺川口支队），配第3飞行集团

12 月 2 日，南方军向所属各部队发布命令，要求根据计划行动；12 月 4 日，南方军司令部抵达法属印度支那的西贡，第 25 军先遣部队也从三亚启航准备作战；12 月 5 日，第 3 飞行集团开始集结——这就说明，马来亚作战要最先打响。

英国的两难处境与马来亚半岛布防

自从一战结束之后，英国就一直处于两难境地。

日英两国在 1902 年就达成划时代的日英同盟（Anglo-Japanese Alliance），并历经日俄战争与一战战火，可谓血火友谊。有了日本，英国也不需要过多增加远东殖民地军队数量，直接将远东防务托付给日本即可。然而一战结束之后，英国在太平洋却面对着别样景象。

首先是日本通过占领青岛港与德国在中国大陆的利权而彻底称霸东北亚，又在国际联盟会议中争取托管德属"南洋诸岛"，这就让日军对英国势力范围，即从马来亚半岛、新加坡到澳大利亚、新西兰的广袤疆域形成半包围之势。

随着 1922 年华盛顿条约生效，1923 年日英同盟到期，英国皇家海军一方面被限制住手脚，缺乏足够力量兼顾欧洲与远东，另一方面又缺少新的盟友控制远东；到了二战，英国几乎无暇顾及远东，皇家海军主力部队在地中海与意大利海军鏖战，英国陆军在本土与北非严阵以待，以阻止纳粹德国铁蹄踏平北非。

1941 年驻守北非的英国陆军部队

训练中的英属马来亚民兵

防远东就防不了北非，防德国就防不了日本。日本帝国经过明治维新，在列强夹缝之中闯出远东之后，英国在远东脆弱而落后的防御力量也就更加捉襟见肘。

陆军方面，英军组织马来亚本地居民形成 1.68 万人的防御力量，但这自然是远远不够的。1940 年 10—11 月，英属印度军队第 11 步兵师（包括第 6、第 8 印度步兵旅）进驻马来亚半岛；紧接着 1941 年 3—4 月，又有英属印度军队第 9 步兵师（包括第 15、第 22 印度步兵旅）相继抵达前线。

两支印度军队虽然加在一起有 3.7 万人，规模着实不小，但由于组建时间是 1940 年上半年，这支部队尚未经过英国陆军严格训练。一部分英印军队甚至从未与坦克共同集训，也从未培训过反坦克战术。英军便在 1941 年 2 月、8 月分别调遣澳大利亚第 22、第 27 步兵旅进入马来亚半岛防御，1.52 万人部队共同组成澳大利亚第 8 步兵师。

不过澳军也有问题。首先澳军第 8 步兵师在 1940 年 8 月才拿下番号，从未经历过战争历练，也严重缺乏武器补给。跟随第 8 步兵师的两个炮兵营只有数门 3 英寸迫击炮与一战时期残留下来的 QF 18 磅火炮，直到 1941 年底开战之前才勉强补足了英国陆军制式的 QF 25 磅火炮。

既然英联邦部队不给力，英国本土自然要表态支持。1941 年 9 月，在日军进驻法属印度支那南部之后，英国陆军第 18 步兵师开赴马来亚，其中担负指挥任务的第 53 步兵旅司令部在 1942 年 1 月 13 日抵达新加坡。英国陆军一共有 1.96 万人，马来亚半岛的盟军部队总计达到 8.86 万人，由陆军中将阿瑟·珀西瓦尔（Arthur Percival）担任马来亚总指挥（General Officer Commanding of Malaya）。太平洋战争开始之后，英印军队第 44、第 45 步兵旅也按照计划来到马来亚半岛增援。

马来亚地区的英军总指挥——陆军中将阿瑟·珀西瓦尔

从地理上来看，马来亚半岛与日本本州岛多少有些相似：都是长条状。从泰国南端到新加坡有大概640 公里，宽则从 320 公里到 100 公里不等。由于马来亚半岛中部为长条状的中央山脉所覆盖，半岛交通事实上只有三条主要道路：西海岸道路、中央道路和东海岸道路。

相对而言，西海岸道路集中了马来亚主要经济区与人口，首都吉隆坡也在这条路上，因而更为重要。事实上直到现在，马来亚最长的 AH2 高速公路也就是从北部的吉打州（Kedah）一路沿着西海岸南下，途经双溪大年（Sungai Petani）、太平（Taiping）、金宝（Kampar），直抵首都吉隆坡，进而一路向着东南行进抵达新加坡。

但英军出于人员短缺，只能将英印军第 3 军的主力部队放在西海岸，哥打巴鲁（中央道路）、关丹（东海岸道路）两个东部海港各配备了一个步兵团。也正因为人员物资短缺，马来亚半岛事实上无法为英军提供太大的战略纵深，英军好似在构筑一个"纸牌屋"。

驻守马来亚的英国皇家空军

英军似乎也意识到这一点，于是将主要防御精力都投入到了新加坡北岸——柔佛（Johore）地区的防御上，这里也是澳大利亚第 8 步兵师的阵地。至于新加坡地区，则由英国自己的一个师搭配一个旅的英印军来守卫。

虽然不切实际，但既然英国陆军已经确定了以马来亚半岛为拖延的战术,那么航空兵力就会更为重要。航空力量方面,英国皇家空军在马来亚半岛布置了 14 个飞行大队、215 架各式飞机(见表 1–2),司令官为康威·普尔福德(Conway Pulford)中将。

表1–2　英国皇家空军在马来亚半岛的主要构成

飞行大队	机场	飞机型号及数量
1(澳)	哥打巴鲁(Kota Bharu)	"哈德森" II 侦察机 / 轰炸机 ★10
8(澳)	关丹(Kuantan)	"哈德森" II 侦察机 / 轰炸机 ★12
21(澳)	双溪大年(Sungei Patani)	"水牛" 战斗机 ★12
27(英)	双溪大年(Sungei Patani)	"布伦亨" IF 夜间战斗机 ★2
34(英)	中央	"布伦亨" IV 轰炸机 ★17
36(英)	龚吉打(Gong Kedah)	"威尔德比斯特" I 鱼雷轰炸机 ★12
60(英)	关丹(Kuantan)	"布伦亨" I 轰炸机 ★8
62(英)	亚罗士打(Alor Star)	"布伦亨" I 轰炸机 ★18
100(英)	(新加坡)实里打	"威尔德比斯特" 鱼雷轰炸机 ★14 "博福尔特" 鱼雷轰炸机 ★6
205(英)	(新加坡)实里打	PBY "卡特琳娜" 水上飞机 ★5
243(新)	加冷(Kallang)	"水牛" 战斗机 ★17
453(澳)	(新加坡)三巴旺	"水牛" 战斗机 ★18
488(新)	加冷(Kallang)	"水牛" 战斗机 ★17

不过日军用实际行动证明,英军的防御体系事实上非常脆弱。

哥打巴鲁登陆

1941 年 12 月 7 日 17 点 30 分,日本陆军少将佗美浩带领着佗美支队 5300 人,乘三艘运输船来到马来亚东北部的哥打巴鲁以北 110 海里海域,护卫舰队为轻巡洋舰"川内"与整个第 3 水雷战队。

由于珍珠港事件极负盛名,也就顺理成章成了太平洋战争开始时点。然而如果较真一下,奇袭珍珠港的第一次攻击队抵达珍珠港的时间是东京时间 12 月 8 日 1 点 30 分,然而同一时刻,佗美支队早已发起登陆尝试。

根据计划，佗美支队在12月8日0点45分开始登陆作战，然而由于风浪太大，直到1点30分，佗美支队的先遣部队才开始突袭哥打巴鲁沿岸的沙巴克（Sabak）。

得知日军来袭，英印军第8旅第17道格拉斯步兵团第3营迅速开展阻击。与盟军有所不同，日本陆军的登陆战术并不强调在海岸建立桥头堡，而是要求所有部队以中队（连）为单位登陆以后迅速向内陆地区突破，以求形成多点突破，出敌不意。攻克对手在海岸线设立的第一层防御线之后，日军才会开始集结全部兵力。

然而在英印军抵抗之下，阵地颇为坚固，难以用简单的步兵集团冲锋战术攻克。相反哥打巴鲁驻守的澳大利亚第1飞行大队10架"哈德森"轰炸机立即起飞，击沉一艘运输船，另外二艘运输船也被击伤。佗美支队的进攻并不顺利，只好后撤。

缺乏制空权，又不能建立桥头堡，这就让军队在推进过程中缺乏据点。不过由于对

日本海军轻型巡洋舰"川内"

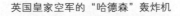

英国皇家空军的"哈德森"轰炸机

英国皇家空军在马来亚地区的各机场均
拥有完备的地勤设施

面的英印军只有四门 3.7 英寸小型榴弹炮，防御战线有 16 公里之长，英印军事先埋设的地雷阵位置也逐渐为日军所知，到了 3 点 45 分左右，日军终于在英印军第 8 旅的阵地中心打开一个口子，并迅速向内陆不到四公里的机场突进。英联邦军队先后从周围机场派遣了 86 架次飞机前来阻止，但由于缺乏协同配合而难以命中目标。

为了阻止日军突进内陆，英印军一方面由第 8 旅第 13 海岸警备团第 1 营死守机场附近阵地，另一方面在 10 点 30 分左右开始派遣两个马来亚步兵营袭击日军登陆点，但由于作战能力较差，这种攻击反而帮助日军集中精力建立起桥头堡。

16 点左右，英印军眼见战局不利，便开始坚壁清野，将全部飞机飞往内地，并开始破坏机场。20 点，英印军第 8 旅司令贝尔索德·基（Berthold Key）少将宣布全军撤退；22 点，日军正式占领哥打巴鲁附近的机场。

12 月 9 日，日本进一步开始登陆，先遣部队则开始向内陆方向进发，寻找其他英军据点。

12 月 10 日，龚吉打、马樟（Machang）两个地区机场的英军在烧毁机库与油料库之后宣布投降。然而问题是，这两地与哥打巴鲁机场一样，都没有毁掉最重要的跑道，日军只要稍加修缮就可以重新投入使用。12 月 11 日，日军沿河上溯，占领马樟城，佗美支队行动宣告完成。

在哥打巴鲁登陆战役里，日军阵亡 320 人，伤 538 人；英军阵亡 68 人，伤 360 人，失踪 37 人。相较之下日军伤亡更大，这主要是由于相对落后的登陆方式所致；不过英军虽然没有损失太多人马，却在战略上丢失了主动权。

未竟的"斗牛士行动"与空袭马来亚

其实太平洋战争开战之前，英国远东陆军总司令、空军上将罗伯特·布鲁克－波法姆（Robert Brooke－Phpham）曾拟订过"斗牛士"行动（Operation Matador），旨在于日军完全登陆马来亚半岛之前就先行占领各大重要海岸，进而开展阻击战。但问题在于，这份行动计划里包括要主动占领泰国南部的宋卡、北大年两个港口，丘吉尔担心授人以柄，前线便也没有主动出击。

到了 12 月 8 日上午，英印军第 3 军得知日军正在登陆哥打巴鲁，便紧急从日得拉出动一个营的兵力组成"克罗克尔"（Krohcol，印地语意指"营"），希望北进突破泰马边境，抵达 45 公里以外的一个山岭附近，阻止更多日军从北部来袭。

就在 12 月 8 日凌晨 2 点，第 5 师团先遣部队已经分别在宋卡、北大年开始登陆计划，而"克罗克尔"直到当天 15 点左右才抵达泰马边境，好不容易在当天傍晚之前设立了路障。

到了 12 月 10 日早上，英印军距离预定位置还有 10 公里，却猛然发现日本军队已经开始南下。从距离来看，日军登陆地北大年距离英军预定位置有近 100 公里路程，但日军却用了不到 60 个小时就完成登陆、整备、

仓促间于公路之上构筑防线的英国陆军

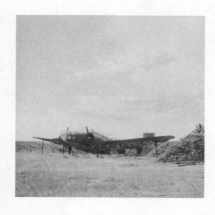
与英国皇家空军相比，马来亚战役期间日本陆、海军航空兵的机场条件都非常艰苦

进发，英印军距离这里只有 45 公里，却最终未能抵达，双方的机动力与作战能力可见一斑。

无论如何，日本人是来了。

为了掩护陆军作战，12 月 9 日上午，英国皇家空军派遣六架"布伦亨"轰炸机前往宋卡轰炸日军机场，不过由于计划中本应出现的战斗机没有出来护航，这六架飞机可谓形单影只，遭到日军 30 架陆军九六式战斗机围攻，最终三架被击落。

到了下午，英联邦军在中央与亚罗士打准备继续出动"布伦亨"轰炸机进攻前线，但还没来得及起飞就被日军飞机在飞机场炸毁。随即在 12 月 9 日，关丹机场遭到了日军空袭，七架英联邦飞机在地面上被毁。从 12 月 8—10 日，短短两天时间，英联邦军储备在马来亚半岛北部的 110 余架飞机就迅速缩减到了不足 50 架。

之所以伤亡如此惨重，一方面是因为英联邦军战斗机数量严重不足，另一方面也是因为英联邦军方面没有制定任何行之有效的预警系统。更麻烦的是，每个机场一般只配备四门重高射机枪与 12 门轻机枪，使得防空力量名存实亡。

没办法，英联邦航空力量只好南迁新加坡。不过到了 12 月 12 日，英联邦航空力量指挥官普尔福德中将还是希望为地面部队提供火力支援，因而又一次派遣三架"布伦亨"轰炸机前往宋卡轰炸，但依然由于战斗机力量不足，日军轻松将三架飞机尽数驱赶走。

这次不成功的空袭是英联邦军队对日

本登陆的最后一次空袭，而随着这次空袭结束，日本也开始了下一步作战。

"Z"舰队组成与航行

都知道日本陆海军之间有很大矛盾，但这种矛盾有时候也有好处：双方会各自主动寻求战果。

如今陆军取得了先期战果，海军当然也不能闲着。12月10日，日本海军航空兵在马来亚半岛东部附近的海域攻击英国皇家海军"Z"舰队。

所谓"Z"舰队是指英国皇家海军在远东的"东方舰队"（Eastern Fleet）。早在1941年8月，英国就决定派遣七艘老旧战列舰搭配一艘航母、10艘巡洋舰、24艘驱逐舰来到远东以制衡日本军队进驻法属印度支那前后造成的力量变化。

也就在8月，澳大利亚政府要求英国派遣一支主力舰部队到远东，但由于调动组织能力较差，英国预计到1942年3月之前都无法将全部力量调去远东。没办法，丘吉尔选择一个折中方案，10月20日开始派遣一支相对较小的舰队先行到新加坡驻守。

于是新锐战列舰"威尔士亲王"（Prince of Wales）便从本土出航，率领后来的东方舰队先行到达远东。12月2日，东方舰队正式成立（见表1-3），绰号"Z"舰队。由于缺乏航空母舰，虽然有陆基空军掩护，但从战史角度看，整支舰队依然缺乏必要的机动力与战斗力。

表1-3　英国东方舰队（Eastern Fleet）主要构成

司令：托马斯·菲利普斯勋爵（海军上将）	
战列舰	威尔士亲王（HMS Prince of Wales, 53）
战列巡洋舰	反击（HMS Repulse）
轻巡洋舰	达娜厄（HMS Danae, D44）、龙（HMS Dragon, D45）、德班（HMS Durban, D99）
驱逐舰	伊莱克特拉（HMS Electra, H27）、埃斯普利斯（HMS Express, H61）、忒涅多斯（HMS Tenedos, H04）、吸血鬼（HMAS Vampire, D68）

抵达远东的英国海军新锐战列舰"威尔士亲王"号

　　不过，当时英军较之日军更加沉迷于巨舰、大炮主义。当时世界上并不存在用舰载机击沉行动中的新锐舰的先例（1940 年奇袭塔兰托、1941 年奇袭珍珠港都是攻击静止目标），故而英军认为靠着"威尔士亲王"号的厚重装甲与 28.5 节高速足以防御与躲避舰载机的攻击，这就给了日本人一个创造历史的机会。

　　不过英军没有估计到，虽然厚重装甲与高速能够在一定程度上躲过舰载机的攻击，但"威尔士亲王"号并不存在完备的防空力量，加之护航的战列巡洋舰"反击"又是一战时期留下的老舰，且还没有经过现代化改装，这支舰队的防空能力实际上很弱。

　　皇家海军曾一度请求皇家空军护航，然而从 12 月 8 日开始，皇家空军正在从哥打巴鲁等附近机场撤退，完全无法提供护航或侦察。但皇家海军并没有过于担心，因为在他们看来，日本军队耗费了五年时间也没能战胜中国，自然也就不可能对英国产生什么威胁。

　　12 月 8 日，托马斯·菲利普斯勋爵刚刚从菲律宾马尼拉参加了一次盟军联合会议而返回，就迅速得到消息：日本人在泰国、马来亚的三个海港开始登陆。也就在同一天，日本海军航空兵也来到新加坡港空袭英国东方舰队。

　　菲利普斯选择主动出击。17 点 35 分，东方舰队离开新加坡港口，驶出马六甲海峡之后旋即转航东北，朝着阿纳巴斯岛（Anambas Island）

方向行驶，准备前往泰国宋卡附近海域阻止日军顺利登陆。

到了 12 月 9 日凌晨 4 点，东方舰队全军出动北航，绕过阿纳巴斯岛之后，由于天气条件太差，东方舰队行动极为缓慢，这就让日本潜艇"伊 65"在 13 点 15 分前后抓住踪影："发现敌'反击'型战列舰二艘，地点'FUMOHA'26，方向 340 度，速度 20 节。"

日本海军当然不敢怠慢，第二舰队司令近藤信竹当时正在率领联合舰队南方部队本队在这一海域巡逻。17 点 25 分，他们得到"'反击'型战列舰二艘、重巡洋舰二艘、驱逐舰三艘"就在附近的消息，便迅速调转航线，南下迎敌。

同一时间，日本海军各巡洋舰也利用水上侦察机前往侦察，到 17 点 40 分左右，日本重巡洋舰"熊野""铃谷"、轻巡洋舰"鬼怒""由良"等舰的侦察机飞过"Z"舰队头顶，遭到英联邦军防空火力攻击，除去"铃谷"侦察机还能够迫降之外，剩余侦察机都未能回归。

为了躲避日军空袭，东方舰队在 18 点 55 分将航向从正北转为正西。到 19 点 30 分前后，日英两国海军事实上相距只有 22 海里之远，但由于侦察系统不完备，双方都没有发现彼此。与此同时，远在西贡的第 22 航空战队已经出动一波以一式陆攻为主的攻击机部队，但因为天气原因不得不返航。

20 点左右，菲利普斯勋爵开始同参谋商量如何继续执行行动计划，经过一番商议，英联邦军意识到无法在缺乏航空力量保护的

英国皇家海军"Z"舰队司令——托马斯·菲利普斯勋爵

英国皇家海军"反击"号战列巡洋舰

日本海军九四式水上侦察机

情况下继续前进，因而决定在 20 点 15 分转向东南，回归新加坡港。

到了 23 点 55 分，又有一份报告传到东方舰队：日军已经在关丹港登陆，这距离当时东方舰队的位置只有 120 海里。当然，这是一份错误情报，当时日军的活动范围仍然局限在北部的哥打巴鲁。

为了调查一下关丹前线情况，英联邦军在 12 月 10 日 0 点 52 分转向西南，由于关丹距离日军最近的航空基地差不多有 450 海里之远，英联邦军便认为日军不太可能派出有效攻击力量。

这恐怕是英国海军最大的失算。

"Z"舰队覆灭

12 月 10 日凌晨 2 点 10 分，英军舰队行踪被日军潜艇"伊 58"发现："敌主力反转，航向 180 度。"

2 点 45 分，"伊 58"向"反击"发射了五枚鱼雷，不过最终都没有命中目标。"伊 58"继续跟踪东方舰队，并继续向日军高层发送了三封电报，其中最后一封发送于 6 点 15 分，提到自身追不上英国舰队，只能离开。

8 点前后，东方舰队抵达关丹附近，并从"威尔士亲王"号与一艘驱逐舰各发射了一架水上飞机巡逻。当然，由于之前消息是误报，东方舰队什么也没有发现。或许是觉得航行一天有些辛苦，菲利普斯勋爵并没有迅速离开，而是在关丹外海休息了 90 分钟，直到 10 点 30 分左右

日本海军潜艇"伊 58"

太平洋战争全史

才开始返航。

休息了这么久，日军自然不会再给英军机会。

需要注意的是，虽然"伊58"在12月10日凌晨先后发送了四封电报，但西贡的第22航空战队并没有收到相关消息，只能在4点55分到5点30分先行起飞九架九六陆攻与二架水上飞机担负侦察任务，并在7点前后起飞三波攻击队，共85架攻击机，向着各个方向巡航，等待侦察消息到来之后迅速向同一方向汇集（见表1–4）。

表1–4　日军三次攻击队主要构成

	起飞时间	构成
元山航空队	6点55分	九六陆攻 ★26（鱼雷 ★17、炸弹 ★9）
鹿屋航空队	7点14分	一式陆攻 ★26（炸弹 ★26）
美幌航空队	7点20分	九六陆攻 ★33（鱼雷 ★8、炸弹 ★25）

与英军设想不同，日军九六陆攻续航能力为1500海里，事实上当天上午，九六陆攻甚至跑到距离新加坡只有80海里的位置。而在返航时的10点13分，九架九六陆攻发现英军驱逐舰"忒涅多斯"号，这艘驱逐舰由于燃油不足在前一天先行脱队返航，却在这里率先遇到日军。

日本海军航空兵一式陆基攻击机

九架九六陆攻先后投弹，不过"忒涅多斯"号全部躲开。

随即在 10 点 45 分，日军 3 号侦察机在关丹附近发现正在休整的"Z"舰队主力，在不到 20 分钟时间里三度发电，首先是报告英军位置在"北纬 4 度、东经 103 度 55 分，航向 60 度"，接着提到航向变更为"30 度"，最后报告英军护航舰艇排布顺序。

11 点前后，日军八架九六陆攻（美幌航空队）抵达英军上空；11 点 13 分英军防空炮火开启，不过完全没有效果；11 点 15 分，八架九六陆攻对着战列巡洋舰"反击"号投下 14 枚 250 公斤炸弹，但只有首枚炸弹命中"反击"号右舷后部弹射器。

不过这枚炸弹依旧很有力，不仅穿透了右舷后部机库甲板，还穿透了装甲，在海员居住区甲板爆炸，"反击"号内部开始燃起大火，英军被迫将机库里燃烧起来的一架水上飞机投入海中。但即便如此，菲利普斯勋爵并没有向新加坡请求航空援助。

第一波攻击队结束攻击之后，元山航空队 17 架九六陆攻（鱼雷）又找到了英军舰队。这一次英军没能迅速开启防空火力，11 点 44 分，八架九六陆攻向"威尔士亲王"号投雷，其中二枚命中左舷后方与左舷中央，另外向"反击"号扔下的鱼雷未能命中目标。随后又有五架九六陆攻（美幌航空队）对"威尔士亲王"号投下炸弹，但都未能命中。

日本方面反映围攻"Z"舰队的炭笔画

日本海军拍摄的"Z"舰队苦苦挣扎的照片

虽然只有二枚鱼雷命中，但击中左舷中央的鱼雷却很有威力，"威尔士亲王"号向左舷倾斜 11.5 度，速度也降低到 15 节左右。

12 点 20 分，鹿屋航空队 26 架一式陆攻袭来：六架攻击"威尔士亲王"号，四枚鱼雷命中，这艘已经无法自由躲避鱼雷的战列舰彻底失去机动力，速度只有 8 节；鹿屋 20 架攻击机全部选择进攻不远处的"反击"号。日军自己认为有 7—10 枚鱼雷击中"反击"号，但根据随军英国记者回忆，"反击"号只遭受到五枚鱼雷命中，其中还有一枚是哑弹。

但无论怎样，这艘防雷能力较差的战略巡洋舰还是走到了自己生命的尽头。12 点 33 分，"反击"号两侧大量进水，最终向着左舷倾倒沉没，舰上乘组人员为其他英军舰艇所救。

与此同时，鹿屋航空队总指挥官宫内七三少佐向第 22 航空战队发出电报："击沉敌战舰一艘，仍需进攻另一艘"——这艘"英王乔治五世"级战列舰也走到了末日。

还没等第 22 航空战队反应过来，当日中午最后一波日本攻击队也袭来。12 点 40 分，美幌航空队 17 架九六陆攻先后进攻"威尔士亲王"号，号最终在 12 点 43 分，一枚 500 公斤炸弹从弹射器附近贯穿上方甲板，在舰体内部爆炸，英军伤亡惨重。

　　到这个时候，"威尔士亲王"号沉没已经是板上钉钉，然而日军并没有继续进攻，也没有妨碍英军的援救工作。这一方面是因为日军攻击队的燃油不足，不能过分攻击；另一方面也是日军向一直坚持战斗的英军表示敬意。

　　日本帝国海军从建军以来一直以英国皇家海军为老师，海军省大楼与江田岛海军兵学校都是专程从英国买来红砖垒起，甚至学员考试也要使用英语。然而过了数十年，到了二战战场上，日本海军却用英军最为熟悉的航空兵，乱拳打死老师傅，不得不说是一种历史的循环。

　　13 点 15 分，"威尔士亲王"号即将沉没，参谋纷纷要求东方舰队司令官托马斯·菲利普斯勋爵离开军舰，菲利普斯却仅仅回复"不了，谢谢"（No，Thank you）。面对日本海军航空兵的袭击，他与舰长约翰·里奇（John Leach）上校选择与这艘新锐战舰一同沉入海中。

即将沉没的"威尔士亲王"号

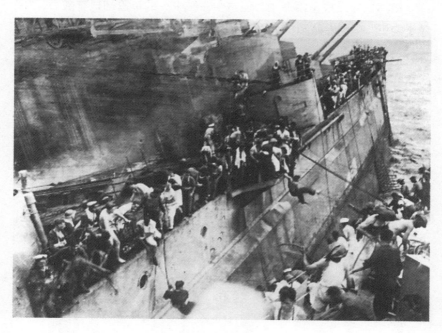

　　　　　　　　　　　　　　　　　　　　太平洋战争全史

当地时间 13 点 20 分，战列舰"威尔士亲王"号向左舷倾覆，彻底沉没。

（二）电击马来亚：日军攻克马来亚半岛

日军配备与马来亚进攻计划

与英军设想类似，日军确实是分兵而行，但又多少有些不同。

1941 年 11 月 20 日，日本南方军向各部队发布作战方针，其中针对马来亚作战有这样的记载：

"第 25 军须按如下要求在马来亚方面急袭登陆，并尽量在南方获得立足点：作战开始日 0 时以后，以强有力的先遣部队进入停泊地点，在马来亚半岛中部东岸急袭登陆，迅速占领航空基地，并尽可能在前方获得立足点。"

"在作战开始第 26 日前后，军主力分别在泰国南部开始登陆，一边击溃正面敌军，一边沿马来亚西海岸方向突击南下。"

在马来亚山地间高速推进的日本陆军步兵

"第 3 飞行集团须于开战之初主要攻击英属马来亚方面的敌空军力量。"

根据南方军命令，第 25 军制订了更为细致的战术计划：首先在海军及航空部队协同下登陆马来亚半岛"颈部"，进而派遣第 5 师团向吉隆坡北部的天险——霹雳河（Perak River）进攻。与此同时，近卫师团在第 5 师团背后跟进并在后期担任主攻任务，第 18 师团主力保护后方,第56师团伺机在东海岸登陆,几方面军队共同集结在居銮一带,南下攻击柔佛巴鲁与新加坡(见表1-5)。

表1-5 日本第25军第一阶段作战分工

参战部队	主力部队番号	战术计划
佗美支队	第18师团步兵第33旅团第56联队	登陆哥打巴鲁(中央道路起点),占领机场,伺机向关丹(东海岸重镇)进发。
第一批主力部队	第5师团	登陆泰国宋卡、北大年,突破泰马国境,从亚罗士打(西海岸首站)突击霹雳河方向。
第二批主力部队	近卫师团	跟随第15军进入泰国国境,并在开战15日之后集结在第5师团身后,从霹雳河开始担任主攻。
航空部队	第3飞行集团	集结在法属印度支那南部,进攻马来亚北部各大机场,以主力压制盟军航空力量。
后方部队	第18师团主力	登陆之后进攻西海岸重镇槟榔屿,保护日军补给线。
后续部队(实际未参战)	第56师团	伺机在关丹与丰盛港之间登陆,南下进攻柔佛巴鲁。

相比传统日本陆军作战依赖于步兵突击,第25军司令山下奉文(やました·ともゆき,1885—1946)中将在马来亚作战里作了很多调整,其中最主要的变化就是增加了卡车运输:负责前半段主攻的第5师团配备了860辆卡车,后半段主攻的近卫师团也配备了660辆卡车,整个马来亚战役中使用的卡车数量超过3000辆。只有负责后方扫荡任务的第18师团仍然采用传统的骡马运输。

看到这种量级的机动部队配备,不少人或许会联想起同一时期以"闪电战"闻名的纳粹德军。事实上从1941年1月开始,山下奉文中将担任"陆军遣德考察团"团长,在德国考察了四个月之久,期间坦克战专家海因茨·古德里安(Heinz Guderian,1888—1954)大将专门为考察团举办了"闪电战"讲座。

马来亚作战是山下奉文从德国回来之后的首战,复制德式"闪电战"自然是山下奉文的夙愿。

太平洋战争全史

既然要复制"闪电战"，那么坦克也不可或缺，第 25 军就得到了第 3 战车团共三个战车联队兵力，分别拥有轻型与中型坦克近 160 辆（见表 1–6）。相比之下，英军认为马来亚各类桥梁无法经受住相对重一点的坦克倾轧，因而在英印军队里只有 23 辆 Mk.IV 型坦克，这就导致双方力量差距悬殊。

表1–6　日本第25军第3战车团坦克分布

番号	坦克配备
第 3 战车团（总计）	轻型坦克 ★85 辆
	中型坦克 ★74 辆
第 1 战车联队	九五式轻战车 ★20 辆
	九七式中战车 ★37 辆
第 6 战车联队	九五式轻战车 ★20 辆
	九七式中战车 ★37 辆
第 14 战车联队	九五式轻战车 ★45 辆

　　从 1941 年角度来看，日军九七式中战车较之同时期盟军坦克拥有更强火力，但装甲相对弱一些。九七式中战车配备一门低速 57 毫米主炮、两挺机关枪，前车体装甲为 28 毫米，炮盾为 50 毫米。这就意味着英军防御工事或许会被日军击垮，但英军拥有的 2 磅反坦克炮可以在射程之内轻松击穿日军最重的坦克。

马来亚战场上被击毁的日本陆军九五式坦克

但日军坦克在马来亚作战里却有着独特优势：轻。九七式中战车总重15吨，九五式轻战车为10吨，日军坦克能够在东南亚相对落后的交通条件下得以保持一定程度的机动能力，为复制"闪电战"创造了条件。

日本航空部队更不可小觑。第3飞行集团（编制为盟军飞行师）从北部中国转场而来，其中最著名的九七式重爆击机（キ21）拥有较长的续航能力，能够携带1000公斤炸弹从西贡往返新加坡（见表1-7）。

表1-7　日本陆军航空兵第3飞行集团构成

飞行团	组成	飞机型号及数量
第3飞行团	第59飞行战队（战斗机）	一式战斗机"隼"（キ43）*21 九七式战斗机（キ27）*3
	第27飞行战队（侦察机）	九九式袭击机（キ51）*28
	第75飞行战队（轻型轰炸机）	九九式双发轻爆击机（キ48）*25
	第90飞行战队（轻型轰炸机）	九九式双发轻爆击机（キ48）*23
第7飞行团	第64飞行战队（战斗机）	一式战斗机"隼"（キ43）*35 九七式战斗机（キ27）*27
	第12飞行战队（重型轰炸机）	九七式重爆击机（キ21）*21
	第60飞行战队（重型轰炸机）	九七式重爆击机（キ21）*39
	第98飞行战队（重型轰炸机）	九七式重爆击机（キ21）*42
第10飞行团	第77飞行战队（战斗机）	九七式战斗机（キ27）*27
	第31飞行战队（侦察机）	九七式轻爆击机（キ30）*24
	第62飞行战队（重型轰炸机）	九七式重爆击机（キ21）*22
	独立第70飞行战队（侦察机）	九五式三型练习机（キ15）*8
第12飞行团	第1飞行战队（战斗机）	九七式战斗机（キ27）*42
	第11飞行战队（战斗机）	九七式战斗机（キ27）*39
	独立第15飞行大队（侦察机）	九五式三型练习机（キ15）*8 一〇〇式司令部侦察机（キ46）*11
	第81飞行战队（侦察机）	九五式三型练习机（キ15）*9 一〇〇式司令部侦察机（キ46）*7

曾在中国抗日战场上疯狂肆虐的日本陆军航空兵九七式战斗机

除去陆军航空兵以外，海军第21、第22航空战队也为援助马来亚作战而支援了37架战斗机（25架零式舰上战斗机、12架九六式舰上战斗机），99架轰炸机（72架九六式陆上攻击机、27架一式陆上攻击机）。总计500余架各式攻击机成为日军能够在马来亚作战中出奇制胜的重要武器。

随着12月8日哥打巴鲁登陆成功、12月10日歼灭英军"Z"舰队，日军顺利开启了胜利模式，摩拳擦掌，准备下一步进攻计划。

坦克突袭：日得拉防线崩溃

登陆哥打巴鲁只是一个掩护，日军真正的目标，其实是整个西海岸道路。

12月8日凌晨，第5师团成功登陆泰国宋卡、北大年两个港口，并迅速向内陆突进。到12月10日凌晨，从宋卡出发的步兵第9旅团外带一个战车联队、一个炮兵联队已经抵达了泰马边境；从北大年出发的步兵第42

驻守日得拉地区的英印军第11步兵师

联队也与两个轻战车中队、一个炮兵中队抵达边境，他们瞄准了西海岸第一个要塞——日得拉（Jitra）。

其实日得拉很不适合建立要塞。这个地方虽然荆棘丛生，但整体是平原地形，无山无水，难以借助地形防御。但由于重镇亚罗士打机场就在南边十几公里的地方，英印军只能在这里勉强建立要塞。

布防方面，英印军第11步兵师将第15步兵旅安置在正面，吸引日军决战；第6步兵旅放在左翼，面对海岸方向，以防日军包抄；第28步兵旅作为预备队储备。总兵力达到6000人，装甲车90辆，号称"小马奇诺防线"。

从建制而言，英印军在营级单位一般采取"一带二"或"一带三"模式，即由一个英国营组合两（三）个印度营，形成一个旅的战斗规模（见表1-8）。一来可以保证训练与战斗力，二来也可以监视印度军队不临阵倒戈。除此以外，英国人非常看重骁勇善战的尼泊尔廓尔喀（Gurkha）人，因而有四个旅专门由廓尔喀人组成。

表1-8　日得拉战役英印军第11步兵师作战序列

	组成
英印军第6步兵旅	第8旁遮普（Punjab）团第1营（印）
	东萨里（East Surray）团第2营（英）
	第16旁遮普（Punjab）团第2营（印）
	第22山炮团（英）
英印军第15步兵旅	莱斯特夏（Leicester Shire）团第1营（英）
	第14旁遮普（Punjab）团第1营（印）
	第9贾特（Jats）团第2营（印）
英印军第28步兵旅	第1廓尔喀（Gurkha）步枪团第2营（尼）
	第2廓尔喀（Gurkha）步枪团第2营（尼）
	第9廓尔喀（Gurkha）步枪团第2营（尼）
专业部队	第137野战炮兵团
	第155野战炮兵团
	第80反坦克团

12 月 11 日 16 点 30 分左右，日本与英印军发生第一次交火。日军搜索第 5 联队两辆九七式轻装甲车在第 1 战车联队两辆九五式轻战车、十辆九七式中战车带领下，仅靠着步兵第 41 联队派遣的 581 人就开始攻击英印军第 15 步兵旅第 14 旁遮普团第 1 营把守的第一条防线（南卡阵地，Nangka）。一小时不到，日军就凭借着坦克优势继续突进，并突破第 1 廓尔喀步枪团第 2 营守备的第二条防线（阿山阵地，Asun）。英印军急忙调遣第 28 步兵旅前来援助。

20 点 30 分左右，日军来到日得拉要塞主阵地，莱斯特夏团第 1 营与撤下来的英印军部队合起来激烈阻击，击毁两辆九五式轻战车，日军步伐被迫暂停。

12 月 12 日凌晨 3 点，日军第 5 师团战车部队继续发起攻击，到了 6 点，日军终于沿着主路击穿了莱斯特夏团第 1 营（英军左翼）与第 9 贾特团第 2 营（英军右翼）之间的结合部，突入到日得拉要塞核心部分。不过守在里面的第 8 旁遮普团第 1 营迅速出击，在 10 点左右阻挡住日军进军。中午前后，日军再度尝试进攻第 9 贾特团第 2 营阵地，但却在途中与前来增援的第 2 廓尔喀步枪团第 2 营遭遇，交战之后陷入僵持。

日军攻势猛烈，英印军第 11 师指挥官戴维·穆雷—里昂（David Murray-Lyon，1890—1975）少将开始思考撤退事宜，并向珀西瓦尔中将发出申请。毕竟日军已经突破两支陆军队伍的结合部，而且还在不断扩大缺口，那么缺少反坦克武器的英印军可能越发难以应对。

在穆雷—里昂下令之前，莱斯特夏团第 1 营首先在 16 点左右下达了撤退命令，他们从左翼向后撤退，随后右翼第 9 贾特团第 2 营也开始后撤，两部撤退的本意是重新在后方建立阵线，弥合结合部的问题。但麻烦的是，刚一撤退，英联邦军内部就陷入混乱之中。

到 19 点 30 分，出于重整军容需要，穆雷—里昂再度向新加坡总部发出电报请求撤退，最终获得许可。然而到了这个时候，日军已经完成三面包围，英联邦军只能沿着唯一一条后路突围。

英印军第 11 步兵师败北，这可算整个太平洋战争中英国陆军失败的典型案例。缺乏重武器与反坦克武器，英印军一个师的兵力竟被日军一个战车中队配合一个步兵大队的兵力所碾压，整个作战过程与纳粹德

今天保存在泰国境内的日本陆军九五式坦克

国装甲部队进攻法国如出一辙。

　　在日得拉战役失败之后，英印军第 11 步兵师先是在 12 月 13 日撤至吉打（Kedah），接着南撤到近 40 公里以南的古伦（Gurun）。英印军第 28 旅、第 6 旅从左到右分列开来，只剩下 600 人的第 15 旅则成为预备队。

　　不过日军并不想给英军太多喘息时间。12 月 15 日，日军稍作休整便开始南下进攻英印军第 6 旅防区，逼迫英印军继续南撤。在日军快速进军过程中，珀西法尔中将开始担心日军会通过占领北部航空基地而空袭新加坡，但他的做法并不是继续与日军前线作战或是轰炸日军后方，反而是将更多的皇家空军部队收缩到新加坡航空基地，并拒绝派遣澳大利亚第 8 步兵师北上阻击日军。

　　这一选择看似在短期内维护了新加坡的安全，却让整个马来亚北部都沦为日军占领区。12 月 17 日，珀西法尔再度下令全军撤退到霹雳河（Perak River）下游地区东岸，凭借面前的山水天险实施反坦克措施。

　　英印军第 11 步兵师稍作休整，并得到了英印军第 12 步兵旅的支援——不过，指挥能力低下的穆雷—里昂被撤换，12 月 24 日，亚齐巴德·帕里斯（Archibald Paris，1890—1942）少将接任指挥官一职。

沿着霹雳河突进

由于霹雳河距离日得拉陆路有 300 公里，日军必须开足马力追赶英联邦军撤退步伐。

追赶过程中，有"银轮部队"之称的日军自行车部队颇为人所称道。靠着轻便小巧的自行车，日本军队行动速度可以超出一般步兵的两倍乃至三倍，日行数十乃至上百公里追击。当然，"银轮部队"不仅在马来亚作战中使用，事实上在侵华战争与后来的菲律宾作战中也都大量采用，成为日军保证机动能力的重要补充。

但也要注意，自行车部队虽然在二战期间风靡各国，但其基础作用并不是调兵，而是侦察与联络。如果对手也是小股部队还可以有些许作战，但如果对手是严阵以待的大部队，自行车部队的使命就是了解前线情况、整备道路，进而带领辎重部队妥善开到前线。事实上在 1941 年 12 月 20 日前后，日军侦察部队就已发现英联邦军全线撤回霹雳河南岸守备。

与第 5 师团其他部队有所不同，步兵第 42 联队组成的安藤支队（安藤忠雄大佐）是唯一一支从宋卡登陆的部队。与攻击日得拉的主队有所不同，安藤支队的主要任务是从左翼（东侧）迂回，越过密林直接突向霹雳河沿岸，确保大桥不被英联邦军破坏。12 月 15 日，安藤支队穿过泰马国境线。

安藤支队在 12 月 22 日来到霹雳河上游北岸的瓜拉江沙（Kuala Kangsar），却发现英联邦军已经先行一步破坏大桥。没办法，安藤支队只好等待第 5 师团后续部队在 12 月 26 日抵达，并用了两天时间修复大桥，于 12 月 28 日跨过霹雳河，沿着东岸河道向南突进。

渡过霹雳河以后，日军分为两部分：第一部分由第 5 师团主力向东南，穿越地形复杂的沼泽湖泊，目标是进攻金宝（Kampar），并朝着士林河（Slim）一带前进，打开吉隆坡北大门；第二部分以近卫师团主力向西南沿海地区进攻，目标是进攻霹雳河入海口安顺（Teluk Intan），沿海岸一路突袭吉隆坡西部。

金宝地处霹雳河中游，又连接着通往吉隆坡的要地，自然成为兵家必争之地。

撤退中的英军在埋设炸药以破坏桥梁

  既然自行车部队代替不了辎重部队本身的作用，那么马来亚的交通就成了日英两军交战的胜负关键。马来亚半岛多为土路，虽然热带地区冬季不像夏季那么闷热，但梅雨季节带来的潮湿天气依然会让整个道路泥泞不堪。

  虽然日本坦克较之欧美坦克轻便不少，更能适应东南亚泥泞的土路，但山路依然难说畅通无阻。而且更麻烦的是，由于山路沼泽阻碍，日军火炮很难按时运抵前线，只能靠着航空火力轰炸。

  12 月 30 日，日军第 5 师团步兵第 41 联队与英印军第 12 旅阵地相接于霹雳河金宝（Kampar），日军旋即利用航空兵轰炸英联邦军阵地。然而英联邦军却准备好火炮阻击日军进攻，日军见强攻不行，只得另派步兵第 11 联队穿越到金宝南侧发动迂回，这才大体将金宝控制住。1942 年 1 月 2 日，帕里斯下令英印军第 11 步兵师主力撤退。

  第二部分部队进展也相对比较顺利。为了完成任务，日军以第 5 师团步兵第 11 联队组成渡边支队，出海沿霹雳河上溯，与近卫师团主力部队在 12 月 26 日攻克安顺。落城之后，日军再度以近卫步兵第 4 联队组成国司支队，依然出海从吉隆坡西南沿海登陆，并迂回到吉隆坡东南侧断绝后路。

  就在金宝、安顺战役进行期间，东海岸的日军也连战连胜。1941

英国皇家空军的"布伦亨"型轰炸机

年 12 月 30 日，第 18 师团步兵第 56 联队组成的木庭支队登陆哥打巴
鲁，并沿着佗美支队的道路继续向南突进。到 1942 年 1 月 2 日，木庭
支队攻克关丹机场；1 月 3 日控制关丹市区。

这一段时间英联邦航空部队几乎没有任何反击，只是在不停南撤，
但由于缺少战斗机护卫，转场又非常频繁，经常被日军飞机击落。比如
1941 年 12 月中旬 18 架"布伦亨"轰炸机开始转场，但最终只有七架飞
机在 12 月 25 日抵达新加坡。

为了反击日军，英国皇家空军在 1941 年 12 月 27 日派遣第 34 航
空大队六架"布伦亨"轰炸机进攻双溪大年（Sungai Patani）日军机场，
摧毁了 15 架日本攻击机，但难以给日军增加前进困难。

士林河之战与攻克吉隆坡

从霹雳河东岸向东南，便是士林河沿岸的一大片山地。

1 月 4 日，第 3 英印军司令刘易斯·希斯（Lewis Heath，1885 —
1954）被迫率领军部南下来到士林河一带，马来亚英军总司令珀西瓦尔
命令他必须坚守士林河到 1 月 14 日，以便让吉隆坡机场的盟军飞机能
够迅速撤退，并阻止日军占领。

日军自然不会让英军拖得太久，山下奉文命令第 5 师团及所属全部

战车部队投入到进攻之中，先遣队便是安藤支队（以步兵第 42 联队为主体）与战车第 6 联队第 4 中队 15 辆坦克，步兵第 41 联队作为预备队休息。为了声东击西，第二部分部队的渡边支队、国司支队继续沿着海岸向南突进。

希斯当然也不甘落后。他将英印军第 12 步兵旅的三个步兵营放在士林河北部的丛林地区，并为三个步兵营中间部分的第 5 旁遮普团第 2 营配备了第 215 反坦克连的一个排。按照英军设想，日军战车部队只能在渡河时起到少许作用，一旦进入密林道路，就很可能遭到英联邦军合围。

即便突破重围，日军也需要在士林村（Kampong Slim）与士林河大桥（Slim Bridge）附近面对英印军第 28 步兵旅三个廓尔喀步兵营的阻击，英联邦军还搭配了第 137、第 155 野战炮兵团严阵以待。虽然想得不错，但士林河附近的战壕修建毕竟过于仓促，英联邦军不但没有挺到 1 月 14 日，连 1 月 10 日都没有挺过。

1 月 5 日下午，安藤支队突袭英印军第一条防线——第 4 海德拉巴步兵团第 19 营，但被击退。随着坦克部队在战车第 6 联队第 4 中队长岛田丰作少佐率领下进入作战位置，支队长安藤忠雄大佐为战车配备了一百余名步兵及工兵，日军在 1 月 7 日 3 点半左右再度发起攻击，逼迫海德拉巴部队撤退。

不过就在得胜追击之时，4 点半与 5 点半，日本陆军分别有三辆坦克和一辆坦克的履带被英联邦布设的地雷炸断。就在这时，第 5 旁遮普团第 2 营发挥了自身拥有反坦克

集结转移中的英印军部队

武器的优势，连续阻击日军长达一个小时——但也就一个小时，日军步兵就迂回到了第二条防线后方，逼迫英印军突围。

见到日军突袭如此顺利，第三条防线的守备部队，也就是第2阿盖尔与苏瑟兰高地步兵营只好堆起路障，埋下地雷，并要求士林村附近的第5旁遮普团第14营做好作战准备。

英印军在士林村采用了互为掎角的防御阵形，首先由第5旁遮普团第14营突前固守，后方第28步兵旅的第2廓尔喀步枪团第2、第9营分列东西两侧防守，再配备第215反坦克连一个排在后方狙击。这种阵形是反坦克作战的基本阵形，不过却依然没能阻止日军前进。

7点左右，日军坦克来到士林村附近，英联邦军路障与反坦克火力将其少许拦住；但到了7点30分，随着日军步兵跟上，第5旁遮普团第14营只得后撤，阵形出现缺口。紧接着日军坦克无视两个廓尔喀营的存在，径自沿着道路压向东部，日军步兵负责殿后。

8点前后，日军坦克攻克东侧的第2廓尔喀步枪团第1营阵地，并歼灭英联邦军配备的第137野战炮兵团两个炮兵连；8点40分，日本坦克部队抵达士林河大桥，英联邦军布置在这里的反坦克部队几乎没有作出有效抵抗。日军随即留下一辆坦克防守，剩余坦克继续突进。

9点30分左右，日军坦克发现了第155野战炮兵团主力，并展开突击，英印军终于展现出一些实力：一发25磅反坦克炮弹击中日军第一辆坦克，迫使日军停止追击，而英联邦军也得以迅速撤退。

不到六个小时，日军近30辆中型坦克就突破了英联邦军用步兵、反坦克炮、地雷、火炮苦心构建的防御体系，五个步兵营彻底被打散，只有两个廓尔喀营得以全身而退。最终英联邦军有3000人被俘虏，日军整体伤亡不到150人。这可谓是太平洋战争开战以来最具戏剧性、伤亡差距最大的战役。

珀西瓦尔得知前线溃败，明白英联邦军既然无法在山地阻击日本军队，那么在相对宽敞的吉隆坡就更无法作战了。与此同时，日本近卫师团从西南部、佗美支队从东部相继袭来，再不撤退就很可能遭到合围。

就在这段时间里，罗斯福与丘吉尔在华盛顿召开了阿卡迪亚会议（Arcadia Conference）。1941年12月29日，丘吉尔建议英印军总司令亚齐巴德·韦维尔（Archibald Wavell）负责统一协调远东盟军局势。随着

日本陆军攻入吉隆坡

1942 年 1 月 1 日盟军四国政府对日宣战，韦维尔在名义上成为从缅甸到荷属新几内亚的"ABDA 司令部"总司令。

1 月 7 日，韦维尔抵达新加坡，看到局势如此，他下令英联邦军全部撤退到柔佛省，并从东海岸将澳大利亚第 8 步兵师调来，合流阻击日军；1 月 9 日，马来亚英军司令部下达命令，要求英印军第 3 军撤退。

1 月 11 日，随着英军有序撤离，日军无血占领吉隆坡，马来亚作战的前半段正式告终。

（三）除夕落城：攻克柔佛与新加坡战役

日军进阶计划

谁也没想到开战一个半月，吉隆坡就被拿下了。

虽然英军深知"闪电战"在欧陆战场横行霸道，但毕竟马来亚半岛多山地、多沼泽，日本军队还能够像纳粹德军在波兰、法国一样长驱直入，着实让人意想不到。

不过这种意想不到也对日军有所影响。首先南方军参谋副长青木重诚中将、作战参谋荒尾兴功中佐 12 月 24 日一起到访驻扎于霹雳河岸边太平镇（Taiping）的第 25 军司令部，要求能够借调一部分马来亚作战部队支援菲律宾战场。

山下奉文中将当然很不愿意，在他看来，攻克吉隆坡早已是板上钉钉的事情，日后难点还是在进入柔佛省与新加坡岛，尚未登陆的第 56 师团自然需要担负进攻新加坡的重任。但南方军既然来了人，他也不好意思不给面子，于是同意将仍在内地集结的第 56 师团及炮兵部队让出。

之所以敢于让出，是因为按照当时日军估计，马来亚英军"最多不过五万人，少的话也就三万人"，然而实际上英联邦军数量远超这个数字，不过日军直到攻克新加坡也未能详知。在某种意义上，正是因为这个误判，日军才能一直保持高昂士气，按照第 25 军作战主任参谋辻政信中佐的说法，那便是"不知才能淡然"（知らぬが仏）。

但从后来来看，第 56 师团没有来打马来亚半岛也是对的。虽然增加一个师团可以增加任务，但在狭长的马来亚半岛突然增加两万人的部队，不仅会增加补给线压力，也会方便英联邦军集中火力发起攻击。而且更重要的是，第 56 师团还在国内集结，一旦新加坡战役过快，那么第 56 师团很可能无法按时抵达，那就得不偿失了。

那么面前的柔佛应该怎么打呢？

从吉隆坡向南进攻有两条道路可以抵达柔佛：第一条仍然是西海岸道路，从著名的马六甲（Malacca）南下，途经麻坡河（Sungai Muar）入海口的麻坡城（Muar），突进到柔佛地区的峇株巴辖（Batu Pahat），这里便是柔佛海峡北岸柔佛巴鲁（Johore Bahru）的西大门；第二条是沿铁路线从吉隆坡向东南一路前行，经过金马士（Gemas）一直杀到柔佛巴鲁的北大门——加冷（Kluang）。

针对两条道路，山下奉文继续让近卫师团（沿海）、第 5 师团（铁路）分头追击。

考虑到一个多月以来的作战实际，不难发现担任主攻的一直是第 5 师团，而近卫师团则没有打过什么大仗。当然这也有客观原因，毕竟近卫师团主力一直在泰国境内维持治安，作战部队只有近卫步兵第 4 联队组成的国司支队参与突击。

山下奉文本人的意志也起到了决定性作用。山下奉文与第 5 师团师团长松井太久郎中将、第 18 师团师团长牟田口廉也中将都相识甚早，唯独与近卫师团长西村琢磨中将从未相识。所以第 5 师团用于突破马来亚山路，第 18 师团用于后期围攻新加坡，唯独近卫师团总是在边角上辅助作战。

按照作战参谋主任辻政信的话说："日俄战争以来（近卫师团）全无实战经验，历史虽然长久，各项品位与礼仪也都植入人心，却有点不适应野战。"

为了不让不善作战的近卫师团过于丢人，山下奉文才安排第5师团、第18师团担任主攻任务。不过到了进攻柔佛的时候，第56师团已经不会再来，第18师团还在登陆增援过程中，山下奉文再也不敢把近卫师团捂在后面，这支生力军才得以发挥能量。

英军防御计划与麻坡之战

面对日军凌厉攻势，英国人自然来不及唱赞歌。

撤退过程中，韦维尔下令将英印军第9师残余部队与新抵达的英印军第45步兵旅结合在一起，和澳军两个营驻守麻坡城，与近卫师团对垒；与此同时，建制相对完整的英印军第8步兵旅与澳军第27步兵旅一起负责铁路方向防御，对抗第5师团精锐坦克部队。两部分军队统称"西部兵团"（Westforce），司令官为澳军陆军少将戈登·本内特（Gordon Benneett，1887—1962）。

到了1月13日，英联邦军终于迎来五个飞行大队共56架"飓风"（Hurricane）战斗机降落在新加坡，只不过并未过多改变日、英航空部队的力量对比：在接下来的十天时间里，英联邦拥有74架轰炸机与28架战斗机，日本陆军却拥有250架轰炸机与150架战斗机。

1941年末调往远东地区的英国皇家空军的"飓风"战斗机

　　　　　　　　　　　　　　　　　太平洋战争全史

1月14日，英印军第3军司令部通过西部兵团防区南撤，日军第5师团先遣的自行车部队随即追击到金马士，遭到澳军第2/30步兵营阻击。由于伏击位置选择得当，澳军仅付出了一死九伤的损失，日军则是70死57伤。阻击过程中澳军获得喘息之机，将金马士附近的大桥炸断，从容撤退。

不过日本军队也并非全无战果。就在这次突袭之中，自行车部队发现盟军电话线就埋在灌木丛下方，因而迅速将其剪断，导致盟军炮兵无法得到前线消息，更难以提供火力援助。

1月15日清晨，日本陆军航空兵开始轰炸金马士城区，同时将大桥修好，步兵第11联队得以支援前线日本军队。10点左右，日军以八辆坦克为主力进攻澳军防线，澳军第2/4反坦克团则扛起2磅反坦克炮予以反击，最终击毁了六辆坦克，日军步兵也被打散队形。

经历两天作战，澳军第2/30步兵营成功掩护英印军撤退，并给日军造成了超过1000人损失，澳军死17人、失踪9人、受伤55人，对比起来可算毫发未损。很明显，对比训练不得法的英印军，澳大利亚军队还是保持了一战时期坚强的战斗力，并回归加冷布下防线。

也正因为澳军防御得力，日本第5师团不得不在金马士原地休整，派出自行车部队沿着铁路线继续前进。第5师团进军相对缓慢，直到1月20日仍然只抵达不到30公里以外的昔加末（Segamat），1月24日才推进到加冷附近。

另一条线上，近卫师团终于得以发起总攻。1月15日夜里，日本军队在麻坡河入海口附近找到一些当地人用的驳船，便派遣四个中队从海路乘船秘密潜入麻坡城，并悄悄在河南岸登陆。中间虽然与英印军巡逻部队小股交战，但没有遭到有组织的抵抗。

到了1月16日清晨，日军突袭北岸英印军第7拉吉普塔纳（Rajputana）步枪团第6营，并将来不及展开防御阵形的英印军三个连尽数俘虏。到中午前后，英印军只好调来预备队第4贾特团第9营把守从麻坡通往东南部的道路，并凭借着澳大利亚军队的炮兵优势阻止住日军继续通过驳船登陆的企图。

在步兵突进过程中，日本陆军航空队还朝着数十公里以外山地里的英印军第45步兵旅指挥部发动轰炸，除了旅司令赫伯特·邓肯

英国陆军的 25 磅榴弹炮及其牵引车

（Herbert Duncan）少将与一名参谋幸存以外，指挥部其他人员都不幸遇难，加之属下三个营里有两个营长阵亡，英印军旅司令部与营级单位的联系无法顺畅进行，身处附近的澳军第 2/19 步兵营只好担负起临时指挥任务，掩护英印军逐步撤退。

到了 1 月 16 日晚上，日军正式占领了麻坡城与港口设施，进而向着东部八公里左右的巴吉利（Bakri）突进。澳军派遣第 2/19、第 2/29 步兵营来到前线支援，在要道上设置反坦克与高射炮阵地；邓肯少将在撤退到安全地带以后，也策划从道路、密林、海岸三方面重新夺回麻坡城。

1 月 18 日 6 点 45 分，近卫师团以战车第 14 联队第 3 中队九辆九五式轻战车为先导进攻澳军阵地。不过指挥官五反田重雄大尉过于轻敌，认为只凭借坦克力量就可以突破澳军第 2/29 步兵营把守的防线，结果遭到澳军区区两门反坦克炮攻击而全部报废，五反田重雄本人也在激战中阵亡。第 2/29 步兵营看准机会反击，却在接下来的战役里丧失了营长约翰·罗伯特森（John Robertson）中尉，只得原地休整。

由于失去坦克开路，日军纯步兵进展颇为缓慢，加之近卫师团确实缺乏实战经验，一直到 1 月 19 日都未能推进战线。

不过在北部侧翼，近卫第 4 联队组成的国司支队还是击退了英印军第 53 旅的第 6 诺福克（Norfolk）营，逼迫英印军退入密林之中，失去无线电联络。

1 月 20 日清晨，第 6 旁遮普团第 3 营前往第 6 诺福克营驻地去解救，结果被误以为是日本军队而发生误伤，双方交火近半日才发现弄错了敌人。这时候国司支队突然攻入密林，两败俱伤的北部英军只得后撤。

随着北部英军崩溃，日军得以冲入巴吉利英军的后方，一场包围战眼看就要打响。恰在这一天，邓肯少将命丧沙场，处于后方的澳军第 2/19 营长查尔斯·安德森（Charles Anderson）中尉不得要领，也无法联系上全部部队，只得等待后方的第 4 贾特团第 9 营从更后方前来接应，再突进寻找其他部队。

然而就在等待过程中，国司支队早已从北侧掐断了巴吉利通往后方的去路，对撤退之中的英印军、澳军展开攻击，最终只有不到 1000 名英印军第 45 旅、200 名澳军第 2/29 步兵营士兵成功从巴吉利突围出来。

安德森意在发动一次反击，但从巴吉利到麻坡城不到两公里的距离早已被日军设置的路障堆满，盟军只好让出这座港口城市。

安德森部队一边后撤一边收容败退军队，在 1 月 20 日晚上来到巴力士龙（Parit Sulong）大桥附近，却发现大桥已经被日军占领。第二天早上盟军发起一次突袭，却遭到反击而不得不继续撤退到距离主路 400 米开外休息。

就在这里，安德森向西部兵团指挥部要求空袭日军，并空投补给，总部回电让他在"清晨看向天空"。1 月 22 日早上，英联邦军果然派遣飞机空投补给，并轰炸了日本军队，然而日军并没有受到太多打击，反而更加强劲地发起反攻，安德森部队只得且战且退。

上午 9 点前后，安德森下令毁掉所有枪支，率领 900 名还能自己走动的士兵（澳军近 500 名，英印军近 400 名）穿越丛林后撤。

由于盟军伤员全部留在当地，日军后期针对巴力士龙地区展开大规模清查活动，藏匿士兵的普通民众也遭到血腥屠杀，最终 150 余名伤员里只有两人逃过屠杀。

英军大撤退

短短五天时间，盟军新组建的西部兵团就几乎丧失了吉隆坡南部一半以上的土地。但噩运仍然没有结束：1 月 24 日，日军第 5 师团推进到中路的加冷，近卫师团距离峇株巴辖（Batu Pahat）只有一步之遥，第

18师团木庭支队也突进到了东海岸丰盛港（Mersing）。

珀西瓦尔发现盟军苦心构建的防御体系在日军面前毫无作用，便考虑撤退回新加坡，靠着柔佛海峡天险进行防御。1月20日，韦维尔来到新加坡，命令珀西瓦尔尽可能守住新加坡，珀西瓦尔则下令加冷、峇株巴辖、丰盛三城英联邦军队尽可能拖延时间；1月24日，珀西瓦尔签署撤退命令，盟军开启了紧急撤退模式。

新加坡与马来亚半岛隔海相望，中间是所谓柔佛海峡，最窄的地方只有不到200米长。从马来亚半岛最南端柔佛巴鲁到新加坡有一条350米长的公路、铁路两用桥横跨两边，称为新柔长堤（Johore Singapore Causeway），从宣布撤退的一刻起，这座桥梁就开始了其繁重而短暂的运输使命。由于同一时期日本陆军航空队忙着从马来亚半岛北部转场过来，因而并未估计到这座大桥的存在。与举世闻名的敦刻尔克撤退相类似，英军依然保持了一些好运气。

从1月24日开始，西海岸峇株巴辖的英印军第11步兵师开始撤退，虽然途中被近卫师团拖住脚步，但其中英印军第15步兵旅还是成功渡海逃生（1月28日），同时掩护英印军第28步兵旅（1月30日）、第53步兵旅（1月31日）在日军占领柔佛巴鲁之前先行过海。

中路部队行动也很迅速，澳军第27步兵旅一边抵抗着日军步兵第21联队攻击一边南下。

不过同样在中路的英印军第8师则比较悲惨。他们遭到日军第5师团坦克部队追击，被迫逃入密林前往柔佛巴鲁，然而密林行进无法保证速度，他们直到2月1日才走出密林。可是早在1月31日早上8点15分，最后一班火车就从柔佛巴鲁开往新加坡，350名残存部队只得向日本军队投降。

除去陆军之外，随着1月21日日本军队开始进攻加冷等四个南部英联邦机场，英联邦航空部队也被迫开始向新加坡转移。

由于新加坡的三个机场都设置在北边，容易遭到日军炮兵部队或航空队轰炸，英联邦军并没有让轰炸机直接飞往新加坡，而是先飞向盟军控制的苏门答腊岛南部，从这里向马来亚的日军发动攻击。到1月28日，新加坡只有八架"飓风"与八架"水牛"战斗机担任侦察与拦截任务，马来亚半岛其他英联邦航空部队全部撤出新加坡。

英国皇家空军的"水牛"战斗机

不过从 2 月初开始，为了阻止马来亚日军顺利移动，英军每天都从苏门答腊南部派遣 20 架"哈德森"与 15 架"布伦亨"轰炸机袭扰日军后方。但是为了躲避日军拦截，作战一般选择在夜间进行，这也反过来导致轰炸几乎没有效果。

总体而言，英联邦军这次大撤退基本上算是组织有序，没有出现为了争夺船只、车皮而互相大打出手的情况，绝大多数部队基本上在日军抵达柔佛巴鲁之前尽数撤退——不过这番撤退也并没有太多值得高兴的，因为很快整个新加坡都会沦陷。

攻防新加坡

"绝不考虑投降，直到新加坡城池化为废墟，也要尽可能拖延作战！"

这是丘吉尔给马来亚英军发表的演讲。正如他针对纳粹德国提出"我们绝不投降"一样，对马来亚英军也提出了类似要求。不过问题是，英国本土与马来亚英军事实上面临着一样的问题：如果对手跨过眼前海峡，那么投不投降就不取决于自己了。随着英联邦军队在 55 天之内丢掉了整个马来亚半岛，最后的希望只能寄托在这条狭长的海峡上。

目前在新加坡岛上有 38 个步兵营共七万英联邦军队，然而其中只

本土训练时的英国陆军第 18 步兵师

有 13 个步兵营是英国陆军，其中大部分属于英国陆军第 18 步兵师，这个步兵师刚刚抵达新加坡，因而没有受到任何损伤；六个步兵营来自澳大利亚陆军，这些部队与日军交过手，虽然在新加坡获得补充，但整体战斗力也有所下降；两个步兵营来自马来亚本土，虽然满编但似乎没什么太大用处；17 个步兵营来自马来亚作战的英印军，这些军队从开战以来一直备受日军摧残，只有一个步兵营还维持整建制。

英军决定将新加坡分为三部分防区：第一部分在东北地区，由英印军第 11 步兵师与英国陆军第 18 步兵师布防，这片地区与柔佛巴鲁之间有新柔长堤联结，很容易成为日军主攻方向；第二部分在西侧，由澳军第 8 步兵师及英印军第 44 步兵旅布防；第三部分则在南部市区，由马来亚本土部队及志愿兵保护司令部。

实际上从战前开始，英军就考虑如何守卫新加坡岛，不过这种考虑主要是防范对手从海上来袭，直到日本军队逼近新加坡，英联邦军队才开始考虑如何防御北边敌人。由于时间仓促，直到英军全体撤到新加坡，柔佛海峡南岸依然没有修建任何有效的防御工事。

总体而言，新加坡英军虽然数量不少，但士气却因为长途撤退而下降甚多，且又由于要防御新加坡岛长达 120 公里的海岸线，无论可战之兵还是战斗力都无法保障。不过即便英军防御工事与计划这么不完备，日军也并没有占到什么便宜。

其实针对新加坡作战，早在 1942 年 1 月 13 日，也就是刚刚攻克吉隆坡前后，山下奉文就向参谋部下令："开始构想进攻新加坡，要充分准备"，"堂堂正正渡过（柔佛）海峡，在水源地附近的高地暂且停留，唤起（英军）注意并劝降，如果不投降，那么随后大举全部兵力开始歼灭作战"。

所谓水源地，便是指新加坡岛东北部的上斯里达水库（Upper Selatar Reservoir）、上皮尔斯水库（Upper Peirce Reservoir）。不过到了 1 月 31 日主力抵达柔佛巴鲁前后，日军也发现英联邦军队将主力投入到东北部地区。为免于与英国陆军精锐部队交战，山下奉文指挥部决定将主攻方向从东北部调整为西北侧。

1 月 31 日，山下奉文向近卫师团、第 5 师团、第 18 师团发布新加坡作战动员令，要求全军在 2 月 7 日晚上发起攻击。

在最初版本的计划里，2 月 7—8 日夜间，第 18 师团步兵第 55、第 56、第 114 三个联队作为右翼部队登陆新加坡岛屿正西侧，第 5 师团步兵第 11、第 21、第 42 三个联队配合战车第 1 联队作为左翼部队登陆新加坡岛屿西北侧，双方各自沿着道路向新加坡最高地—— 武吉知马（Bukit Timah）进发，击溃澳军第 22 步兵旅三个步兵营的防守。等到声东击西成功之后，近卫师团配合战车第 14 联队直接从新柔长堤西侧攻击澳军第 27 步兵旅驻防阵地。

为了完成这一任务，第 5 师团准备了 30 艘折叠船、30 艘登陆艇、37 架轻重浮桥，第 18 师团也准备了 140 艘折叠船与 30 架浮桥。近卫师团虽然只有 30 艘折叠船，但其他两个师团会在进攻之后将自己准备的物资借予近卫师团。

然而计划还没实行，山下奉文就不得不作出两点修改。

首先是将进攻日期从 2 月 7 日延后到 2 月 8 日，这主要是因为日本地面部队抵达柔佛巴鲁过于仓促，后勤补给线仍然没有捋顺，所以三个师团参谋都表示无法配合。而且考虑到 2 月 11 日是日本"纪元节"（日本建国纪念日），赶在这一天之前攻克新加坡也未尝不可，山下奉文便做了个顺水人情。

接着就是近卫师团长西村琢磨中将的抗议。他认为自己的师团要晚于第 5、第 18 师团，这是对近卫师团的侮辱。没办法，山下奉文只好同意近卫师团的请求，要求他们也在2月8日"堂堂正正"渡海，登陆新加坡岛东北部。

其实之所以将近卫师团放在后面，是因为山下奉文认为只要第5、第18师团能够占领武吉知马，英军便会立即投降。但他没有预料到，英军的抵抗决心并没有想象中那么弱。

帝国陆军要塞战

2月8日清晨，日本火炮与航空队对着澳军第22步兵营阵地大量倾泻炸弹，新加坡战役正式打响。

经过一整天炮火准备之后，20点30分开始，日本第5、第18师团按计划渡海登岛，由于澳军缺少炮火支持，日军进攻速度异常迅猛。到2月9日0点，日军在新加坡岛西侧取得了稳定的登陆阵地。

从1点到3点，澳军第22步兵旅所属第2/19、第2/20步兵营开始向内陆突围，但在夜间视线不明的情况下，澳军撤退颇为不便，加之日军持续对澳军阵地加以扫荡，最终第2/28步兵营只有不到一半作战部队回到内陆，另外两个步兵营则几乎被打散了建制，第22步兵旅几乎丧失了作战能力。

日军居然从西侧登陆，这让珀西瓦尔中将颇为恼火。8点30分，他下令将手里唯一的预备队，也就是英印军第12步兵旅派往西部驰援，与此同时澳军第27步兵师也派遣第2/29步兵营前往接应。到2月9日15点左右，澳军第22步兵旅率残兵败将撤退到武林（Bulim）街道，这也是新加坡城区的西北角，

在柔佛海峡南岸布防的英国陆军

英印军第 12 步兵旅、澳军第 22 步兵旅、英印军第 15 和第 44 步兵旅从北到南守备武林。

英联邦军队刚刚布防完毕，2 月 9 日 20 点 30 分，日军旋即开始作战，这一次便是近卫师团从柔佛巴鲁正面展开突击。不过由于澳军早有准备，加之柔佛巴鲁方向是英联邦军布防重点，近卫师团并没有占到任何便宜。

近卫师团难以前进，便立即向第 25 军司令部发送电报，请求从第 5 师团后方登陆，并提到如果再从原路进攻，英军很可能使用"重油战术"，即在海面泼洒原油继而点火阻止日军登陆。

应该说山下奉文很别扭。他当然明白"重油战术"会对日军造成何种损伤，但也气恼西村琢磨战前激进、战中退缩，他旋即下达命令，要求近卫师团从 2 月 10 日开始跟随第 5 师团左翼部队登陆新加坡岛。

不过近卫师团登陆多少让英联邦军感到压力。2 月 10 日 0 点前后，澳军第 2/26 步兵营开始撤退，紧接着 4 点前后，澳军第 27 步兵旅指挥部也开始后撤，日军三个师团主力宣告登陆成功。

就在近卫师团与第 25 军司令部扯皮过程中，日军其他两个师团已经开始从西侧追击。从 2 月 10 日上午 6 点开始，为了收缩战线，英印军第 12 步兵旅与澳军第 22 步兵旅少许后撤，但日军第 5 师团抓住机会

英军在新加坡地区修筑的永备工事遗迹

动用坦克部队向主路突进，逼迫英联邦军后撤。到 18 点前后，第 5 师团突破到武吉班让（Bukit Panjang）村，随即在 2 月 11 日 0 点抵达武吉知马高地。

看到第 5 师团突击，第 18 师团也不甘示弱，随即从南边突破英印军第 44 步兵旅防线，也在 2 月 11 日凌晨之前进攻到了武吉知马山。较之预期，攻击武吉知马山并不像想象中那么困难。事实上到凌晨 3 点左右，武吉知马山就被日军第 5 师团攻克。

珀西瓦尔本想迅速调派英国陆军第 18 步兵师前去夺回武吉知马山，然而面前却被近卫师团拦住无法动弹。最终到了 18 点前后，英印军第 15 步兵旅被迫退守东南部不远处的赛马场（Race Course）村，澳军第 22 步兵旅、英印军第 44 步兵旅则在西南部沿着道路展开。

虽然英军阻止了日军在纪元节之前夺取新加坡的计划，但到了 2 月 12 日，第 5 师团坦克以更加迅猛的攻势袭击赛马场；同一天，近卫师团占领了新加坡中部地区三个水库，并继续向英军施加压力。晚上，珀西瓦尔要求英军各部队逐渐后撤到新加坡市区，准备巷战。

2 月 13 日上午，虽然英联邦军仍然有一部分部队固守阵地，但新加坡市区已经完全被日军包围，而且正面的澳军第 22 步兵旅只剩下不到 800 人，附近的英印军第 44 步兵旅也只残存不到 1200 人。

没办法，英联邦军队只得开始考虑投降。

"Yes 还是 No？"

实际上不只是英国人，日本这边也打不下去了。

其实早在 2 月 8 日战役开始之时，日军火炮就只剩下平均十个基数（1000 发炮弹），但为了不让英联邦军队察觉自己补给不足，山下奉文不但没有命令节省炮弹，反而要求增强火力。

这种情况持续到 2 月 13 日，前线部队每门火炮平均只剩下 1—2 个基数（100—200 发炮弹），但山下奉文依旧下令在 2 月 15 日对新加坡城区发动总攻，哪怕消耗掉全部炮弹也在所不惜。

在日军几近疯狂的攻势之下，2 月 13 日早晨珀西瓦尔中将与指挥部全体军官开了一次会议。英军指挥官希斯少将、澳军指挥官本内特少将意识到如今士气过于低落，英联邦军已经不可能组织起有效反击，便提议投降。

不过在投降之前，英联邦军还是在当天夜间将最后一支船队开出新加坡港，满载 3000 名官员及重要物资前往爪哇与苏门答腊。

山下奉文与英国方面接洽谈判事宜

而在这支船队离开之后，珀西瓦尔中将在 2 月 14 日得到消息：日军已经彻底切断了新加坡英军的水源。明白了这一点，ABDA 总司令韦维尔也在 2 月 15 日早上下令，允许珀西瓦尔中将自行决定投降时间。于是当晚 17 点 15 分，珀西瓦尔与全体参谋来到武吉知马的一家福特汽车制造厂，与山下奉文的第 25 军司令部会面。

说到这次城下之盟，最有趣的桥段莫过于山下奉文告诉珀西瓦尔谈判条件以后，不耐烦地询问"Yes 还是 No"，珀西瓦尔迫于这只"马来之虎"的威慑力不得不选择投降。

然而据山下奉文自己回忆，他虽然说过"Yes 还是 No"这句话，但这话并不是对着珀西瓦尔，而是对着日军翻译说的。当时日军翻译不太精通英语会话，对珀西瓦尔提出的条件翻译得磕磕绊绊，山下奉文一着急就问了一句"你就问他到底是 Yes 还是 No！"

当然，无论真实情况是哪一种，都不妨碍珀西瓦尔完成丘吉尔所谓

日本陆军枪决新加坡抗日华侨

"大英帝国历史上规模最大的一次投降"。18点10分，英联邦军签署投降协议，日本军队仅仅用了70天就清剿掉马来亚13万英联邦军队（绝大多数为投降），自己却仅仅伤亡9824名士兵。

攻克新加坡以后，日军不但将新加坡改名为昭南岛，还针对整个马来亚半岛与新加坡岛的华人华侨展开大清洗。2月19日，日军下令新加坡18—50岁的华人男性都要在2月21—23日集合起来，一旦发现有反日倾向或资助反日势力便立刻带走枪决。

但问题在于，第25军作战参谋主任辻政信中佐并没有建立一套"抗日分子"标准，而是抵达新加坡以后直接以"减少新加坡一半人口"下达命令，这种指标化政策让至少5000名华侨遇难，后来的新加坡领导人李光耀也是从华侨死人堆里捡了一条命。

2月24日，日军宣布清剿华侨行动结束，并在新加坡市区建立宪兵队专门检举可疑人员。至于新加坡岛其他部分则由近卫师团管辖，马来亚半岛的主要部分交给第5师团，第18师团则专门负责柔佛省。2月28日与3月上旬，近卫师团再度残害600余名华侨。

战后的1947年3月，英军新加

新加坡英国陆军投降时的场景

太平洋战争全史

坡审判针对这次屠杀专门起诉了五名日本军人，其中就包括近卫师团师团长西村琢磨、第5师团师团长河村参郎等人，最终河村参郎与第2野战宪兵队长大石正幸中佐被判处绞刑，其他人都是终身监禁。

至于第25军司令官山下奉文，由于当时已经在马尼拉被美军判处死刑，因而这边就没有起诉；至于直接参与指挥的辻政信则更为狡猾，他在曼谷化装为僧人待了一段时间以后才回到日本，直到盟军宣布战犯审判结束才开始抛头露面，最终逃过审判。

（四）狮子扑兔：菲律宾作战

吕宋岛地理与日军作战计划

从1923年2月28日"大正十二年帝国国防方针"开始，日本军部就将主要假想敌从俄罗斯（苏联）改为美国。而由于1898年美西战争之后，美国通过《巴黎协定》获得菲律宾群岛统治权，菲律宾7000英里海岸线也就让美国成功进军亚太，与占领台湾地区的日本形成对峙。

也正因美国占据菲律宾，在1941年日本进驻南部法属印度支那以

20世纪30时代的马尼拉

美国政府为维护其在菲律宾的统治所组建的当地民兵

后，与菲律宾仅仅隔着一道南中国海，从地缘上对美国在亚太的存在感形成威胁，继而引发美国强烈不满，推动日本打响太平洋战争。

随着日本在开战伊始突击英属马来亚半岛，进而将婆罗洲（加里曼丹岛）油田纳入视野，美国所在的菲律宾自然也难逃日军攻击。更何况马尼拉距离夏威夷火奴鲁鲁超过 8000 公里，而距离本土旧金山更是超过 1.2 万公里，然而距离东京却只有 3000 公里，距离新加坡等地则更近。很明显，一旦开打，日军肯定能从国内获得大量支持，美军则基本只能依靠当地部队。

从地理上来讲，菲律宾今昔变化不大，依旧由 7100 多个已知岛礁组成，主要岛屿依旧是最北的吕宋岛（Luzon）与最南的棉南老岛（Mindanao），其中吕宋岛处于最前线，拥有 68.4 万人的港口首都马尼拉也在这座岛屿的中心位置，自然成为日美两军争夺重点；而棉南老岛距离荷属东印度更近，布防也较为稀疏，因而并没有纳入第 14 军执行的菲律宾作战，而是放在第 16 军执行的"兰印作战"里。

1941 年 11 月 20 日，日本南方军向各部队发布作战方针，其中针对第 14 军进行菲律宾作战有如下记载：

第 14 军……在开战伊始空袭吕宋岛的敌航空力量；各先遣部队自对敌航空力量进行第一次打击的前一日起，分别从各自集结点出发，在吕宋岛北部与黎牙实比附近登陆，占领航空基地……至作战开始第 15 日前后，以主力在林加延湾附近登陆，以一部在拉蒙湾附近登陆，迅速攻占马尼拉。

　　吕宋岛北部多山，其中东北部沿着卡瓦延河（Cagayan）形成一片河谷地区，中间平原地带则从西北部的林加延湾（Lingayen Gulf）一直延续到马尼拉，这就成为日本登陆进军马尼拉的第一线；吕宋岛南部是蛇形半岛，日军一方面从中部东侧的拉蒙湾（Lamon Bay）登陆夹击马尼拉，另一方面登陆最东南侧的黎牙实比（Legaspi），多线包夹吕宋岛美军。

　　不过这份战术规划明显忽略了马尼拉正西方向，也就是巴丹半岛（Bataan），由于日军并未计划切断从巴丹半岛西逃进而南下荷属东印度、澳大利亚的路线，也造成日后美军大举向巴丹急行。

　　派往菲律宾的第 14 军主要由第 16 师团、第 48 师团两大部分组成（见表 1-9），其中，第 16 师团从 1937 年 11 月开始加入上海派遣军，并成为南京大屠杀的主要罪犯师团之一（《东史郎日记》作者东史郎即出身于这一师团），继而参与 1938 年 7 月武汉会战，1940 年 7 月开始重新驻扎满洲；第 48 师团则从第 6 师团借来步兵第 47 联队，进而混成两个台湾步兵联队，与派往马来亚半岛的第 5 师团一样配备为机械化步兵（以汽车运输为主）（见表 1-10）。

表1-9　日本陆军第14军配备简表

师团	联队	登陆地点	登陆时间
第 16 师团	步兵第 9 联队	林加延湾	1941 年 12 月 22 日
	步兵第 20 联队	拉蒙湾	1941 年 12 月 24 日
	步兵第 33 联队（木村）	黎牙实比	1941 年 12 月 12 日
	步兵第 33 联队（三浦）	达沃	1941 年 12 月 20 日
	第 22 山炮大队		

师团	联队	登陆地点	登陆时间
第 48 师团	步兵第 1 联队	林加延湾	1941 年 12 月 10 日
	步兵第 2 联队	阿帕里、美岸	1941 年 12 月 10 日
	步兵第 47 联队	林加延湾	1941 年 12 月 22 日
	第 48 山炮大队		
第 65 旅团	步兵 122、第 141、第 142 联队	林加延湾	1942 年 1 月 1 日
坦克部队	战车第 4、第 7 联队		

表1–10　日本海军航空兵菲律宾战役简表

第 11 航空舰队 （塚原二四三中将）	航空队	组成	驻地
第 21 航空战队 （多田武雄少将）	第 1 航空队	九六式陆攻 *48	台南（中国台湾）
	东港航空队	九七式大型飞行艇 *26、九六舰战 *13	帕劳
	鹿屋航空队	一式陆攻 *36	台中（中国台湾）
第 23 航空战队 （竹中龙造少将）	高雄航空队	一式陆攻 *72	高雄（中国台湾）
	台南航空队	零战 *54、九六舰战 *6、九八式陆侦 *8	台南（中国台湾）
	第 3 航空队	零战 *53、九六舰战 *7、九八式陆侦 *9	高雄（中国台湾）

　　为便于消灭美国航空部队，日本陆军派遣驻扎于中国台湾的第 5 飞行集团（见表 1–11）从属于第 14 军，指挥官为小畑英良（おばた ひでよし，1890—1944），拥有 147 架各式作战飞机。但由于机体型号较老，九七式战斗机的作战半径只有 627 公里，最多只能从台湾南部飞抵吕宋北部，难以深入到马尼拉所在的吕宋中南地区，这也在未来给第一次巴丹战役的失败埋下伏笔。

　　正因陆军航空力量不足，日本海军除去派出第 3 舰队担负海上突袭任务之外，也派出第 11 航空舰队支援陆军作战，其中第 23 航空战队的 107 架零式战斗机、108 架一式陆攻以 2200 公里左右的作战半径足以覆

前往轰炸菲律宾的日本海军九六式陆基攻击机

盖从台湾高雄到马尼拉（911公里）的距离，继而让日军在中吕宋上空获得支援力量。

表1–11 日本陆军航空兵（第5飞行集团）菲律宾战役简表

组成	飞机型号及数量	驻地
第8飞行战队（战斗机）	九九式双发轻爆击机（キ48）★27 九五式三型练习机（キ15）★9 一〇〇式司令部侦察机（キ46）★2	佳冬（中国台湾）
第14飞行战队（重型轰炸机）	九七式重爆击机（キ21）★18	潮州（中国台湾）
第16飞行战队（轻型轰炸机）	九七式轻爆击机（キ30）★31	佳冬（中国台湾）
第50飞行战队（战斗机）	九七式战斗机（キ27）★36	恒春（中国台湾）
独立第10飞行战队（战斗机）	九九式袭击机（キ51）★13 九八式直接协同侦察机（キ36）★10 九五式一型练习机（キ9）★1	屏东（中国台湾）

美军防御计划

提到菲律宾，就不得不说麦克阿瑟。

由于美国在1934年的《泰丁斯·麦杜菲法案》（*Tydings-Mcduffie Act*）中，要求菲律宾从1935年组建自由邦（Commonwealth of the Philippines），这一方面是给予菲律宾更多自主地位，另一方面也是要求鞭长莫及的菲律宾拥有国防功能。为建设菲律宾现代化军队，当时的总统候选人、后来的菲律宾总统曼努埃尔·奎松（Manuel Quezon）在1935年夏天通过私人关系找到美国陆军参谋长道格拉斯·麦克阿瑟，希望他出任新创设的菲律宾军队顾问。

虽然麦克阿瑟刷新了西点军校校长与美国陆军参谋长的年龄下限，在1935年刚刚55岁，然而由于1933年以来与总统罗斯福意见不一致，乃至于反对罗斯福新政，麦克阿瑟在陆军内部地位早就存在动摇。当奎松找到麦克阿瑟时，向他提出月薪1.8万美元、交际费1.5万美元的超高待遇，于是这位武将便跑出国门，执掌新成立的菲律宾军队。虽然日、美两国制度不存在可比性，发展道路也各有不同，但麦克阿瑟与副官（Principal Assistant）德怀特·艾森豪威尔却好似走了一条"关东军之路"，通过远地就任而获得更大威名。

1936年2月，麦克阿瑟就任菲律宾陆军元帅（保留美国陆军少将军衔）；1937年1月1日，菲律宾组建第一支两万人部队，到1939年年底扩军到10.4万人，拥有将、校军官4800余人。不过较之美国陆军，菲军碍于刚刚组建，也碍于工业水平低下与美国本土后勤补给能力较差，战斗力显著低于美军。

经历1929年以来的大萧条，美国经济到20世纪40年代前期仍未恢复，因而本土呼声一般支持"橙色战争计划"（War Plan Orange）说法，即认为一旦日美发生战争，菲律宾不可能保住（事实也证明了这一点）。

所谓"橙色战争计划"是美国陆军从20

麦克阿瑟（右）及其在菲律宾时期的心腹温赖特少将（左）

世纪 20 年代以来提出的"标色战争计划"（Color-coded War Plans）的一部分，以不同颜色标注不同假想敌，并针对不同假想敌提出不同作战计划。在这份作战计划集合里，美国不仅考虑到与日本（橙）、德国（黑）等后来的轴心国作战，甚至考虑到与英国（红）、法国（金）乃至墨西哥（绿）等国家作战。考虑到同一时期日本陆军也先后提出与苏联、美国作战秘案，可见各国在一战之后都在预防新的世界大战出现。

"橙色战争计划"初版于 1924 年，提出日本有可能在开战之后封锁菲律宾与其他西太平洋岛屿（如关岛），美国太平洋舰队在重新整编之后可以前往西太平洋重夺领土。后来虽然两经变动，不过碍于 1939 年美国提出的"彩虹计划"（Rainbow Plans）方案，美国海军在面对欧洲、太平洋两面战事的时候要优先保护巴拿马运河，收复菲律宾只能是后知后觉，所以他们只能建议美国陆军尽可能延长固守菲律宾的时间。

根据美国海军推算，日军可以在一周之内在菲律宾登陆六万人（相当于三个师团），并在接下来一星期里派遣 10 万人（相当于五个师团）登陆，一个月内可以增兵 30 万人（相当于 10 个师团），美菲军很难抵挡。因而 1941 年 4 月版的"橙色战争计划"提出，美国陆军可以迅速撤退到巴丹半岛，阻止日军占据整个马尼拉湾。如果美国陆军能够扛住六个月，那么美国海军很可能就来得及派遣舰队前往菲律宾前线。

然而麦克阿瑟却认为这份计划是"失败主义论"，他坚持在吕宋任何一个可能的登陆点布置兵力，并派遣轰炸机在日本陆军登陆时轰炸。不仅如此，他还提出如果能够得到有效增援并训练好菲律宾陆军，那么菲律宾还可以成为轰炸台湾地区、反攻日本的前线。不过在美国"重欧轻亚"的战略体系下，麦克阿瑟反复宣扬菲律宾可用论很容易被当成自我提升重要性之举，美国海军也认为派遣任何多余舰艇前往菲律宾都是自杀之举，麦克阿瑟的计划自然没有获得首肯。

当然，随着 1941 年日美关系恶化，7 月 17 日，美国陆军参谋部战争计划处（War Plans Division）处长莱安纳多·杰罗（Leonard Gerow，1888—1972）准将还是向罗斯福提出如下建议：（1）总统需要尽快调用美军充实菲律宾自治领；（2）已经退役的麦克阿瑟将军应升为上将，并成为远东陆军指挥官；（3）应从总统紧急预算中调用一千万美元用于装备与训练菲律宾陆军；（4）可将 425 名美国预备役军官派往菲律宾担任各级指挥官。

根据这份建议，7月26日，美国正式建立远东陆军编制（USAFFE）（见表1-12），负责统辖菲律宾美军；7月31日，麦克阿瑟获得2.2万美国陆军编制，其中步兵7300人。除去第31步兵团全体成员从美国派来之外，另外两个美军步兵团则以菲律宾侦搜队（Philippine Scouts）士兵为主；到11月30日，美国陆军增加至3.1万人，协同菲律宾10万余军队共同抵御日军。虽然从数量上说并不算少，但质量上却无法与在中国身经百战的日本军队相媲美，也难怪美国本土不愿意派遣更多军队支援。

表1-12　美国陆军远东派遣部队（USAFFE）与菲律宾军队主要编制

	编制	人数
北吕宋部队（North Luzon Force）	菲军第11、第21、第31师	2.25万
	第26骑兵团（菲侦）	842
南吕宋部队（South Luzon Force）	菲军第1常备师，第41、第51、第71师	3万
米沙鄢·棉兰老部队（Visayan-Mindanao Force）	菲军第61、第81、第101师	2.25万
美国菲律宾师（Philippine Division）	第31步兵团	2131
	第43步兵团第1营（菲侦）	328
	第45步兵团	2265
	第57步兵团	2279
	第23炮兵团（菲侦）	401
	第24炮兵团（菲侦）	843
	第14工兵营	870
炮兵与岸防炮兵	第86、第88炮兵团（菲侦）	933
	第200岸防炮兵团	1809
其他部队	第192、第194坦克营（M3斯图亚特轻型坦克108辆）	998
	远东航空部队	5609
	马尼拉与苏比克湾岸防部队	5225

美国陆军远东派遣部队（USAFFE）成立仪式

　　正如美国前线地面部队较少，陆军远东航空队（见表1-13）也与计划中有所不同。按照陆军航空兵司令亨利·阿诺德（Henry Arnold）中将计划，美国陆军准备派遣272架各式飞机伴随四个B17轰炸机团（68架）与260架各式轰炸机前往远东，以协助他们压制日军航空力量。最终到1941年12月1日，美国陆军远东航空队拥有277架飞机，阿诺德本想再派遣近100架各式飞机前往前线，不过并没能在菲律宾战役打响前抵达。

表1-13　美国陆军远东航空队（FEAF）简表

	航空队	组成	驻地
第24战斗机大队	第3战斗机中队	P-40E★27	伊巴（Iba Field）
	第17战斗机中队	P-40E★27	尼克尔斯（Nichols Field）
	第20战斗机中队	P-40B★26	克拉克（Clark Field）
第35战斗机大队（由第24战斗机大队托管）	第21战斗机中队	P-40E★26	尼克尔斯（Nichols Field）
	第34战斗机中队	P-35A★52	德尔卡门（Del Carmen Field）
第19轰炸机大队（直属B17★3)	第28轰炸机中队	B-17★8	克拉克（Clark Field）
	第30轰炸机中队	B-17★8	克拉克（Clark Field）
	第14轰炸机中队	B-17D★8	德尔蒙特（Del Monte Field）
	第93轰炸机中队	B-17D★8	德尔蒙特（Del Monte Field）

除去陆军地面部队与航空兵外，美国海军也以马尼拉、苏比克湾为主要基地在菲律宾设防。旗舰是重巡洋舰"休斯顿"（USS Houtson, CA—30），麾下包括 2 艘轻巡洋舰、14 艘驱逐舰、28 艘潜艇，还配有 24 架 PBY "卡特琳娜"水上飞机。不过在 12 月 8 日开战当天，大部分驱逐舰与轻巡洋舰"马布尔黑德"（USS Marblehead, CL—12）启程前往婆罗洲助战，留守兵力并不强。

菲律宾时间 12 月 8 日 2 点 30 分，珍珠港遭到奇袭，而这时包括麦克阿瑟在内的大部分美、菲军人都依然沉浸在梦乡里。就在奇袭珍珠港成功之后，8 点 50 分，浓雾散开之后，日本第 11 航空舰队司令塚原二四三中将下令：全部攻击队集火攻击克拉克、伊巴机场。

日美航空战

其实早从 12 月初开始，日美之间火药味越来越浓，麦克阿瑟就开始其"主动防御"战略，连日派遣侦察机与潜艇出境巡逻。因而在 12 月 8 日得知日美开战之后，麦克阿瑟便进而提出"我将打一场光荣的陆地战役"。

即便如此，麦克阿瑟依然没能阻止日本航空部队夺取制空权。

事实上就在 12 月 8 日 5 点前后，美军航空兵指挥官路易斯—布雷雷顿（Lewis Brereton）得知日军奇袭珍珠港，曾按照第五"彩虹计划"提出空袭台湾，不过麦克阿瑟的参谋长理查德—萨瑟兰（Richard Sutherland）却并没有立即下达许可。

萨瑟兰多少有些难以合作不假，但较之个人性格问题，美军冗杂的官僚体系也确实需要一个反应时间。当时刚刚传来开战消息，很多信息依然不确定，尤其是轰炸台湾依然欠缺先期侦察情报，恰好当天台湾全境有雾，使得侦察工作几乎不可能完成。所以萨瑟兰并未让布雷雷顿面见麦克阿瑟，同时等待美国本土的进一步指示。

到上午 8 点，布雷雷顿接到美国陆军航空兵司令阿诺德的电话，受命尽可能将飞机起飞以防日军轰炸，他开始准备派遣 B-17 担任巡逻任务；上午 9 点 30 分，日本陆军航空兵的 25 架九九式双发轻爆击机、17 架九七式重爆击机分别空袭土格加劳（Tuguegarao）与碧瑶（Baguio），菲律宾美军终于明白自己已经与日本进入战争状态，到 10 点开始派出

15 架 B-17 北上巡逻；10 点 14 分，麦克阿瑟下令要求布雷雷顿进攻台湾，但由于缺乏侦察情报只能改到下午；11 点前后，派出侦察的全部战斗机与 B-17 均开始回归降落；11 点 20 分，空袭台湾的正式命令下达，然而为时已晚。

当时菲律宾架设三台雷达（SCR—270、SCR—272、SCR—371），但在伊巴机场前线只有一台处于启用状态，雷达附近也只有三个警戒点与一个信息中心，全体人员不足 200 人。与珍珠港战役相似，美军未能完全发挥雷达技术优势。所以在日本陆军航空兵飞来时，即便能够通过雷达发现敌军，却不一定能及时传到全部美军基地。

11 点 45 分，菲律宾美国航空兵总部发现日军来袭，立刻通知克拉克机场，不过这份警报并没有送到克拉克美军高层手中。到了 12 点 35 分，日本海军航空兵分别派遣 27 架九六陆攻、36 架零战抵达克拉克，派遣 54 架一式陆攻、54 架零战抵达伊巴。

由于美军大量飞机都是侦察后刚刚降落，仅开战第一天，菲律宾美军就损失 53 架 P-40、3 架 P-35A、30 架左右的 B-10 与 B-18、18 架 B-17（日军统计为 125 架），而日本方面仅损失一式陆攻二架、零战九架，与奇袭珍珠港一样取得丰厚成果。

由于失去大量航空作战力量，麦克阿瑟很难有效空袭台湾，也难以阻挡日军继续进攻。12 月 10 日，随着浓雾天气彻底放晴，日军派遣一式陆攻 81 架、零战 52 架进攻尼克尔斯等马尼拉附近机场，另派遣一式陆攻 27 架、零战 34 架进攻德尔卡门机场，美军又损失近百架飞机（日军统计为 104 架），各机场设置也全部遭到毁坏。

12 月 12 日，日本海军派遣一式陆攻 52 架、零战 63 架第三次空袭菲律宾，消灭七架 PBY 水上飞机，足见美军已经没有太多有生力量可以继续消耗；12 月 13 日第四次空袭之中，美军完全不见反击踪影，这一次连水上飞机都看不到了。

经历数日空袭，日军推定总计击毁 298 架飞机，数架九八式侦察机也在 12 月 10 日对全菲律宾岛加以拍照侦察，发现美军飞机还有 20 架上下。而美军方面的信息显示，菲律宾确实只剩下 30 架左右的 P-40 与数架 P-35、P-26，较之日本陆海军数百架之飞机队伍已然不可同日而语。

停放于机场之上的美国陆军航空兵 B–17 型轰炸机

　　实际上在菲律宾作战开始时期，日军航空力量虽然稍强于美军，但麦克阿瑟绝不是无牌可打，然而由于作战初期美军官僚体系使得各部门之间缺乏妥善联系，日军在开战之后仅仅五天就彻底掌握了制空权，使得美军无计可施。

　　在获得制空权之后，日军航空部队自然不会满足于固守，12 月 10 日，海军第 11 航空舰队继续空袭马尼拉湾的甲米地军港（Camite）（见表 1–14）。经过两轮作战，甲米地军港的发电厂、粮食部、军需部、仓库等重要机构遭到破坏，储存 230 枚鱼雷的潜艇基地与弹药库也发生大爆炸，美军损失驱逐舰一艘、潜艇一艘、货船商船六艘。随着马尼拉湾工厂遭到摧毁，美国潜艇部队再难发挥实力，菲律宾海域制海权也被迫拱手让出。

表1-14　空袭甲米地部队构成

航空队	组成	起飞	空袭	目标
第1航空队	一式陆攻 ★27	1003	1400—1415	甲米地海军工厂
高雄航空队	一式陆攻 ★27	1030	1349	德尔卡门机场与马尼拉湾商船

要地登陆与美军反应

12月8日7点50分，日本海军派遣490名海军陆战队进攻中国台湾地区与菲律宾之间的巴丹群岛（Batanes），日军登陆战开始。

从菲律宾战役开始，日本陆、海军除去合作之外，多少也开始竞争，陆、海军登陆部队均在12月7日从台湾出发，向着不同目的地奔袭而去。而由于美军对北吕宋乃至巴士海峡一代的岛屿缺乏守备，日军进展速度异常迅猛。

日本海军方面，12月8日，海军陆战队登陆无人驻守的加拉鄢岛（Calayan）；12月10日7点30分，甘米银岛（Camiguin）也被海军占领。

台湾步兵第2联队组成两部分支队。12月10日5点30分，菅野支队（菅野善吉少佐）2000人（以台湾步兵第2联队第1大队为主力）在菲律宾正西侧的美岸（Vigan）地区登陆，几乎没有遇到抵抗，到7点前后占领当地机场。从12月11日开始有陆军第5飞行集团的飞机进驻；12月12日，菅野支队占领北部的拉瓦格（Laoag）。

阿帕里（Aparri）机场方面，12月10日6点，田中支队（田中透大佐）2000人（以台湾步兵第2联队为主力）在海军第5水雷战队护送下抵达海岸，由于波浪太高，2000人部队最终只有两个中队（200人左右）登岸；13点40分，日军顺利占领阿帕里机场。12月12日，日本陆军第50飞行战队24架九七式战斗机从台湾转场抵达阿帕里；同一天，田中支队南下攻克土格加劳。

随着北吕宋战役打响，日本海军高木武雄少将指挥的"南菲支援队"（第5战队、第4航空战队、第2水雷战队）也早早从日占帕劳群岛出发，在12月8日前后进入达沃湾，以轻型航母"龙骧"出动13架九六式舰上战斗机、9架九七式一号舰上攻击机攻击达沃（Davao），不过除去击落两架水上飞机没有其他成绩。

"南菲支援队"空袭只是日军两路包夹的一个试探，轰炸达沃之后，日军再无空中威胁。12月12日，第16师团木村支队（木村直树少将）2500人（以步兵第33联队为主力）从吕宋岛南部的黎牙实比（Legaspi）登陆，先后占领机场与火车枢纽。

由于日军先期占领速度过快，美军航空部队指挥官布雷雷顿只得在12月17日将所剩不多的B-17从德尔蒙特转移到澳大利亚达尔文港，而就在12月19日，日军零战开始空袭德尔蒙特，美军空中力量被一扫而光。

随着日军展开凌厉攻势与制空权、制海权丧失，麦克阿瑟面临严重困境。虽然从数量上来说美菲军依然拥有人数优势，但由于缺乏坦克部队与反坦克武器，加之没有空中保障，麦克阿瑟如同太平洋战争后期的日本军队一样陷入困局。

阿诺德倒是很想通过开罗中转站给麦克阿瑟增援230架作战飞机，然而由于罗斯福下令首要保障夏威夷、阿拉斯加、巴拿马运河安全，菲律宾自然无法获得这笔增援，麦克阿瑟近乎完全孤立。

在一连串打击下，麦克阿瑟开始提出一些匪夷所思的设想，他先要求太平洋舰队前来援助，然而刚刚遭遇重创的太平洋舰队正在重新整编之中，自然不可能远航菲律宾；他又要求美国政府劝说中国军队主动进攻日军，劝说苏联军队进攻"满洲国"。然而从1941年12月22日开始，罗斯福与丘吉尔的阿卡迪亚会议再度确认"欧洲第一"战略，菲律宾注定要被牺牲掉。

林加延湾与拉蒙湾登陆战

既然没有外援，麦克阿瑟只能根据现有能力布阵。

为了阻止日军登陆林加延湾，北吕宋部队的菲军第11师与菲侦第26骑兵团抵达林加延湾南侧，棉兰老岛的菲军第71师也派遣一个团前来援助，第21、第31师处于待命状态，刚刚从上海转移而来的美国海军第4陆战团也抵达菲律宾；除去地面部队外，麦克阿瑟还拉来国民警卫队总计108辆M3"斯图亚特"轻型坦克与M3半履带式步兵车配备下去，75毫米口径的火炮为美军弥补了一定的火力劣势。

美军刚刚布置完毕，12月下旬，在76艘陆军运输船与九艘海军运输船护送下，日本第14军登陆部队进抵林加延湾。美军虽然在12月21日13点前后探知日军运输船在附近，并派遣六艘潜艇前往干扰，但只有一枚鱼雷命中一艘运输船，无法阻止日军登陆。

12月22日5点开始，日军步兵第9联队、第48师团主力（含战车第7联队）、步兵第47联队（含战车第4联队）分别在巴旺（Bauang）、阿灵艾（Aringay）、阿戈奥（Agoo）三地登陆，基本没有受到有效抵抗。

其实较之美菲军，日军登陆吕宋岛有着多重目的，除去在海滩建立登陆点、击溃美菲军之外，也需要尽快占领各大海港城市以便进攻马尼拉，最好还要保证美军退路被切断。虽然战役过程超乎寻常地顺利，但也使得日军从登陆开始就陷入一种紧迫感。

登陆阵地建立以后，日军不做停留，步兵第9联队与从北吕宋南下的田中支队（台湾步兵第2联队）会合之后进取碧瑶，第48师团协同两个战车联队则南下进攻美菲军主力，13点前后，日本陆军轻松突破美菲军最精锐的第26骑兵团防御，攻克林加延湾南下重地达姆瑞蒂斯（Damortis）。

随后美军派遣第192坦克营第3连北上突进，然而第3连由于准备仓促，只有一个由五辆坦克组成的坦克排勉强可以使用。在日军飞机与战车第4联队的九五式轻战车数量优势下，美军五辆坦克里有四辆迅速南逃至罗萨里奥（Rosario），一辆遭到日军击毁，乘组人员也成为美菲军第一批俘虏。

到12月22日晚上，日军基本清扫掉林加延湾东侧狭长平原地区的所有美菲军，美菲军前线部队只有第26骑兵团尚且维持建制，但其842名各级军官仅剩下450人尚能统兵，其他部队情况也就可以想见了。眼见无法阻击日军，美菲军主力从罗萨里奥再度撤退，沿着菲律宾三号公路来到南边的波佐鲁维奥（Pozorrubio）。

从12月22日至28日，虽然有"天气不晴波浪高"的影响，但日本军队依然有4.3万名士兵从林加延湾成功登陆，其中3.4万名士兵属于陆军第14军建制。较之麦克阿瑟与美国海军预期，日本陆军显然无法在一个星期之内登陆10万人，但即便面对菲律宾陆军12万之众与美国陆军3.1万人，训练有素的3.4万日本陆军也并不算少。

另一条战线上，12 月 24 日，24 艘运输船满载第 16 师团步兵第 20 联队七千人在马尼拉东侧的拉蒙湾（Lamon Bay）登陆。

由于美军把防御正面全部放在林加延湾方面，拉蒙湾反而防御薄弱，只有菲军第 1 师、第 51 师勉强抵抗。所幸第 16 师团并未完全做好准备，而且从东南段黎牙实比登陆的木村支队也没来得及与第 16 师团会师，菲律宾陆军勉强在登陆地毛班（Mauban）附近阻击步兵第 20 联队第 2 大队。

不过既然是分兵登陆，两路日军就多少有些竞争关系，这在战争初期为日军提供了更多主动性。就在毛班受到阻击的同时，步兵第 20 联队第 1、第 3 联队却穿越地峡，进攻菲军第 52、第 53 团驻守的卢塞纳（Lucena），进而控制住通往马尼拉的一号公路。到 12 月 28 日，步兵第 20 联队北上进抵洛斯巴尼奥斯（Los Banos），也就是马尼拉东南部著名的内湖（Laguna de Bay）南岸，而绕着这片广袤湖泊跑 70 公里，就是马尼拉。

12 月 30 日，日军第 48 师团分别沿着三号公路与五号公路抵达北面的打拉（Tarlac）与甲万那端（Cabanatuan），距离马尼拉只有 150 公里之遥，麦克阿瑟即将面临人生中最大危机。

美军撤退与日军反应

看到日军没有从南中国海一侧登陆巴丹半岛，拦截马尼拉湾出口，麦克阿瑟自然窃喜。虽然他不甚同意"橙色战争计划"提出的龟缩防守巴丹半岛战略，但随着战争每况愈下，死守没有天险的马尼拉只能是死路一条。12 月 22 日，麦克阿瑟给马歇尔写下一段留言，提到将马尼拉开放为不设防城市，而美菲军指挥部与菲律宾政府也将迁移到科雷吉多岛（Corregidor）；12 月 26 日，美军正式宣布马尼拉不设防，麦克阿瑟与全部官僚系统人员在 31 日前转移出马尼拉。

巴丹半岛多山地，虽然便于防御，却也不便于后勤补给。随着日军南下步伐加快，美军只好留下 25 万至 30 万加仑石油、2000 箱罐装食物与各类弹药在马尼拉附近，菲军撤离甲万那端也被迫留下 5000 万蒲式耳（英、美计量单位）大米，足够日本军队五年粮食补给之用。

得知马尼拉不设防之后，第 14 军发现美军有意前往巴丹半岛，因而一方面联络海军切断海路，另一方面则从陆路进攻中吕宋重镇圣费尔南多（San Fernando），并意在夺取不远处的卡伦皮特（Calumpit）大桥，这项任务便交给战车第7联队执行，他们的对手则是尚未投入战役的美军第194坦克团，搭配菲军第51、第91师步兵。

12月30日日军占领甲万那端之后，战车第7联队立即沿着五号公路南下，一路突破菲军第91师防御阵线，在12月31日拂晓抵达圣费尔南多与马尼拉的必经之处巴利瓦格（Baliuag）。菲军靠着炸毁桥梁一度阻击日军，第71师主力也开始西撤到普拉里德尔（Plaridal），凭借两个坦克排与六辆安装有反坦克炮的M3型半履带式战车延缓日军进攻。

虽然日军一路颇为顺利，但在巴利瓦格还是陷入苦战，在菲军火炮攻击下寸步难行。激战到17点前后，美军两个坦克排击毁八辆日军九五式轻战车，自身却无损伤。这是开战以来菲律宾美军获得的最大胜果，美菲军也靠着这场胜利而延缓了日军进军步伐。

1942年1月1日5点，新年钟声刚刚敲响，美军南吕宋部队全员越过卡伦皮特大桥；6点15分，美军下令炸毁大桥，全力守备圣费尔南多。

事实上就在这个时点，美国航空

日本陆军进入宣布为"不设防城市"的马尼拉

菲律宾战场上的美国陆军M3型半履带式战车

力量消耗殆尽，日军完全可以出动优势航空部队炸毁大桥。但在日军计划中，占领马尼拉便标志着菲律宾主要战役结束，这种思维使得海军航空队早早投入到荷属东印度战场，陆军航空队也拒绝发兵支援陆军地面部队，最终导致美军从容越过大桥，朝着巴丹方向逃窜而去。

眼见大桥已毁，美军主力西移，日军第 48 师团一边继续沿着五号公路进取马尼拉，一边从 1 月 1 日起派遣菅野支队携带大量火炮沿着三号公路进攻圣费尔南多的菲军第 21 师。随着战线不断推进，日军首先占领圣费尔南多北部的克拉克机场，接着在 1 月 2 日与五号公路的日军会师西进，菲军则在圣费尔南多南部重建防线，继续掩护剩余部队撤往巴丹半岛。到 1 月 6 日前后，菲军殿后部队第 11、第 21 师全部撤到巴丹半岛的入口拉亚克（Layac），美菲军八万人在巴丹半岛固守，同时他们还需要为 2.6 万平民提供食品。

日军当然希望闪击巴丹半岛，但由于兵员数量不足，加之日军意在迅速进攻婆罗洲乃至整个荷属东印度，第 14 军在 1 月 2 日控制马尼拉之后，主力部队第 48 师团被整建制派往荷属东印度。第 14 军只能派遣步兵第 9 联队连同 1 月 1 日抵达林加延湾的独立混成第 65 旅团执行剩余任务。

在日军中，带有"独立混成"字样的旅团一般由预备役补充而成，兵员来源复杂混乱，以执行占领任务居多。让一个维稳旅团前去担负作战任务，可见第 14 军军事力量多么捉襟见肘，也可见日军已经认为巴丹半岛的美军只是残兵败将，不足为惧。

轻敌情绪一旦产生，日本军队也就难免遭遇硬骨头，毕竟巴丹半岛可谓是天险之地。即便美菲军已经丧失 1.3 万作战部队，即便日军仅仅丧失两千人，但接下来的战役，便会成为日本陆军在太平洋战争里的第一场硬仗。

（五）鲸吞"兰印"："闪电战"在荷属东印度

荷属东印度地理条件与日军进攻计划

1941 年 11 月 20 日，日本南方军向各部队发布作战方针，其中针对荷属东印度作战有这样的记载："第16军须迅速以一部占领达沃、和乐岛、打拉根岛，继而占领巴厘巴板，获取所需航空基地，同时确保重要资源地区。"

作为拥有300年以上殖民地历史的土地，荷属东印度全境当时拥有190万平方公里土地与超过6000万人居住。与现在类似，并不算太大的爪哇岛（Java）集中了全境近70%的人口，首府巴达维亚（Batavia，现雅加达）与军事重镇万隆（Bandung）是整个岛屿的核心。

但较之马来亚、菲律宾作战的制定颇有与英美军队决战之意，日军进攻荷属东印度（兰印）的动机其实更为纯粹，主要就是为了夺取苏门答腊岛与婆罗洲（加里曼丹岛）的油田设施，以便在战争中形成"自给自足的长期作战态势"。但既然要对荷兰开战，那么夺取爪哇岛也就势在必行。

早在1939年，荷属东印度的石油产量就超过800万吨，较之当年日本所需500万吨要高出许多，既然日本如今要迈入太平洋战争，过去的主要供油国美国又已成为敌人，那么夺取苏门答腊的巨港（巴邻旁，Palembang）、婆罗洲的巴厘巴板（Billipapan）两座油田便刻不容缓。

1940年纳粹德国占领荷兰之后，威廉明娜女王与流亡政府逃往英国避难，荷属东印度名义上虽然属于流亡政府管辖，但由于各岛屿之间本就分割开来，整个殖民领开始走向半自治状态。

今天的巴厘巴板依旧是一座石油重镇

由于荷属东印度由群岛组成，除去既定在爪哇岛投入大规模兵力以外，针对其余岛屿，投入过多兵力并不一定经济实惠。然而鉴于婆罗洲大量拥有石油，为防盟军破坏石油设施，日军对中小据点采用了定向突击战术。

首先是南方军直属的川口支队（第 18 师团步兵第 124 联队）在川口清健少将指挥下出战，在荷属东印度战役正式打响之前，于 1941 年 12 月 16 日登陆婆罗洲确保北部要地；随后 12 月 20 日凌晨 4 点，坂口支队 5000 人登陆达沃，与第 14 军相关部队一起迅速击溃菲律宾陆军第 101 师的守备，为日军占领棉兰老岛打下基础。

1941 年 12 月 8 日日美宣战后，荷兰也在 12 月 10 日对日宣战，不过由于日占台湾、印度支那与荷属东印度有一段距离，除去川口、坂口支队率先行动之外，直到 1942 年 1 月 11 日，第 16 军才开始正式宣布进攻荷属东印度（见表 1–15）；1 月 20 日，南方军下达进攻爪哇岛命令，要求"利用对爪哇航空压制的成果，以主力在爪哇西部登陆"，并按照陆军传统模式"以一部在爪哇东部登陆"，发动钳形攻势。

表1–15　日本陆军第16军主要作战分布

主要番号	组成	登陆点
军直属	战车第 2、第 4、第 8 联队，野战重炮兵第 17 联队，高射炮第 16、第 23 联队，独立工兵第 1、第 3 联队，电信第 15 联队，汽车第 28 联队，第 1 挺进团，第 3 飞行集团	
第 2 师团师团长：丸山政男（中将）	步兵第 4、第 16、第 29 联队，野战炮兵第 2 联队，工兵第 2 联队	3 月 1 日，爪哇岛西部（总兵力 13755 人）
第 38 师团师团长：佐野忠义（中将）	步兵第 229 联队	2 月 14 日，苏门答腊岛（总兵力 12360 人）
	东海林支队（步兵第 230 联队）	3 月 1 日，爪哇岛中部（总兵力 5910 人）
	东方支队（步兵第 228 联队）	1 月 31 日，安汶2 月 20 日，帝汶岛（总兵力 5300 人）

　　　　　　　　　　　　　　　　　　　　太平洋战争全史

主要番号	组成	登陆点
第 48 师团 师团长：土桥 勇逸（中将）	台湾步兵第 1 联队、台湾步兵第 2 联队、 步兵第 47 联队、搜索第 48 联队、山炮兵 第 48 联队、工兵第 48 联队	3 月 1 日，爪哇岛东部 （总兵力 15663 人）
坂口支队 支队长：坂口 静夫（少将）	第 56 师团步兵第 146 联队	12 月 20 日，达沃；1 月 11 日，打拉根；1 月 24 日，巴厘巴板； 3 月 1 日，爪哇岛东部

三级跳进攻婆罗洲与海军陆战队急袭

在爪哇岛前哨战中，最出彩的莫过于完成"三级跳"的坂口支队。

首先是 1 月 10 日，坂口支队协同海军吴第 2 特别陆战队（吴 2 特）共同登陆婆罗洲北部的中等规模油田所在地打拉根岛（Tarakan Island），与当地 1400 余名守备队交战，1 月 12 日夺取岛屿。这场战役中，日军仅有两艘扫海艇被沿岸炮台击沉，海军陆战队阵亡 156 人，陆军仅战死七人。

紧接着 1 月 21 日，休整还不到十天，坂口支队再从打拉根出发，

日本海军特别陆战队

在海军第4水雷战队（西村洋治少将）护卫下乘坐16艘运输船出发，前往婆罗洲东南部石油城市巴厘巴板（Balikpapan）。

不过1月22日刚刚进入苏拉威西与婆罗洲之间的望加锡海峡（Makassar Strait），打拉根的日本海军第23航空战队侦察机就发来消息称"由于降雨问题22日、23日无法使用战斗机掩护"，因而前线迅速派出驱逐舰"海风""江风"组成别动队向前探查情况。

1月23日晚间，荷兰军队发现日军，先后出动二十余架次轰炸机空袭这股运输队，造成二艘运输船损伤，不过船队还是在夜间抵达巴厘巴板外海，随即派遣驱逐舰"村雨""春雨""五月雨""夕立"前往港口内部扫雷。这段时间里，除去一艘运输船被荷兰潜艇击中之外，坂口支队第一梯队已经开始登陆作战。

1月24日凌晨，美国四艘驱逐舰组成的小分队也抵达巴厘巴板海域。这支小分队本来还有两艘轻巡洋舰作为主力舰艇，但由于两舰在出港之后都出现故障，最终只有四艘"克莱门森"级（Clemson Class）驱逐舰抵达前线攻击日本运输队。

由于之前受损的运输船"南阿丸"一直燃着大火，日本舰队受到火光照射很容易被美军发现。4点25分，美军四艘驱逐舰开始闯入日本舰队巡航海域。由于美军"克莱门森"级驱逐舰与日本轻巡洋舰"那

美国海军"克莱门森"级驱逐舰的线图

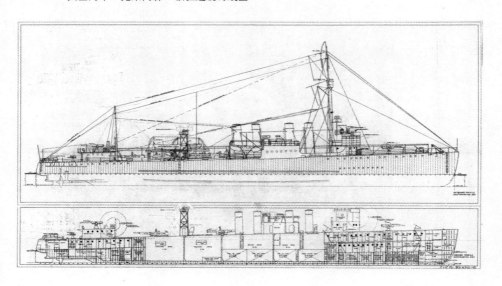

珂"外观类似，故而很多日军士兵都在观望期间就被鱼雷击中，真正的"那珂"只是到了 5 点前后才发出命令"击沉敌舰"，然而这时美军舰艇已经准备离开。日军总计损失运输船四艘，阵亡三十余人。

当然，美军一次战术胜利并未能换来更多战果，毕竟坂口支队已经在袭击过程中全员上岸，到 1 月 25 日前后日军完全占领巴厘巴板。但由于在巴厘巴板夜袭中损失数艘运输船，坂口支队面对下一个目标，也就是西南方向 400 公里之外的马辰（Banjarmasin），便只能通过陆路前往。

1 月 30 日开始，坂口支队几乎不作休整，立即出发南下。由于从巴厘巴板到马辰有近百公里的丛林地带，日军受到疟疾与水蛭影响，行军速度有所降低，也有九人非战斗减员而死。到 2 月 10 日，坂口支队占领马辰飞机场，夺取这座港口之后，坂口支队等于抵达了婆罗洲最南端，与南部的爪哇岛隔海相望。

当然，包围爪哇岛还需要从正东截断通往新几内亚岛的海域，因而海军将目光瞄准了苏拉威西岛东部、新几内亚岛西部的莫鲁加群岛（Moluccas Islands），海路要地安汶（Ambon）自然为兵家所必争之地。

1 月 12 日，东方支队跟随第 38 师团完成香港战役之后便出发，与吴 1 特在 1 月 31 日晚间开始登陆安汶，逼迫安汶守备队在 2 月 1 日凌晨投降，随后日军在 2 月 3 日晨间攻克飞机场。

就在坂口支队攻城略地的时候，1 月 11 日，日本海军也单独出兵进攻苏拉威西（Sulawesi/Celebes）东北角的万鸦老（Manado），其中佐世保联合特别陆战队（佐联特）与佐世保第 1 特别陆战队（佐 1 特）共 1800 余名兵力从西侧登陆，佐世保第 2 特别陆战队（佐 2 特）1400 人从东岸登陆，海军空降部队则将 324 名横须贺第 1 特别陆战队（横 1 特）队员空降到南侧 20 公里左右的机场，成功夺取战略要地。

1 月 24 日，进攻万鸦老的海军陆战队再度集结，向南夺取苏拉威西岛南部肯达里（Kendari），准备绕过苏拉威西岛南侧占领望加锡（Makassar）；2 月 4 日，日本侦察机发现盟军驱逐舰 11 艘前来干扰日本军队行动，因而从刚刚占领的肯达里派遣一式陆攻 60 架前往袭击，虽然只是击伤两艘驱逐舰（日军认为击沉两艘驱逐舰），但美军还是被迫中止了干扰计划；2 月 9 日，日本海军陆战队登陆望加锡。

西方画家笔下日本海军空降兵部队

陆军从爪哇岛正北与正东、海军从爪哇岛东北各自包围爪哇岛，距离包围爪哇岛还剩下一个西北方向，这就是苏门答腊岛。

空之神兵

需要注意，1 月 11 日的海军空降进攻是日本历史上第一次空降兵攻击，但由于不愿惹到陆军，海军对这次空降行动并没有大肆宣扬，在更多人的认知里，日本第一次空降似乎是陆军第 1 空挺团的所谓"空之神兵"。

之所以将"空之神兵"用在苏门答腊，不仅是因为可以从西北方向合围爪哇岛，更重要的是岛屿东南部的石油重地巨港（Palembang）。

巨港是苏门答腊乃至整个东南亚地区都屈指可数的大型油田，也是荷兰皇家石油公司（壳牌）的主要采油地，自然也被日本划为必占之地。由于巨港距离海边有 100 公里左右距离，如果使用传统登陆手段很可能会造成突击速度过慢。为免当地工作人员破坏油田设施，日本陆军这一次进行了二战之中最为成功，也是名声最大的一次空降突袭行动，作战部队则是后来具有"空之神兵"之称的日本陆军第 1 挺进团，后续支援部队则是以第 38 师团步兵第 229 联队为主的别动队（1.2 万人）。

不过在 1942 年 1 月 3 日，第 1 挺进团下属的挺进第 1 联队辎重在运输船"明光丸"上突然着火，虽然人员没有损失，但缺乏物资支持，导致空降行动只能由第 1 挺进团第 2 联队 329 名士兵施行。

2月14日，空降兵第一梯队乘坐百式运输机与"RO"式运输机从马来亚半岛起飞，在陆军飞行第59战队、第64战队的数架一式战斗机"隼"护航下前往巨港；中午11点30分，指挥官久米精一大佐与全部空降部队在巨港城区北部10公里左右区域空降成功。期间虽然有盟军飞机飞过苏门答腊岛上空，但并没有发现日军运输机群，日军空降兵第一梯队得以在21点前后顺利占领巨港飞机场。

随后2月15日下午，空降兵第二梯队在巨港城区南侧空降，与第一梯队合并进攻城区，这时第38师团先头部队也已经抵达，巨港城区迅速被夺取。2月18日前后，第38师团主力部队也到达巨港维持治安。

有趣的是，由于空降兵作战获得巨大成功，日本文艺界也开始出现相关作品。1942年4月，高木东六作曲、梅木三郎作词的歌曲《空之神兵》开始发售，与其他军歌不同，这首曲子以白玫瑰来比喻蓝天中飘扬的降落伞，词曲饱含浪漫主义色彩的遐想，受到日本国民欢迎。1942年9月，日本映画社制作的纪录电影《空之神兵》在全国公映。

战后日本陆军虽然被解散，但到1954年陆上自卫队重建时，原陆军第1挺进团陆军少佐衣笠骏雄又带着20名战前曾接受空降训练的原军人加入陆上自卫队第1空挺团。目前，第1空挺团依旧以《空之神兵》作为队歌。

驶往爪哇岛

打完外围，日军便着手缩小爪哇岛包围圈。

首先瞄准爪哇岛东侧岛屿，也就是如今的旅游胜地巴厘岛（Bali Island）。2月19日0点，由第48师团台湾步兵第1联队组成的金村支队在日本海军第8驱逐队（"大潮""朝潮""满潮""荒潮"）护卫下登陆巴厘岛。虽然陆军成功占领巴厘岛东南部海岸，却也吸引盟军ABDA舰队前来作战。2月17—19日，荷兰三艘轻巡洋舰、七艘驱逐舰与美国六艘驱逐舰分别出发前往爪哇岛海岸，23点50分，就在日本两艘驱逐舰"朝潮""大潮"即将出海时，盟军二艘轻巡洋舰、三艘驱逐舰突入巴厘岛东南部海域。

之所以只有五艘舰艇前来，主要原因还是盟军缺乏统一指挥，联

荷兰在东印度的海军指挥官卡
雷尔·多尔曼

络系统不甚畅通，而且荷兰在东印度的海军指挥官卡
雷尔·多尔曼（Karel Doorman，1889—1942）少将
还不太能听懂英语，沟通起来更加费力。即便如此，
日军总共只有四艘驱逐舰，形势还是不利于日本海
军。2月20日0点前后，二艘轻巡洋舰开炮射击"朝
潮"，却仅仅命中探照灯，"朝潮"等二艘驱逐舰得以
先行离开港口，进入外海，随即沿着南北航向不停
折返，将一艘荷兰的落单驱逐舰皮耶海因（HNLMS
Piet Hein）击沉，随后与另外两艘日本驱逐舰"满
潮""荒潮"会合。

3点前后，又有一艘荷兰轻巡洋舰与四艘美国驱
逐舰进入港湾，与四艘日本驱逐舰交战一番之后，美
国驱逐舰队形开始散乱，双方在3点到4点先后经历
三次炮战，盟军部队由于缺乏统一指挥与夜战经验，
虽拥有战力优势却最终没有取得太多成果。

早上6点，从望加锡出发的四艘轻巡洋舰（"长
良""若叶""子曰""初霜"）抵达巴厘岛海域，将受
伤严重的"满潮""大潮"拖拽北上。路上虽然受到
盟军飞机空袭，但没有造成损失。另外，日军也同
样在2月22日派遣各式战斗机32架、陆上侦察机4
架、各式陆上攻击机11架前往巴厘岛，为进攻爪哇
岛做好了作战准备。

稍早一点的2月19日，陆军第48师团与坂口支
队各自做好准备，乘坐38艘运输船从菲律宾南部岛
屿出发，一路沿着望加锡海峡南下。而担任护卫工作
的便是以第5战队重巡洋舰"那智""羽黑"为主力
的22艘各类舰艇。到2月26日，日本海军舰队进入
爪哇海，盟军舰队也于当晚，在多尔曼少将的指挥下
从苏腊巴亚出发，英美荷联军14艘船只进入爪哇海
搜捕日本舰队。

事实上多尔曼早就发现日军来临，并在2月26

1942 年 2 月 4 日，美军驱逐舰"马布尔黑德"号遭到日军空袭

日早晨出动全部舰艇搜索敌舰，然而这时日军仍然在行军中，搜索行动无功而返。到 2 月 27 日上午，多尔曼的舰队正在外海准备回港，突然收到 ABDA 舰队后方发来命令："苏腊巴亚北部 90 海里发现日本船队，前往迎击。"虽然电报情报准确，但由于三国舰队是拼凑而成，命令传递到各舰的速度异常缓慢。

在 2 月 27 日中午时分，日本舰队同样收到侦察机汇报"敌巡洋舰五艘、驱逐舰六艘，位于苏腊巴亚的 310 度、63 海里，航向 80 度，速度 12 节"；随即 14 点 5 分，重巡洋舰"那智"水上侦察机探察到盟军舰队位置，日军全速突进，意欲与盟军决战（见表 1–16）。

表1–16　苏腊巴亚海战日本海军作战序列

第 5 战队（指挥官：高木武雄少将）下属：第 7 驱逐队第 1 小队、第 24 驱逐队第 1 小队	重巡洋舰：那智、羽黑 驱逐舰：潮、涟（7）、山风、江风（24）

第2水雷战队（指挥官：田中赖三少将） 下属：第16驱逐队	轻巡洋舰：神通 驱逐舰：雪风、时津风、初风、天津风（16）
第4水雷战队（指挥官：西村祥治少将） 下属：第2驱逐队、第9驱逐队第1小队	轻巡洋舰：那珂 驱逐舰：村雨、五月雨、春雨、夕立（2）、朝云、峰云（9）

　　17点30分左右，日军发现双方距离非常近，指挥官高木武雄少将立即将第5战队的四艘驱逐舰临时划归身处前方的第2水雷战队，配合轻巡洋舰"神通"从苏腊巴亚西北部海域发起进攻。日军本想抢占"T字战术"横位，但多尔曼发现日军之后也迅速认识到"T字战术"一旦形成将于己不利，因而扭转航向，与日军开始同航炮战。从17点45分到50分，双方互相发射多枚炮弹与鱼雷，第2水雷战队认为情况不妙就暂时离开战场。

　　到18点前后，第4水雷战队从后方加入，朝着美军舰艇总计发射了27枚鱼雷，第2水雷战队的"神通"与两艘重巡洋舰也发射十余枚鱼雷，不过都没有命中目标；18点35分，"羽黑"一枚炮弹命中位于重巡洋舰战线第二舰的"埃克塞特"号，造成这艘英国重巡洋舰被迫脱队。但由于旗舰并未发布指示，后面的两艘盟军重巡洋舰也跟着转向，这就造成旗舰——荷兰海军轻型巡洋舰"德·鲁伊特尔"号陷入孤立状态（见表1-17）。

荷兰海军轻型巡洋舰"德·鲁伊特尔"号

表1-17 苏腊巴亚海战盟军主要战斗舰艇

重巡洋舰	（荷）德·鲁伊特尔（HNLMS De Ruyter）、路易斯维尔（HNLMS Java），（美）休斯顿（USS Houston, CA—30），（英）埃克塞特（HMS Exeter，68）
轻巡洋舰	（澳）珀斯（HMAS Perth, D29）

看到盟军队形混乱，第5战队指挥官高木武雄少将立刻下令突击，第4水雷战队（包括第2、第9驱逐队），第2水雷战队（包括第7、第16、第24驱逐队）相继发射64枚鱼雷，第5战队两艘重巡洋舰也持续加以炮火攻击，将两艘盟军驱逐舰击沉。眼见天色渐暗，日军并没有追击，而是收拢队伍，然后在20点前后继续北上追击盟军。

20点52分，日军与盟军几乎同时发现对方，但日军重巡洋舰刚刚回收完水上侦察机，未能迅速作战，盟军虽然抓到机会，却未能击中日舰，日军匆忙脱离战场，盟军也旋即南下。

这段时间里，多尔曼少将意在回到爪哇岛海岸，然后少许向西行进，等待日军舰艇南下再行伏击。但他们却忘记了，当天下午荷兰军队刚刚在爪哇海域布下水雷，因而22点55分，当时舰队里唯一的一艘巡洋舰触雷沉没。然而多尔曼并没改变主意，而是继续航行一段时间以后再行北上。

日本海军镜头下即将沉没的"爪哇"号

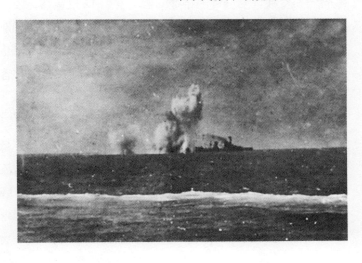

2月28日0点40分，多尔曼的舰队再度与日本重巡洋舰"那智""羽黑"相遇，高木武雄旋即将南下方向改为北上，与盟军舰队再度展开同航炮战。0点52分开始，两艘重巡洋舰对盟军发射12枚鱼雷，这一次盟军因黑夜没有躲开，1点6—10分，"德·鲁伊特尔""爪哇"两艘巡洋舰相继被命中，迅速沉没。

沉没过程中，为了不连累其他舰艇，多尔曼少将要求"珀斯""休斯顿"两艘重巡洋舰不要顾及救助幸存者，立即退回巴达维亚（雅加达）。由于这条命令，荷兰两艘舰艇的幸存者最终只有19人获得救助，多尔曼少将本人也选择以身殉舰。

夺取爪哇岛

不过盟军还没来得及为这位不懂英语的荷兰将领哀悼，2月28日晚间，"珀斯""休斯顿"两舰就再度从巴达维亚出发截击日军。正巧日本第16军主力已经出动56艘运输船满载军队从金兰湾开赴爪哇岛，担任护卫任务的第7战队第2小队两艘重巡洋舰（三隈、最上）组成西方支援队，协同第3护卫队29艘舰艇分头南下到巴达维亚海湾附近阻击盟军。

3月1日凌晨，盟军两舰首先与第3护卫队遭遇，双方一小时内两度炮战，日军凭借驱逐舰数量优势压制住对手；随即1点19分，第7战队重巡洋舰"三隈""最上"也南下抵达战场，一番折返之后与盟军舰艇同航交战，三分钟内相继向盟军发射12枚鱼雷，强大炮火加入作战让日军迅速占据上风，在大量驱逐舰联合攻击下，"珀斯""休斯顿"均身中数枚鱼雷与炮弹，相继在1点42分、2点6分沉没，两舰1008名乘组人员中只有368人得到救助，除去76人在日军收容所中死亡之外，剩余266人均在战后回国。

日军刚刚迎来大胜，却又出现一个小插曲，"最上"发射鱼雷过多，且大部分被盟军舰艇躲避，这就使得部分鱼雷越过战场，抵达位于后方的第16军运输船队附近。从1点35分开始，日军先后有五艘船只被鱼雷击沉，其中还包括第16军司令今村均中将乘坐的登陆舰"龙城丸"，搞得今村均本人都不得不投海求生。虽然最终第16军司令部本身没有什么问题，也未对当天进行的登陆行动有什么影响，但战后日本海军第

3 护卫队司令部依然一同向今村均谢罪。

到了白天，苏腊巴亚海域又一次燃起战火。先前逃脱的英国重巡洋舰"埃克塞特"号与两艘驱逐舰于 3 月 1 日 11 点前后被日本第 5 战队发现，日军开始驱赶盟军舰队前往正在赶来支援的第 3 舰队另外两艘重巡洋舰"足柄""妙高"方面，到 12 点前后，两拨日军包围了盟军舰队，经过一番炮战与鱼雷战，"埃克塞特"号在 13 点前后失去动力，燃起大火，在疏散全部乘组人员之后，该舰在 13 点 30 分左右沉没，其余两艘驱逐舰也在追击中沉没。

经过苏腊巴亚与巴达维亚两场海战，盟军在荷属东印度失去全部主力舰队，爪哇岛登陆也就在 3 月 1 日这一天正式开始。

3 月 1 日，日本陆军分三路登陆爪哇岛。

首先是爪哇岛西侧，第 2 师团保护着第 16 军司令部从孔雀港（Merak）登陆，随即以第 4（福岛支队，福岛久作大佐）、第 16（那须支队，那须弓雄少将）、第 29（佐藤支队，佐藤半七大佐）三个联队各自建立支队突向巴达维亚与万隆两个军事重镇。到 3 月 5 日 21 点前后，首都巴达维亚被日本攻占；6 日 4 点前后，巴达维亚南部重镇茂物（Buitenzorg）被攻占，第 2 师团主力部队继续向着万隆前进。

与此同时，由第 38 师团步兵第 230 联队组成的东海林支队也在 3

月 1 日从爪哇岛中部登陆，于 3 月 2 日 11 点前后占领万隆北部的芝坎佩（旧译加里茶底，Kalidjati）飞机场。虽然 3 月 3 日荷兰军队派遣轻型坦克与装甲车北上进攻飞机场，但日军若松满则少佐指挥的第 1 挺身队在飞机场苦战坚守，一直坚持到第 3 飞行集团南下轰炸才将荷兰军队击溃。

同样在 3 月 1 日，第 48 师团与属下的坂口支队在完成"三级跳"之后从爪哇岛东部的克拉甘（Kragan）登陆，其中第 48 师团主力部队向东进攻苏腊巴亚，坂口支队在只有不到千人的劣势下乘坐卡车一路向西南方向行进，在 3 月 7 日突破爪哇岛中南部重镇芝拉扎（Tjilatjap），切断了万隆荷兰军队东撤退路。

3 月 7 日，若松挺身队区区数百名士兵继续顺着中路山道一路攀爬，抵达万隆要塞外侧的山峰，抢夺制高点。当晚 22 时 30 分，万隆防卫司令官向日军提出投降请求。3 月 8 日，东海林俊成大佐接受投降。荷属东印度总督蒂尔达·斯塔克豪尔（Tjarda Stachouwer）在 3 月 9 日用广播形式通告全部盟军投降，除去荷兰军队之外，剩余 1.1 万名英澳军也在 3 月 12 日投降。

爪哇岛东侧，第 48 师团支队越过梭罗河之后于 3 月 7 日抵达苏腊巴亚，却突然发现城南侧地区出现大面积水灾，在排水成功以后，日军准备在 3 月 9 日晚上开始总攻。但在 3 月 8 日 11 点前后，荷兰军队出城向第 48 师团长土桥勇逸中将投降。当晚 18 点，第 48 师团夺取苏腊巴亚，荷属东印度战役全部结束。

印尼轶事

整个"兰印"战役在不到 100 天时间里结束，这一方面凸显出盟军对于日军突如其来的袭击缺乏准备，另一方面也说明日军作战计划执行更为合理。

不仅是作战计划，日军对于荷属东印度的利用计划也较为成功。虽然由于荷兰人的破坏与阻碍，荷属东印度产油量一直没有恢复到战前水平，但对于缺乏石油的日本而言依然是救命稻草。即便到了 1944 年 10 月莱特湾海战之前，栗田健男少将率领的第 1 游击舰队依然是在荷属东印度加油之后前往战场。只是问题在于，到了战争末期，日军海上运输线已经完全被美军封锁，即便荷属东印度方面有油田，也难以将石油运回国内。

另外日本虽然在荷属东印度存在暴虐统治，横征暴敛造成经济衰退，但也因统治人数不足而在1943年组建了爪哇防卫义勇军，并为了方便自身统治而培训了大量本土官员，这就使得后来的印度尼西亚（印尼）有了自立基础。事实上就在日本战败后两天，也就是1945年8月17日，印尼独立分子、曾经为日军效力过的苏加诺便宣布印尼独立，开启了印尼独立战争，而且这场战争里，还有近3000名日军士兵支持印尼一方。最终荷兰不得不在1949年允许印度尼西亚独立。

被后世尊为"印尼国父"的苏加诺

不得不说，印尼之所以能够独立，客观上讲与日军击溃荷兰殖民统治有分不开的关系，这也为日本右翼自我吹捧"解放亚洲"提供了一些"事实"。但必须注意，日军最初进攻荷属东印度，主因依然是为了夺取油田，为进一步发动侵略战争积累能量，并不是为了"解放印尼人民"而行动。

荷兰在江户幕府200多年里是日本长期的唯一通商对象，但因为日本占领荷属东印度与印度尼西亚独立，战后荷兰人对日本的感情非常差，甚至1971年昭和天皇访问荷兰时，还险些被愤怒民众投来的鸡蛋击中。

（六）攻占仰光：驻缅英军全线溃败

日泰合作达成

1941年11月20日，日本南方军向各部队发布作战方针，其中针对泰缅作战有这样的记载："开战之初，第15军进入泰国，以协助第25军作战，同时尽

泰国首相銮披汶·颂堪

量确保泰国稳定，从该方面实施对重庆政府封锁，并准备对缅作战。"

泰国地处英属缅甸东侧、英属马来亚北侧，若是从法属印度支那出发，那么无论想进入哪一块领地都要经过泰国——所以日本军队也把泰国放在了重要位置上。

为了逼迫泰国默许或支持日本，日本大本营早在1941年11月24日就发布《对泰措施要领》，要求南方军、海军舰队司令官跟随日本驻泰国大使开展对泰谈判，争取泰国政府。

之所以选择谈判，还因为日泰关系在战前一直不算差，泰国又多年保持中立，日本希望能够以最省成本的"平等谈判"方式控制泰国局势。但《对泰措施要领》也规定："不管对泰谈判成功与否，都要按照预定计划派驻部队"，只是要"尽可能避免日泰两军冲突"。

山雨欲来风满楼，11月27日晚上，泰国首相銮披汶·颂堪发布广播演讲："泰国人对任何外国人都不应特别怀有敌意，无须因为英属马来亚与法属印度支那集结的外国军队而惊慌……日本大使提到，日军进驻法属印度支那绝不是为了侵略泰国。"

在整个近代历史中，亚洲只有两个国家免于欧美列强殖民，一个是日本，另一个是泰国。但较之日本是完全靠了自身力量崛起而摆脱殖民，泰国则是靠了在英属缅甸、英属马来亚与法属印度支那之间纵横捭阖而维护了相对中立。

事到如今，日本从维希法国处获得法属印度支那全部利权，英国又无暇顾及远东，势力衰弱，这就意味着曾经处于英法势力中间的泰国必须重新站队。銮披汶这番表态也多多少少说明，泰国有意与日本合作。

12 月 4 日，日本驻泰国陆军武官田村浩大佐来到西贡，请求将进驻泰国的时间再推后一天，以方便銮披汶说服国内反对派。南方军请示大本营之后将进驻时间从 12 月 7 日晚上推迟到 12 月 8 日晚上，并要求驻泰国大使发出邀请，定在 12 月 8 日中午 12 点举行谈判。

不过就在 12 月 7 日晚上，銮披汶前往泰国东部视察军队，由于这时候日本大使还没有递交谈判邀请，双方便出现理解差异：銮披汶并不知道第二天有谈判，日本军队则不知道銮披汶并不知道第二天有谈判。

当然从事后分析，銮披汶肯定明白日英之间准备直接交火，突然选择这一时点离开首都，也是为了躲开与日本军队的所谓"平等谈判"：如果日泰之间以"平等谈判"达成同盟，那么銮披汶必然会受到英军记恨；反之如果先让日本军队闯入泰国国境，他再订立日泰同盟就颇有"城下之盟"的意思，既能够在日本军队面前保证安全，也能防止日后英军反扑来制裁他。

所以一直到 12 月 8 日凌晨 3 点，銮披汶在日军眼里都处于"失踪"状态。出于不信任，日军第 25 军近卫师团各部队在 12 月 8 日早晨突然越过边境进入泰国，并在当日晚间控制曼谷。

日军进驻期间，日泰军队出现零星交火，銮披汶当然也就迅速得到了消息。12 月 10 日，这位首相迅速回到曼谷并答应签订同盟条约，日本驻泰国大使坪上真二迅速向国内发出消息，战时日泰同盟于是有了初步意向；12 月 21 日，《日泰同盟条约》得以签订。

在整个第二次世界大战前期，泰国一直奉行《同盟条约》，成为日本侵略缅甸、马来亚的帮凶。不过好景不长，随着 1944 年东条内阁崩溃，这个泰国内阁也宣布下野，銮披汶本人更是在 1945 年日本战败之后遭到逮捕。

但正由于 1941 年日泰盟约是"城下之盟"，到了 1946 年 4 月，随着国际形势与国内舆论变化，銮披汶反而摇身一变，从甲级战犯成了泰国的"民族英雄"，并在 1947 年复出重任泰国总理，一直到 1957 年他都是泰国事实上的统治者。

靠着泰国帮助，日本第 25 军开始从马来亚半岛西侧突进，而第 15 军也开始实施进攻缅甸的计划。

缅甸独立运动领导人昂山

"缅甸义勇军"与日本总体计划

进攻缅甸时，日本首次起用本土人员作为引导。

1824—1826年英缅战争之后，缅甸开始遭到英国侵略，到1852年第二次英缅战争结束，缅甸被编入英属印度。在英国殖民统治期间，缅甸各地一直出现各种暴动，这固然让英国在1935年制定《缅甸统治法》，并在1937年建立自治政府，然而碍于英国总督一直握有决定权，更为激进的缅甸独立运动得以催生出来。

1936年2月，仰光大学学生会杂志《孔雀之声》刊登了反英文章，杂志主编昂山等人遭到强制退学，随即引发600名仰光大学学生集体罢课，逼得英国当局撤销退学令，昂山也从1938年开始成为缅甸学生运动领导人，进而加入独立运动组织"德钦（我乃缅人）党"，甚至成为1939年缅甸共产党的创始人与首任总书记。

随着民族独立运动如火如荼，昂山也受到英国当局关注，被迫在1940年3月逃出缅甸流亡日占中国厦门，随即受到日本陆军情报人员铃木敬司大佐关注。毕竟当时日本对缅甸的情报工作由住在仰光的原海军大尉国分正三负责，陆军这边全无头绪。

铃木敬司在1929年从陆军大学校毕业以后，很快在1931年进入参谋本部，先后潜入菲律宾、荷属东印度等地区负责情报工作。缅甸异动以来，铃木敬司敏锐发现了日本进入缅甸的突破口，他迅速申请经费，以《读卖新闻》特派员、日缅协会书记"南益世"的身份在1940年6月潜入仰光，与昂山所属的德钦党接触，最终在11月从厦门带回昂山，并以"面田纹次"之假名将其藏匿在自己的老家静冈县滨松市。

1941 年 2 月，以铃木敬司为长官，陆海军与民间人士十余人组成大本营直属的特务机关"南机关"，其中还有曾参与南京大屠杀"杀人比赛"的野田毅中尉。以南机关为支援，日军在海南三亚设了特别训练所，召集 30 名缅甸青年进行特训，预定让他们回到缅甸以后组织暴动。

到 1941 年 10 月，随着战局恶化，三亚训练所关闭，30 名缅甸青年来到台湾玉里；到 11 月 6 日，大本营宣布南方军战斗序列之后，南机关也从大本营直属变更为隶属于南方军司令部，以西贡为根据地；12 月 8 日日美宣战以后，昂山顺势在 12 月 28 日成立"缅甸独立义勇军"（Burma Independence Army, BIA），铃木敬司大佐成为义勇军司令官，野田毅担任参谋长，昂山作为高级参谋事实上掌握了军队。

日本陆军大佐铃木敬司

之所以瞄准缅甸，大本营最早的想法自然是要切断 1938 年 7 月建成的滇缅公路（全长 2300 余公里），阻断英美物资从印度源源不断流入中国云南，进而削弱重庆政府作战能力。

但与马来亚、菲律宾等作战有本质不同，大本营最早并没有明确考虑过如何全面进攻缅甸，甚至南机关本质上也只是情报机构，并没有提出明确的进军设想。对于缅甸方面，大本营最初只是要求第 15 军先行安抚泰国局势，保证马来亚方面第 25 军背后安全，在作战初期摧毁缅甸东南部的英军机场。

由于日本最早只把印缅战场当作太平洋战场、中国战场的一个补充，1941 年 12 月开战时期，负责缅甸作战的第 15 军只有第 33、第 55 师团，其中第 55 师团步兵第 144 联队与相关部队还分出去组成南海支队，负责日后进攻莫尔兹比港，整个缅甸最初只配备了五个步兵联队，比菲律宾吕宋作战还要少了许多。

12 月 9 日，第 15 军司令饭田祥二郎中将抵达曼

借助畜力的日本陆军

谷，要求初期占领泰国的近卫师团回归第 25 军编制，南下进攻马来亚半岛。1942 年 1 月 10 日，第 33 师团步兵第 214 联队开始在曼谷登陆。

就在第 33 师团抵达前后，第 15 军制定作战要领，意在迅速进攻南部缅甸，占领萨尔温江（怒江）口附近地区，进而迅速攻克仰光，在可能范围内北进占领仁安羌油田与曼德勒附近地区。分工方面，第 55 师团步兵第 112 联队第 3 大队组成冲支队（冲作藏中佐），先于主力部队出发，进攻土瓦（Tavoy）飞机场，进而调动第 55 师团步兵第 143 联队组成的宇野支队（宇野节大佐），突破麦索（Mae Sot），占领克拉地峡北端重镇毛淡棉（Moulmein），第 33 师团跟随第 55 师团步伐继续进攻。

但由于麦索附近多为山地丛林，行进困难，日军虽然改由牲畜运输补给以适应环境，但一来牲畜运输速度较慢，二来道路影响使得大量牲畜跌落山谷而死（抵达麦索的牲畜只有不到三分之一），因而日军第 55 师团所属山炮第 55 联队的每个作战中队只能携带一门山炮参加作战，这就使得第 55 师团作战能力大打折扣。

而在正式战斗开始前，日本陆军第 5 飞行集团还在 1941 年 12 月 23 日、25 日两天轰炸仰光英军，炸毁英国总督府与附近军政设施，还与英国皇家空军及美国志愿飞行队（飞虎队）交战，日军损失一式战斗机"隼"与九七式战斗机 5 架、九七式重轰炸机 13 架，击落英国皇家空军各式飞机 10 架、飞虎

太平洋战争全史

队 2 架，虽然取得一定成果，但己方也损失不小。

进攻毛淡棉

由于缅甸的两个英军机场都集中在南部的丹那沙林（Tenasserim）省，冲支队的第一个突击目标自然也瞄准克拉地峡。

1942 年 1 月 4 日，冲支队从南部出发，穿越国境进入缅甸维多利亚角（Vicoria Point），沿着沿海道路一路向北，在 1 月 19 日击溃守备土瓦的英缅军第 3、第 6 步兵团的千余名士兵，夺取港口与飞机场；另外，1 月 17 日，第 55 师团长竹内宽中将抵达麦索，进而在 1 月 22 日率部突破边境进抵柯卡雷克（Kawkareik），之后第 55 师团专心从东南侧进攻毛淡棉，而第 33 师团则北上前往萨尔温江上游的拔安（Pa'an）。1 月 28 日前后，日军第 55 师团进抵毛淡棉附近。

这么一看，日军进攻毛淡棉的战术配备就很明显：中路第 55 师团从东南方向进攻，其中骑兵第 55 联队为左翼突进，步兵第 112 联队主力为中军，步兵第 143 联队为右翼，其中步兵第 143 联队还分出第 1 大队进驻汗那河（Gyaing）北岸保护侧背；北路第 33 师团步兵第 215 联队主力组成的原田支队（原田栋大佐）沿着萨尔温江东岸北上，切断英缅军北上后路；先前从南部北上的冲支队则继续北上，牵制驻扎在毛淡棉的英缅军第 2 旅。

早在 1 月 9 日晚上，英印军第 17 师指挥官约翰·史密斯（Sir John Smyth）少将从加尔各答飞到仰光。从 1 月 10 日开始，史密斯抵达毛淡棉，开始组织当地的英缅军第 2 旅抵抗日军进攻。按照史密斯设想，毛淡棉虽然是萨尔温江、汗那河两条河流的入海交汇口，但由于日军势头迅猛，在毛淡棉抵抗日军并不是一个上佳之选，因而他认为应该逐步撤退到相对安全的区域，再寻求与日军决战。然而问题在于，英国当时已经丢失马来亚半岛，新加坡更是岌岌可危，尽可能保住缅甸在政治上对英国政府殊为重要。

虽然有着"旅"这种高级军事单位，但英缅军第 2 旅在前线只有第 4、第 8 缅甸步兵营再加上第 7 廓尔喀步兵团第 1 营，总人数不足千人，且已经有 400 人罹患疟疾难以战斗。正如史密斯少将所言，如果英军没有将英印军第 18 师送到注定会陷落的新加坡，而是送到仰光，或许战役还有得一打，但现在却只能孤军奋战。

1 月 25 日，ABDA 总司令亚齐巴德·韦维尔上将从爪哇岛出发，抵达仰光视察。虽然他仅仅待了一天就离开，也意识到缅甸可能保不住，但他还是尽可能鼓励了当地英军，随即在晚上回归爪哇岛。当晚，英印军第 16 旅抵达毛淡棉前线，收编部分前线部队以后，总人数上升到 3000 人左右。其中英印军第 16 旅本身所属英军部队，即英军第 12 边防团（Frontier Force）第 4 营还带来了四门山炮支援作战。

与英军行动有所不同，日军进攻策略是以小规模部队探索性进攻为主，因而从 1 月 26—29 日，虽然日军已经大举压上，但英军并未发现对手存在。于是 1 月 30 日上午 9 点半，第 55 师团步兵第 112 联队主力顺利按计划突袭毛淡棉。不过经过一番战斗，英缅军还是在中午时分抵挡住了第一波进攻。

16 点前后，日军发起第二波进攻，这次进攻一直持续到 1 月 31 日早晨，英军最终丢掉了第 2 旅司令部，日军得以攻入毛淡棉城区。到上午 10 点，日军骑兵第 55 联队从西南侧迅速突入城内，毛淡棉的邮局与电信大楼被摧毁，虽然英缅军第 3、第 7 步兵营还在正面浴血奋战，但局势已经难以逆转。

在史密斯少将看来，防守毛淡棉本身就是一个重大错误，所以当日军势如破竹而来，他也并没有坚持抵抗，而是命令属下部队撤离。

到 1 月 31 日晚间，毛淡棉落入日军之手。不久之后的 2 月 3 日，原田支队攻克拔安，日军准备渡河进军仰光。

攻克大桥

看到缅甸战役日军推进迅速，早在 1 月 22 日，缅甸英军总司令托马斯—哈顿（Thomas Jacomb Hutton，1890—1981）中将给缅甸总督多尔曼—史密斯爵士（Sir Reginald Hugh Dorman-Smith）写了一封信，提到仰光命运"很可能在未来十天内得以确定"。确实，到了 1 月 31 日毛淡棉失守，英军确实面临着如何撤退的困境。

也就在 1 月 22 日，日本大本营向南方军司令部下令："缅甸作战目的在于击溃缅甸英军，占领确保缅甸重地，并加强对中国封锁。为此，应以第 15 军尽快进抵毛淡棉、萨尔温江一线，做好战斗准备后，以主力从毛淡棉出发迅速占领中部缅甸的重要地区。"

但麻烦在于，由于泰缅边境道路依旧不畅通，辎重器材难以运抵前线，加之英印军开始从仰光登陆，中国远征军也开始南下支援，局势较为紧张。2月9日，南方军只得命令第15军："应继续目前作战，尽量歼灭敌人，进到仰光地区，务必在北部取得地盘，以备曼德勒、仁安羌附近的作战。"

毛淡棉战役虽然结束，但日军还不能说绝对取胜，毕竟进攻仰光之前，他们的面前还有一条比林河（Bilin River）、一条锡唐河（Sittang River）。

比林河还算容易攻打。2月8日，第33师团步兵第214、第215联队越过萨尔温江，并在2月14日逼近比林河，借助密林地形激战两天之后，英印军第17师残余部队继续西撤。到2月19日，英军先头部队撤退到西部的锡唐大桥附近，准备继续迎击日军西侵。

锡唐大桥是一座横跨锡唐河两岸的铁路桥，一旦越过这座桥，那么仰光东侧便门户大开，因而这座桥具有很强的战略意义。英军军官威廉—斯利姆（William Slim）中尉（最终军阶为陆军元帅）回忆这段历

航拍下的锡唐大桥

史时，认为锡唐大桥是"第一阶段战役的决战"。

从比林河一带撤退的英印军第 17 师的脚步有点缓慢。到 2 月 21 日 5 点，英印军第 17 师依然在河东岸 30 多公里的吉桃（Kyaikto）抵抗日军第 55 师团袭击。为防日军伞兵突击，史密斯少将命令第 4 廓尔喀团第 1 营前往大桥西侧驻守，随即又派遣第 3、第 5 廓尔喀团的部队前往大桥附近，凭借河东海拔 135 米的高地固守。2 月 22 日 10 点 30 分前后，日军步兵第 215 联队第 1 大队攻克 135 高地，随即又投入步兵第 214 联队第 3 大队协防，日军夺取大桥已经势在必得。

事已至此，虽然英军一开始意图守住大桥，但还是决定在 2 月 23 日上午 6 点炸断铁路桥，留下大量英军没有渡河。而在史密斯少将把这个"令人不悦且震惊的消息"汇报给上级哈顿中将之后，英军高层恼怒异常。2 月 28 日，刚刚宣布解散的 ABDA 部队总司令韦维尔上将从印度加尔各答飞抵伊洛瓦底江沿岸城市马圭（Magwe），将哈顿中将、史密斯少将双双解职。临阵换将，败象已经板上钉钉，韦维尔上将只能下令仰光要尽可能多守一段时间。

从日军方面来说，虽然没能保住大桥，但他们还是顺利向前推进。2 月 23 日，第 15 军司令部从后方移至新占领的吉桃，随即在 2 月 27 日提出作战部署，要求在修复大桥以后，迅速西进夺取仰光北部——很明显，仰光这座缅甸首都已经难以保住，与不设防无异。

仰光之战与英军动向

3 月 3 日，韦维尔上将返回加尔各答，命令新任缅甸英军总司令哈罗德·亚历山大（Sir Harold Alexander）中将前往缅甸。

临行前，韦维尔上将对亚历山大中将说了一段很

新任缅甸英军总司令哈罗德·亚历山大

有趣的话："保住仰光对维护我们在远东的地位非常重要，必须尽全力保护。但如果无法做到，绝不允许英国军队被切断后路并摧毁，必须从仰光地区撤退到北部缅甸。"

这番话有两层意思，一是英军在政治态度上必须要保卫仰光，二是从现实角度考虑不可能守住仰光，所以又要搞好善后策略。因此，3月5日亚历山大中将抵达仰光之后，就撤销了哈顿中将要求英印军第16、第48旅撤退的命令。随即他发布一系列新命令，要求属下的英缅军第1师、英印军第17师主动出击，并在新抵达的英印军第63旅、英国陆军第7装甲旅的配合下在仰光东北部的勃固（Pegu）、勃亚基（Payagyi）两地阻击日军。

在亚历山大中将的计划里，虽然仰光已经守不住，却要让日军认为仰光尚有一战之力，继而不敢轻装冒进，为撤退争取时间。

首先在勃亚基地区，3月5日，英军第7装甲旅所配数辆美国M3"斯图亚特"轻型坦克突袭日军轻装甲部队，击毁四辆九五式轻战车，缴获四门反坦克炮，随后英军从容撤退到仰光城北15公里的莱古（Hlegu）。

历史悠久的英国陆军第7装甲旅，此时装备着美制M3"斯图亚特"轻型坦克

这段时间，日军计划也作了一些调整：按照第15军司令部在2月27日下达的命令，第33、第55师团应该尽可能保存实力，逐步推进，在仰光北部及城区与英军决战。但到了3月6日，眼见英军势头较猛，第15军再度下令，要求第33师团尽全力攻克敌军。

虽然日军意欲决战，但由于南机关始终无法提供翔实的前线地图与英军情报作为补充，加之未与友军第 55 师团取得合作，第 33 师团其实并不敢冒进，这也为后来的混乱埋下伏笔。

就在日军推进过程中，3 月 6 日，北缅甸英军也开始清扫道路，主力部队准备北上沿着伊洛瓦底江撤退到伊洛瓦底山谷。由于日军第 55 师团主力部队在 3 月 7 日之前击破勃固的英印军第 48 步兵旅，设立伏击点，第 33 师团步兵第 214 联队第 1、第 3 大队与步兵第 215 联队第 1、第 2 大队更是南下抵达仰光城北 15 公里的莱古（Hlegu），整个英缅军、英印军第 17 师乃至第 7 装甲旅都无法北撤。

为了打破僵局，英军决心突围，3 月 7 日下午，以第 7 装甲旅所属第 7 女王轻骑兵团（7th Queen's Own Hussars）、第 2 皇家坦克团两度进攻勃固，设卡阻击的日军第 55 师团防线面临巨大压力。到了晚间，英军第 13 边防团第 2 营的两个连再度发动突袭，这一次却并没有获得成功，英军只能麇集在南面。

到深夜，英军唯一的生力军只剩下第 10 廓尔喀团第 1 营、第 11 锡克团第 1 营两股部队。到了 3 月 8 日 8 点 45 分，英军以上述两个营为左右两翼，以第 7 装甲旅数辆坦克为中军，在火炮支援下进攻日军阵地，英军最终得以北上逃生。

但就在稍后不久，3 月 8 日 10 点前后，日军第 33 师团步兵第 215 联队主力突入仰光。本以为英军会精密设防，结果仰光却好似一座空城，只待接收。3 月 9 日，得知前线已经没有危险，第 15 军司令饭田祥二郎中将进入仰光。

虽然仰光港口本身可以作为海路补给基地，南部缅甸已有飞机场可以为日本陆军航空队提供作战条件，但由于英军成功突围北上，接下来，日军面临着更为严峻的进攻任务。

第二章　向东？向西？盛世危言

（一）陆海之争：第二阶段怎么打？

1942 年 3 月 7 日文件解读

日本人自己都觉得太快了。

"初期作战，陆海军都取得了出乎预料的巨大成果，暂时逼迫美英陷入守势，这对于防卫我国国土、确保主要交通线带来有利形势。"

1942 年 3 月 7 日，日本大本营政府联络会议制定了一系列决定，其中"初期作战实绩研讨"从军事、政治、经济三方面做了总结。鉴于自身取得"巨大胜利"，日本认为"总体形势超乎预料，朝着有利于帝国的方向发展"，虽然"在确保粮食方面尚有需要考虑之处"，但"历来认为（日本）战略态势不得不采取守势，现在却相反，时机已经可以转入攻势战略态势"。

日本人自然是过度骄傲不假，但仅仅六个月时间（按 1942 年 5 月截止），日本战前计划侵占的 380 万平方公里土地就全部纳入手中，这让英美国家也不得不忌惮三分。

从 1894 年甲午战争以来，日本在半个世纪的全部战争中奇迹般获得全胜；即便强大如罗斯福也曾经做过最坏准备：一旦"无法避免日军登陆"美国本土，就在落基山脉一带抵挡，如果失败就直接撤退到芝加哥——这等于是要让出美国一半领土。

而且从 3 月 7 日"世界形势判断"来看，日本并没有完全陷入疯狂状态，也认识到"美英今后在军事、经济、财政及其他方面必将更加密切合作，形成一体，一面努力削弱轴心国方面的战斗力，一面谋求迅速增强自身战斗力，同苏联合作，使战局向有利于它们的方向发展，努力确保加强对日反攻据点，一旦拥有优势兵力，就试图一举实行对日反攻"。

除去这种总体判断以外，日本高层也很了解英国"必将极力设法确保印度洋的制海权，确保印度与澳大利亚"；澳洲"完全依靠美英援助"；苏联"将对帝国暂时努力维持现状，不过……如果德苏春季战争有利于苏联，那么随着帝国对美英作战的演变，在帝国战斗力日趋减弱或丧失机动力的情况下，很有可能引发苏联联合美英对日参战"；至于美国，则会"努力确保和加强对日反攻据点，力求将精锐海上兵力与空中力量集结于太平洋方面"。只是对于"大规模反攻时机"，日本高层认为大体将在"昭和十八年（1943）以后"。

针对这一结论，嗤之以鼻者众。但即便是日本在1942年6月贸然进攻中途岛，在瓜岛浪费了半年时间，美国海军"大规模反攻"也是在1943年底进攻吉尔伯特群岛而展开。可以想见，如果日本没有在太平洋冒进，那么以1942年3月之前的时局而言，预测美军在一年以后发动反攻并不是非常离谱。只是由于日本过于恪守结论，在瓜岛战役时期没有客观分析日美力量变化，这才导致整个瓜岛战役打得乱七八糟。

当然，即便是结论本身，由于日本在政治倾向上蔑视同盟国，也提出一些比较离谱的结论。如针对美国生产能力，虽然认识到"到1944年，军备与军需生产能力将会飞跃上升"，但却提出"由于劳动力、运输能力不足，生产力增长趋势可能会趋于停滞"，"美英国民生活水平高，降低生活标准会很痛苦，因而继续进行无希望战争会造成社会不安，导致士气低落"，"罗斯福、丘吉尔政策富于投机冒险，国民未必心悦诚服"。

3月7日形势判断总体上瑕不掩瑜，日本意识到"南方作战"之后的"第二段作战"，重点就在于两个方向，一个是澳大利亚，另一个是印度。两者都是大英帝国在远东的重镇，无论哪一方如果落于他人之手都会是重大打击，但对于日本而言，选择哪一方却有着完全不同的含义。因为日本陆军与海军的想法不同，而海军内部，军令部与联合舰队也是大相径庭。

官僚内斗

其实根据开战时期的计划，日本并没有真想攻克澳洲与印度，而是提出"通过政治斡旋、破坏通商等手段切断其与英国本土的联系，策划叛离"。不过就在1942年1月攻取拉包尔港与俾斯麦海之后，日本（海军）军令部便认为应该按照"攻势行动"主张攻占澳洲。毕竟日本海军长期以来的主要敌人是美军，加之英国"Z"舰队又彻底覆灭，日本海军自然认为澳洲会成为美国反攻的桥头堡，直接进攻便也提上日程。

但问题在于，澳大利亚面积为 768 万平方公里，比日本在 1942 年 5 月之前获取的全部领土还要多上一倍，而且澳大利亚内陆地区多为荒漠，交通不便，只有沿海数个城市可以提供工业补给，人口也只有区区 700 万人，即便攻克也没有价值。

日本陆军正持这一观点，从 2 月 9 日大本营内部会议开始，日本陆海军之间围绕澳大利亚作战整整吵了一个月，直到 3 月 7 日联络会议以后才算告一段落。

根据日本陆军提供的研究报告，如果要进攻澳大利亚，日本陆军需要 12 个师团兵力，运送兵力的船只也需要 150 万总吨，日本海军需要派遣联合舰队全部航母与大部分战列舰。兵力消耗如此巨大，日本必须大幅度缩减关东军与中国派遣军军力，造成战略失衡。

这就让日本陆军颇为难受，参谋本部作战部长田中新一就是其中一人。

早在 1941 年 12 月末，田中新一就围绕"第二段作战"制定出五条日本陆军作战思路：（1）对苏开战（进攻西伯利亚），（2）对华继续作战（进攻重庆），（3）进攻印度，（4）印度洋日英作战（锡兰冲海战），（5）西亚作战。很明显，日本陆军五条作战思路都朝着西边进行，要是进攻澳大利亚，那么任何一条思路都难以实行。更重要的是，奇袭珍珠港就是日本海军独自设想的，如果再配合日本海军作战，田中新一自然会担忧"海军的太平洋攻势会成为战争指导的主导者"，"战争指导很可能迎来令人恐惧的转换"。

与日本海军不同，日本陆军并没有将主要对手完全定为美国，而是依旧认为苏联是重大威胁。攻击苏联虽然对日本是毁灭性灾难，但对三国同盟总体来讲却是最佳选择，无论日本是否取胜，苏联都不得不将目光投向远东战场。即便不进攻苏联，也可以退而求其次，通过日本陆海军合作占领印度洋沿岸重镇，与纳粹德国建立联系，谋求会师中东。

日本陆海军互相看不顺眼，于是海军率先退了一步，表示进攻澳洲可以暂缓，但作为交换，必须同意海军切断美澳联系，执行"美澳遮断作战"。事实上联合舰队 1 月 29 日发布《大海指 47 号》（"MO"作战），旨在夺取新几内亚岛控制权，拿下首府莫尔兹比港（Port Moresby）与澳大利亚东北部海域——珊瑚海（Coral Sea）制海权，另外计划攻克所罗门群岛的航线重地图拉吉岛（瓜达尔卡纳尔岛正对面），切断所罗门群岛内部航路。

应该说，从这份计划开始，日本军令部就形成一种固定思维：既然主要战略目的是切断美澳联系，那么相关海域，无论新几内亚还是所罗门群岛，都属于同一战场，服从于同一指挥体系之下。这种想法当时看来无伤大雅，甚至可算英明之举，但却让日本陆海军在日后的瓜岛战役中吃了大亏。

针对"MO"作战后续计划，日本军令部提出在夺取新几内亚岛与所罗门群岛以后，进一步进攻斐济、萨摩亚群岛、新喀里多尼亚岛。针对这项后来所谓"FS"作战，大本营政府联络会议特地作了专题研讨，形成《美澳、英印澳之间的相互依存关系以及切断关系产生的影响》，认为一旦美澳联系遭到切断，那么"美国将失去南太平洋对日反攻据点，美英通过太平洋联系将陷于不可能"。

然而这份报告却颇有些报喜不报忧，丝毫没有提及"美澳遮断作战"将会遇到何种阻力，遇到何种问题，甚至也没有计算进攻成本与收益之间的关系。毕竟日本陆军已经拒绝海军"进攻澳大利亚"计划，如果再拒绝"FS"作战，海军面子将会很难看。

一提到日本陆海军矛盾，稍有了解便会听说过"帝国陆海军以全力内斗，以余力对抗英美"这句揶揄。的确，陆海军建军理念不同，陆军认为海军趾高气扬，海军认为陆军没文化，互相抢夺预算，抢夺战略主导权，在各项武器开发与使用方面都不无争执——然而官僚竞争并不是流氓打架，对外大体还是要维持平衡。即便是东条英机代表陆军当政全国，对海军依然敬畏三分，只要不提出太离谱的方案，陆军都会照单全收。

从某种意义上说，日本军令部提出"进攻澳大利亚"颇有一点"狮子大开口"：先提出一个陆军完全不可能接受的提案，被拒绝以后再要求对方配合一个相对不那么激进的"FS"作战。那么一推一拉，"FS"作战就更容易获得陆军首肯。

不过问题在于，日本军令部之所以要迅速通过一份针对澳大利亚的作战方案，更重要的一点在于压制海军内部的激进声音，这就是联合舰队的"夏威夷作战"计划。这份计划经过调整，成为"中太平洋防御加强计划"的一部分，进而成为大名鼎鼎的"中途岛作战"——当然在1942年3月这一时点，联合舰队并没有完全制定好进攻中途岛计划，大本营也就出台了《今后应采取的战争指导大纲》。

什么叫"扩大既得战果"？

1942年3月7日，《今后应采取的战争指导大纲》发布，其中第一条提出"继续扩大既得战果，不断调整长期不败的政治军事态势，相机采取积极对策"；第二条提出"努力确保占领地区与主要交通线，促进重要国防资源的开发与利用"；第三条要求各部队"采取更加积极的战争指导具体方案"。

与日本战前一系列决定类似，日本关于"第二段作战"的指导思想又是精神分裂的长篇官话。虽然历来提到战略构想都一定是偏于宏观，但如此暧昧不明却也算是日本特色。之所以暧昧不明，也是因为日本陆海军思路完全不同所致：毕竟日本陆军不希望扩大战争规模，而是希望尽可能稳固占领区统治与经济资源开发，形成"长期不败的政治军事态势"；日本海军却认为应该进一步消灭美军既有力量，必然要"扩大既得战果"，"相机采取积极对策"。

既然要融合陆海军各自思路，文件自然也就变得暧昧不明。不过对于这种暧昧，非日本军部的局外人也难以理解。3月7日讨论之中，大藏大臣（相当于财务大臣）贺屋兴宣就询问第一条所谓"扩大既得战果""相继采取积极对策"是何含义，参谋次长田边盛武中将回答"扩大既得战果，即辅助性作战之意，对国力不会有太大影响"，"积极对策"只需要表现出"积极的热情"，但并不一定要采取"具体方案"。

不过针对第一条，日本海军省军务局长冈敬纯少将提出，应"以海军消灭敌人海上兵力，摧毁敌人反攻据点"，"对澳洲与夏威夷方面积极用兵"，将"扩大既得战果"放在第一位，要求陆军"加强缅甸作战，使重庆政府限于孤立"，"把印度从英国统治下分离出来"，这就与陆军高层提倡的"太平洋守势"战略完全相反。

当然作为官僚，田边盛武还是要给冈敬纯面子，毕竟日本军令部总长永野修身大将就在旁边坐着，自己军阶较低不太可能正面驳斥。为了照顾各方面子，日本陆军最终给出答复是"关于第一条顺序如何解释不太好说，但大体意思来说没有异议"。

只是问题在于，这份笼统暧昧的决议本来就没有什么"异议"，主要矛盾点就在于"扩大战果"与"保持稳态"两者孰先孰后，但陆海两军高层各自都只是提出己方想法，而规避直接冲突，这就导致会议根本没办法形成具体战略，连主持会议的东条英机都无奈表示："具体意思不是还没弄明白么？"

即便是东条英机也无法左右两者。事实上永田铁山"二叶会"与铃木贞一"木曜会"这两个宗旨略有不同的陆军少壮派阀能够合并为"一夕会"，乃至能够获得当时陆军高层青睐，东条英机本人起到了决定性作用，因而他最早就是日本陆军内部的调停人。因而陆军全面掌握国家政权以后，东条英机对海军也一直采取调停态度，这也促成山本五十六提出奇袭珍珠港计划获得批准。但到了1942年3月，调停便成为一种惯性，海军便更可以凭借珍珠港余威而"暴走"下去，未来中途岛作战之败也始于此处。

3月13日，东条英机与参谋总长杉山元、军令部长永野修身向昭和天皇上奏，通过《今后应采取的战争指导大纲》。随着这份以调停为主的方案通过，日本陆海军继续各行其是，陆军继续围攻菲律宾巴丹半岛，扩大缅甸战役规模；海军军令部则一方面进击锡兰海，另一方面执行"MO"作战，力求切断美澳联系。至于联合舰队本身，则已经摩拳擦掌，准备一条路杀向中途岛地狱。

美国海军如何解决内斗？

日本高层吵来吵去，美国人却一点也没闲着。

虽然1941年12月—1942年1月的阿卡迪亚会议继续确立"欧洲第一"战略，但随着菲律宾、荷属东印度等各条战线迅速崩溃，连丘吉尔都感觉到"欧洲第一""大体上过时了"，不得不请求罗斯福将一部分战略资源用于太平洋战场。这一方面是出于对罗斯福与美国现状的理解，另一方面也是希望能借助美国力量保全澳大利亚，以求让埃及澳军能够继续坚守阵地，抵抗隆美尔北非军团的进攻。

欧内斯特·金上将从开战伊始就想在太平洋与日本航母决战，而不是在大西洋拦截德国潜艇，日本电击太平洋岛屿自然给了美国海军一个机会。

恰逢其时，美国海军也在改革。1941年12月18日，就在珍珠港事件之后不久，美国政府发布8984号行政令（executive order），允许欧内斯特·金直接向美国太平洋、大西洋、亚洲三大舰队与各大海岸警备队发布命令。之后12月20日，欧内斯特·金的职位从美国舰队总司令（Commander-in-Chief,U.S. Fleet）变更为美国海军总司令（Commander-in-Chief, U.S. Navy）。

珍珠港战役之前，日美两军决策机制差别不大，都是由中央海军作战部门（美国海军部、日本军令部）来制定。但随着战争开启，中央海军作战部门与前敌作战部队之间必然会产生矛盾，具体到日本，就是军令部与联合舰队围绕作战方针出现争执。日本处理方式是维持旧有制度，让军令部总长永野修身与联合舰队司令山本五十六去博弈，让中下层参谋之间相爱相杀；但美国却明显以前线为重，将舰队总司令直接提升为海军总司令，这就好比将军令部的军事作战职能剥离出去，全部交给联合舰队指挥官——但与此同时，欧内斯特·金作为海军总司令又不直接指挥某一支舰队，相当于将山本五十六拉回到东京重新做官僚。

太平洋战争爆发后被撤换的美国海军作战部长哈罗德·斯塔克

1942年3月，美国海军作战部长（Chief of Naval Operations）哈罗德·斯塔克（Harold Stark）上将卸任，并在一个月之后前往伦敦就任欧洲美国海军部队司令。3月12日，罗斯福下达9096号行政令，任命金兼任海军作战部长，考虑到金正是获得斯塔克青睐才在1940年秋天担任大西洋舰队司令的，可谓知遇之恩，如今一番人事变动也凸显出美国官僚体系做事多少还是以效益为先。

不妨类比一下，其实让美国海军总司令兼任作战部长，放在日本就好比让山本五十六兼任军令部第一部长。但问题在于，美国海军总司令与海军作战部长都是美国四星海军上将（Admiral），互相兼任没有编制问题（但美军直到现在也再无人能兼任两职）；但联合舰队司令是日本海军大将，军令部第一部长（福留繁少将）却是少将职位，两者兼任无异于天方夜谭。应该说，正是因为金兼任两者，才有效避免了舰队方面与海军中央对于作战方案的争吵，极大降低了沟通成本，使得美国海军在太平洋战区的行动极为顺畅。

考虑到斯塔克与马歇尔一样坚持"欧洲第一"计划，而金执着于太平洋，斯塔克调职自然也意味着美军将重点从大西洋移至太平洋。也正因为欧内斯特·金过分关注太平洋，大西洋护航美军急速减少，德军在1942 年 1—8 月连续发动"击鼓"（Paukenschlag）行动与"新地"（Neuland）行动，仅派遣 22 艘"U"型潜艇就击沉 609 艘盟军运输船与310 万吨各类物资，几乎是整个二战期间"U"型潜艇击沉吨位的四分之一。历史学家迈克尔·加农（Michael Gannon）甚至将"击鼓"行动称为美国"第二次珍珠港"。

但金依然认为大西洋牺牲也有价值，因而在 3 月 5 日罗斯福召开的

太平洋战争前，美国海军始终视德国海军"U"型潜艇为主要敌人

紧急战略研讨会上，金立刻提出在汤加群岛建立基地，作为反攻日本的关键岛屿。但很快，美国陆军就表示反对。

美国陆军：继续欧洲第一

早在 1942 年 2 月，美国陆军参谋部主任德怀特·艾森豪威尔（Dwight Eisenhower）准将就提出：1942 年作战力量必须要集中在大西洋，以帮助英国及英属印度维护稳定，帮助苏联坚持战争，至于保障美澳联系"虽然值得肯定，但非不可或缺"，阻止日本入侵澳大利亚"对战争结局并没有直接利害关系"。

正如日本陆海军吵架一样，美国陆海军也吵了起来。

在美国军事力量尚未充分调动之际，欧洲与澳大利亚只能二选一，陆军想选择欧洲，海军想选择太平洋。欧内斯特·金认为美国不能仅仅保障澳大利亚供应线畅通，还要建立一系列防守据点，逐步推进到新赫布里底群岛、所罗门群岛、俾斯麦群岛。

美国到底是选择欧洲还是太平洋，现阶段都要考虑到英国需求，但英国既需要维护大西洋航线稳定，也需要维护澳大利亚，所以美国事实上也只能找一个平衡。于是 3 月 6 日紧急会议上，罗斯福批准了金的提案，提出"守住夏威夷，支援澳大利亚，从新赫布里底群岛向北发动大规模强攻"。正是在这一战略影响下，太平洋舰队司令切斯特·尼米兹（Chester Nimitz）才将"约克城""列克星敦"这两艘航空母舰派往澳大利亚珊瑚海执行任务——后来的珊瑚海海战也因此而起。

虽然美国海军取得暂时胜利，但 3 月 7 日丘吉尔电报却再度打破局势："各种迹象表明，德国将在春季重新入侵俄国"。虽然 1941 年俄罗斯严寒让德国军队裹足不前，但熬过一个冬天，德军依然有可能碾压苏联领土，一旦引发日本参战，苏联很可能被迫与德国媾和。于是美国陆海军又被迫重新走到会议桌前，在 3 月 16 日举行决策会议。

会议上，美国陆军航空兵（U.S.Army Air Forces）司令亨利·阿诺德（Henry Arnold，1886—1950）中将提出动用全部陆军航空队在西欧先击败希特勒，只要纳粹德国灭亡，日本也早晚会失败，所以哪怕让日本一时占领澳大利亚也在所不惜；当然，欧内斯特·金完全持相反意见，他要求集结全部陆海军力量占领拉包尔港，哪怕减少驰援欧洲与北非战场的美国军队也在所不惜。

两边都是在所不惜，马歇尔上将只能出面打圆场，提出目前世界局势决定于苏德战场，所以太平洋战场只派遣有限兵力维持现状，然后将尽可能多的兵力投入欧洲或北非第二战场。

马歇尔的思路很快得到与会各方青睐，太平洋战区的陆军航空兵只有五个战斗机中队与两个轰炸机中队，这就极大地限制了海军反攻太平洋的计划；与此同时，陆军地面部队也基本都用于欧洲战线，海军所有地面任务都需要海军陆战队或陆军两栖作战部队来完成。4 月 1 日，美国通过 1943 年在欧洲开辟第二战场的计划草案，并由马歇尔飞往英国直接获得了丘吉尔首肯。

只不过马歇尔思路却坑了麦克阿瑟。这位《时代》周刊所谓"坐冷板凳的英雄"刚刚从菲律宾前线逃到澳大利亚，急于组织部队反攻，践行自己"我们会回来"的承诺。然而马歇尔思路一经提出，美国便不再需要为太平洋战场单独设立一个总指挥官，于是麦克阿瑟只能在 4 月 18 日受命成为盟军西南太平洋战区（SWPA）总司令，管辖范围最东为东经 160 度；160 度以东地区则成为南太平洋海域，新西兰、斐济、萨摩亚等岛屿全部归属尼米

美国陆军航空兵的征兵广告画

兹管辖。

性格暴躁的麦克阿瑟自然颇为不满，他一直期待自己能够成为整个太平洋战区的总司令，然而最终却只等到一个西南太平洋战区总司令职位。"这场战争的所有错误决定之中，最莫名其妙的就是没有在太平洋建立统一指挥。"麦克阿瑟一直希望统辖陆海军不同部门，对日本发起反攻，然而欧内斯特·金根本不可能让麦克阿瑟执掌自己的海军部队，太平洋战场指挥权只好一分为二。

有趣的是，缺乏统一指挥虽然在短期之内让麦克阿瑟失去反攻之机，但从长期而言，尤其是在 1942 年下半年的瓜岛与新几内亚岛战役之中，缺乏统一指挥反而充分解放了麦克阿瑟与尼米兹两人。

（二）困兽犹斗：巴丹血战

之所以说巴丹半岛易守难攻，还是因为两片山脉。

巴丹半岛中心偏西是三座山脉组合起来的高地，分别是圣罗萨山（Santa Rosa，海拔 930 米）、纳蒂布山（Natib，海拔 1290 米）、远东山（Silanganan，海拔 1100 米），三者如今共同组成菲律宾的巴丹国家公园；而在南部偏西，巴丹半岛还有马里韦莱斯山（Mount Mariveles）。两片山脉使得巴丹半岛只拥有两条南北道路，分别沿着东西海岸自成体系。

为把守两边，麦克阿瑟将美菲军改组为两个军团：第 1 军团统辖菲军第 1、第 31、第 71、第 91 师剩余部队与第 26 骑兵团，负责西侧毛班（Mauban）到巴加克（Bagac）防御；第 2 军团统辖菲军第 11、第 21、第 41、第 51 师与美军第 57 步兵团（菲侦），负责东部平原地区防务。

麦克阿瑟的作战计划很明确，就是要以巴丹半岛的复杂地形为依托阻击日军前进，坚持到援军到来为止。1 月 10 日，就在日美打响巴丹战役之后，麦克阿瑟还特意从科雷吉多岛抵达巴丹半岛鼓舞士气。

第一次巴丹攻击战

针对巴丹半岛两条南北道路，日军也将属下五个联队分为两路，其中步兵第 122 联队来到西侧的奥龙阿波（Olongapo），一路沿着七号公路南下进攻巴加克；另一路步兵第9、第141、第142联队与战车第7联队从东侧沿着110号公路主攻东海岸重地马八堂（Mabatang）、阿布凯（Abucay），继而南进突向巴朗牙（Balanga）。

1942年1月9日15点，日军五个联队一同进入巴丹半岛入口处，随即步兵第122联队独自向西，其余四个联队沿东海岸南下；1月10日，步兵第141联队遭遇美军第57步兵团的火炮轰击，只得暂时躲在一旁；1月11日，步兵第141联队第2大队趁夜进攻马八堂北面的卡拉圭曼河（Claguiman River），却遭到美军第57步兵团击退。到1月12日，日美双方依然胶着于马八堂以北地区。

但步兵第141联队并非毫无成效，经过数日突进，不仅美军第57步兵团，就连菲军第41、第51师也将预备队尽数投入使用。1月15日，步兵第141联队抓住菲军第41、第51师之间的结合部空隙一举突破，将第51师逼退到南方的阿布凯，与此同时步兵第9联队也从西侧绕道南下，准备在阿布凯与美菲军决战。1月16日，虽然菲军第51师结合第21师发动反攻逼退步兵第141联队，但对步兵第9联队从侧翼突进却无法阻止，东线美军只能苦苦支撑。

1月16日，西侧的步兵第122联队沿西海岸南下，在莫龙（Morong）遭到美军第26骑兵团阻击。虽然美军在二战中最后的骑兵山地战中大放异彩，也延缓了日军进军脚步，但到了1月17日早晨，美军从莫龙南撤；1月18日，日本第14军从东吕宋调来第16师团步兵第20联队越过纳蒂布山南部的远东山岭（Silanganan Ridge），协助步兵第122联队，到1月21日从南侧成功夹击菲军第1师，美菲军由于缺乏给养而被迫撤退。

1月22日，阿布凯方面重启战端，日本陆军航空队派遣轰炸机压制美军火炮火力，美军被迫在1月23日夜间将全部预备队压上主作战阵地一线。但由于日军攻势过猛，美军两个军团决定在1月26日之前南撤到后方阵地一线。

从表面上看，日军似乎距离胜利越来越近，但与主作战阵地的莫龙、阿布凯有所不同，后方阵地的巴加克、奥里昂事实上通过陆路连接在一起，美军布阵更加密集，而日军却必须分兵进军，攻击路径也愈发狭窄，这就使得1月26日以后的战役变得异常困难。

为了迅速结束战役，日军西线部队在 1 月 22 日晚上派遣步兵第 20 联队第 2 大队为基干的木村支队 5000 人渡海出发，越过巴加克，直插南部的凯布波海角（Caibobo Point），进而绕过马里韦莱斯山，向山正南侧的马里韦莱斯港口突进，威胁对岸的科雷吉多岛。

但在航海过程中，木村支队却没有详细海图，只能靠着感觉一路南下，途中还被美军扫海艇 PT34 击沉两艘运兵船。深夜至凌晨时分，木村支队终于越过巴加克，但他们并没有抵达凯布波海角，一部分抵达南侧六公里的奎那湾海角（Quinauan Point），另一部分则漂到了更南侧 11 公里的隆戈斯卡瓦延海角（Longoskawayan Point），虽然距离马里韦莱斯更近，但也更为孤立。

马里韦莱斯其实并没有美军大部队守备，只有部分陆战队与海员，再加上一些侦察兵。1 月 23 日 8 点 40 分，美军发现一支约 300 人的部队从隆戈斯卡瓦延海角进入内陆，立即展开围攻，利用后方火炮支援将日军压回到登陆点。

奎那湾海角也有 600 名日军突入内陆，与美军第 34 侦察连及菲律宾警察一个营的兵力交战。前线美菲军呼叫后方派遣坦克支援，但装甲部队全部供给到东线第 2 军团一侧，第 1 军团只能派遣第 21 侦察连带着两挺英国布朗式轻机枪支援前线。

1 月 26 日晚，日军步兵第 20 联队本部再度派遣一个大队为主的士兵抵达了奎那湾海角北部的安雅山海角（Anyasan Point），而美军也在 1 月 27 日凌晨派遣美军第 45 步兵团第 3 营西进奎那湾海角，第 57 步兵团第 2 营向隆戈斯卡瓦延海角南下增援，两边还各自搭配数辆坦克随行。

为了抵御日军空袭，美军启用仅剩的七架 P-40 轰炸日军控制下的尼克尔斯、内尔森两个机场，使得日本陆军航空兵不敢贸然西进轰炸巴丹半岛，这就为抵御日军从巴丹半岛南部登陆争取了时间。从 1 月 29 日到 2 月 1 日，美军接连突破几个登陆海角的日军部队，虽然第 14 军于 2 月 1 日派出更多援军，却被美军以 P-40、火炮及扫海艇击沉大半，援军只好在巴加克北部的拉斯卡萨斯海角（Las Casas Point）停止航行。

随着美军全线撤至巴丹半岛南侧，第 65 旅团已经丧失了三分之二

太平洋战争全史

美国陆军航空兵的 P-40 型战斗机

的作战力量。从 1 月初至 2 月底，菲律宾战线共造成日军阵亡 2700 人，受伤 4000 人，另外还有约 1.2 万人承受着热带病困扰，第 14 军司令本间雅晴只得在 2 月 8 日下令全军停止进攻，将部队撤至巴加克、奥里昂一线以北，麦克阿瑟的守备计划初步获得成功。

　　巴丹半岛之所以拿不下，是因为增援不足，毕竟从总体战略而言，日军并不是要单纯拿下巴丹半岛或者菲律宾全境，而是要确保一条从日本本土前往婆罗洲的有效航路，这就使得日军刚一拿下马尼拉就迅速调走了第 48 师团，而第 48 师团也将在接下来的荷属东印度作战中继续起到重要作用。

增援第 14 军

　　本来进攻巴丹半岛的日军只有两个师团与一个旅团，结果刚刚打下马尼拉就没了第 48 师团，第 16 师团主力部队又必须担负马尼拉一带防务，进攻巴丹半岛的兵力自然捉襟见肘。与此同时，军营中热带病大面积流行，非战斗减员严重，第 14 军只好坐等后方援助。

　　1942 年 2 月 10 日，日本大本营火速派遣增援部队前往菲律宾前线，巴丹前线的日本陆军第 65 旅团与第 16 师团步兵第 9 联队各自得到 3500

人左右的兵员补充。此外，由 1.1 万人组成的第 4 师团更是一个值得关注的点（见表 2-1）。

表2-1 1942年2—3月菲律宾战场日军主要增援部队

师团	联队	作战方面
第 4 师团	步兵第 8、第 37、第 61 联队	吕宋岛
	骑兵第 4 联队	吕宋岛
	野战炮兵第 4 联队	吕宋岛
	工兵第 4 联队	吕宋岛
第 1 炮兵队	重炮兵第 1 联队	吕宋岛
	炮兵情报第 5 联队	吕宋岛
永野支队	基干：第 21 师团步兵第 62 联队	吕宋岛
川口支队	基干：第 18 师团步兵第 124 联队	宿务岛、棉南老岛
河村支队	基干：第 5 师团步兵第 41 联队	班乃岛

按照日本通行叙述，第 4 师团由于根植于大阪，深受商业文化熏陶，向来被认为是"废物师团"，不能打硬仗。但从战史角度讲，第 4 师团所属步兵第 8 联队及曾经所属的第 9、第 10、第 20 联队都屡立战功，步兵第 8 联队甚至因为西南战争作战英勇而获得明治天皇颁发的"战功嘉奖"诏书，这也是旧日本陆军唯一获此殊荣的联队。

至于为什么第 4 师团会遭到揶揄，多少也与大阪文化有关。大阪作为当时日本数一数二的大都市，多少对以东京为政治中心的统治结构颇有不满，加之第 4 师团驻地又与大阪城非常近，甚至第 4 师团司令部与昭和大阪城都是 1931 年落成，大阪人便将吐槽政府转为吐槽陆军。

在关西方言中，"9 联"（くれん，KUREN）、"10 联"（じゅうれん / JUREN，也可念为とうれん /TOREN）均可以联想到"拿不到"之语，所以大阪人就创造出一首经典民谣："8 联队又败了吗？那么勋章就拿不到（9 联队）咯！敌军阵营也拿不到（10 联队）咯！大阪镇台可真是个傻镇台（'师团'前身即'镇台'）。"

民谣传久了，日本媒体也大肆炒作，最后真把一个善战之师变成一

与复原的大阪城天守阁遥遥相对的日本陆军第 4 师团司令部旧址，今天为"大阪国立博物馆"

个窝囊废师团。然而到了 1942 年 3 月 6 日，随着步兵第 8 联队登陆巴丹半岛，一场似乎为正名而打响的战役也随之展开。

也就在步兵第 8 联队登陆之后，麦克阿瑟在 3 月 12 日带着家人与亲信离开科雷吉多岛，从棉南老岛辗转在 3 月 17 日抵达澳大利亚阿德莱德避难，菲律宾前线指挥官顺势转由原北吕宋部队指挥官乔纳森·韦恩怀特（Jonathan Wainwright，1883—1953）上将担任。

1945 年 9 月 2 日麦克阿瑟签署日本投降协议书时，刚刚从日军战俘营走出的原马来亚英军总司令珀西瓦尔、原菲律宾美军指挥官韦恩

撤离菲律宾之前的麦克阿瑟

怀特都站在身后，麦克阿瑟用这种特殊方式致敬了 1942 年马来亚、菲律宾两场战役中坚守到最后一刻的盟军军人。

临走前，麦克阿瑟不甘心地留下了一句"我会回来"（I shall return）。虽然他后来真的回来了，这句话在现代战史中经常被用来描绘为一种不屈的战斗精神，但在这一时点，日本媒体依然将这位将领形容为"抛弃士兵的懦夫"，美国高层也对他丢掉菲律宾颇为不满。

但无论如何，如今的美军缺乏兵员与补给，更没了作战初期的士气，虽然巴丹依然拥有近八万作战部队，但只能凭借巴丹地形做困兽之斗。3 月 24 日，日本陆海军航空兵与野战炮兵开始轰炸美军阵地，一轮炮火袭击宣布第二次巴丹战役打响。

巴丹扫荡战与科雷吉多岛战役

时间无疑站在日军一方，毕竟这时日军其他部队已经从婆罗洲与爪哇岛突进开来，泰国日军也开始进入缅甸，菲律宾无疑是囊中之物。

美军如今固守巴加克—奥里昂一线，整条战线上最薄弱的点位便是中心点萨玛特山（Mount Samat）。虽然看起来具有山地优势，但由于山顶海拔过高（1920 米），整座山的梯度非常陡峭，这使得萨玛特山地无法展开大规模机动部队，这使得日本陆军可以凭借人数与战斗力优势压倒对手，事实上战前，美菲军也将所剩不多的坦克集中到后方以为预备队。

更麻烦的是，一旦这座山地遭到突破，巴丹半岛南部就只剩下最后一座巴丹山可守，山里的食物与水源都无法满足美菲军近八万人的要

使用火焰喷射器扫荡美军工事的日本陆军

太平洋战争全史

求，一旦进去了，韦恩怀特很容易成为另一个街亭之马谡。

从4月3日9点开始，日军从东侧海岸集中轰炸巴加克—奥里昂一线美菲军长达六小时；炮火准备结束以后，日军又将全部火力集中在菲军第41师阵地，即巴加克—奥里昂一线的中心点，较之其他平原地区，菲军第41师扼守着巴丹半岛东侧的公路枢纽，一旦被突破，势必导致美菲联军的防线全线崩溃。

15点，第4师团步兵第8、第61联队发起总攻，突破菲军第21、第51师构筑的防线，同时右翼的步兵第65旅团则迅速突破菲军第41师阵地，绕到萨玛特山南方包抄菲军后路。在第4师团生力军积极作战下，战线迅速推进，到19点前后萨玛特山已经全部落入日军之手。

菲军丢掉萨玛特山以后，只能凭借着第31师支援在圣文森特河（San Vicente）一线重建阵地，并在4月3日夜间一度发动反击，却被日军击退；4月4日开始，美军第31步兵团从东南海岸北上支援圣文森特河战线，第57步兵团则西进阻击日军第65旅团，双方虽然作战英勇，却均未能有所建树。

到4月8日，第14军司令部得知美军已经开始向马里韦莱斯与东侧海岸方向撤退，随即呼叫空中部队对着山脉与海岸两个方向进行扫荡性轰炸。4月9日，第65旅团西进攻击美菲军第1集团军阵地，第16师团南下进攻马里韦莱斯山脉，到12点半前后，巴丹山附近的美菲军尽数投降日军。

随着巴丹半岛陷落，南部小岛科雷吉多也离投降不远了。

不过科雷吉多岛1.1万人军队以美军为主，不愿投降的强烈荣誉感让他们选择继续作战，随着4000名巴丹战役的幸存士兵登陆科雷吉多岛，美军也开始了最后的防御。

从4月29日开始，日军大规模轰炸科雷吉多岛海岸，到5月4日，第14军炮兵发射了1.6万发240毫米口径炮弹，几乎夷平了整个海岸地区的美军工事，造成600名美菲军人伤亡。当晚，韦恩怀特直接给马歇尔发去电报："击退敌人的概率不到50%。"

5月4日21点，美军探知大量登陆艇正在从巴丹半岛来到科雷吉多岛；22点，海岸守备部队发现有船只已经开始登陆，美军迅速以75毫米机关炮反击，日本陆军丧失三分之二的登陆部队，31艘登陆艇也

韦恩怀特宣布菲律宾投降

被打坏，第14军只好想办法在第二天再来。

5月5日，日军第4师团步兵第61联队从北部海岸登陆，虽然遭到美军反击却未受损伤，而是一举深入科雷吉多岛腹地，逼迫美菲军转入坑道作战。到上午10点，韦恩怀特宣布投降。仅仅用了不到一个联队的兵力，日军就成功占领整个科雷吉多岛，这让之后5月6日登陆的步兵第37联队变得无事可做。

按照日军预想，美军大致只有2.5万名战俘，然而在4月10日前后受降的美菲军士兵多达7.8万名（1.2万名美国人、6万—7万名菲律宾人），由于缺乏交通工具，日军只能强迫全部战俘从巴丹半岛走到北边的战俘营。最终由于热带气候影响与日军迫害，大量美菲军人（2330名美国人、一万名菲律宾人）在行军过程中死亡。

另外，就在进攻巴丹半岛过程中，日军靠着大本营调来的增援部队首先在4月9—12日攻克宿务岛，后来参与瓜岛战役的川口支队也在4月16—20日夺取班乃岛，菲军第61师被迫开始游击战。其后，随着控制住两岛，川口支队近5000人部队又在4月29日登陆棉南老岛，击溃菲军第1、第101师守备，到5月9日前后，棉南老岛也落入日军之手，菲律宾战役宣告终结。

（三）滇缅陆战：中国远征军阻挡日军进攻

第二阶段作战里，缅甸自然也是重要方向。

就在仰光陷落前夕，3月7日，日本南方军司令部向第15军司令部下令，要求进一步扩大战果，歼灭曼德勒方面盟军力量。在这份命令里，南方军不仅设定5月底为战役结束关口，也提出要占领仁安羌（Yenanyaung）油田、若开（Arakan）飞机场等战略设施。为了完成这一任务目标，南方军从马来亚方面的第25军抽调第18师团（包括步兵第55、第56、第114联队）、第56师团（包括步兵第113、第146、第148联队）移至第15军麾下，第15军作战规模已经远远超出其他战线。

3月15日，第15军司令部确定缅甸作战方针，力求5月底之前在曼德勒附近与"英蒋联军主力"决战。

其实从地形而言，缅甸最大平原便是伊洛瓦底江沿岸的冲积平原，因而沿岸的仰光—兴实达（Hinthada）—卑谬（Prome）—马圭（Magwe）—仁安羌—曼德勒（Mandalay）便是缅甸南北的重要通路。鉴于仁安羌还拥有日本人梦寐以求的油田，第15军派遣夺占仰光的第33师团迅速西进，3月25日，第33师团集结在兴实达。

除去伊洛瓦底江沿岸外，勃固正北方向沿着锡唐河上溯，还连接有一条山谷通路，沿着东吁（Toungoo）—彬马那（Pyinmana）—密铁拉（Meiktila）一直延伸到曼德勒。第15军自然不会放过这条路，旋即命令第55师团在3月10日从勃固出发北上，3月16日，第55师团与中国远征军第5军第200师交战，宣告中国军队正式在缅甸战役中与日军交火。

另外，曼德勒并不仅仅是伊洛瓦底江流域的重要交汇点，更是通往缅甸东北部腊戌（Lashio）的关键节点，腊戌也恰好是滇缅公路缅甸一方的起点。换言之能否夺占曼德勒对于日军切断滇缅公路也有着重要意义，第15军随即要求增援前线的第18师团也沿着中路进军，参与进攻曼德勒，另外还要求第 56 师团沿着山路出发直接进攻腊戍，意在断绝中国远征军的后路。

中国远征军指挥权之争

在仰光陷落之前，1942 年 3 月 3 日，韦维尔上将来到印度加尔各答，对新任缅甸英军总司令哈罗德·亚历山大（Sir Harold Alexander）中将说了一段话："（英军撤退）必须要尽可能延长，以保障仁安羌油田的安全，要尽可能与中国人联系，保护从阿萨姆（英属印度东北部）到印度的道路。"

这段话基本点明了仰光战役之后的英军战略：妥善撤退，边打边撤，尽可能保住缅甸中部油田设施，同时，要借助中国军队力量守备中部至北部缅甸。而中国人熟知的中国远征军也在太平洋战争中迎来登场之机。

正如通行叙述所言，重庆政府之所以派出远征军，战略考虑自然是协助英美军队维护滇缅公路安全。在 1941 年下半年丢失滇越公路以后，重庆政府依然感受到危险，只能在美国飞虎队保护下从滇缅公路获取物资。印缅战场开启以后，重庆政府自然感受到威胁，便在美国斡旋下，于 12 月 23 日与英国签订《中英共同防御滇缅路协定》，着手派遣国民革命军最为精锐的第 5、第 6 军前往缅甸。

但针对出兵要求，在 1942 年初，时任 ABDA 总司令的韦维尔上将仅接受第 6 军第 49、第 93 师进入缅甸景东（Keng Tung），不允许其余部队进入。在这位英国老将看来，重庆政府军队本就缺乏给养，突然投入陌生环境会使得重庆政府本就混乱的指挥系统变得更为糟糕。当然与此同时，韦维尔上将也提到"如由贵国军队解放缅甸，实在是英国人的耻辱"，不愿意将印缅战场主动权交给其他人也是英国对中国援助持消极态度的原因之一。

问题在于，随着马来亚半岛、爪哇岛、苏门答腊岛接连丢掉，盟军早在 2 月 23 日就取消 ABDA 司令部建制，韦维尔上将虽未降职，依旧负责远东英军事务，但随着英军逐渐败退，他的发言权也下降不少。战局不佳，英军也难以再维持面子，只得开始在远东事宜上听取重庆政府的意见——就在这种背景下，中国远征军得以迅速派遣。

只是缅甸战场的定位依旧非常奇怪。从盟军建制而言，印缅战场总体归属英军管辖，中国战场自然由重庆政府控制，但在英军逐步丢掉控制权以后，重庆政府并不想老老实实听从英国人吩咐。3 月 11 日，蒋介石正式任命中国战区参谋长约瑟夫·史迪威（Joseph Stilwell）中将作为中国远征军指挥官，由于史迪威本身掌握着《租借法案》所提供军事装备的分配权，重庆政府等于是借助美国的政治资源制衡前线英军。

蒋介石夫妇与史迪威

在这种构架下，史迪威的地位就很奇怪，他虽然名义上得到蒋介石的保证，获得统领中国远征军的权力，但实际上他却发现手下的几位将军并不听令于己。正如国民革命军第 5 军军长杜聿明中将对英缅总督多尔曼—史密斯所提到（资料来源为英语）的："只是美国将军认为他在指挥，事实上他没有。你要明白，我们中国人认为让美国人参与战争的唯一方法就是给些纸上谈兵之机。"

虽然并未在杜聿明的相关资料中找到这一记载，但史迪威在日记里确实多次指责杜聿明无视命令、擅自行动，双方关系不睦自然凸显出史迪威地位非常尴尬。一方面重庆政府希望借助他的面子压制英军在印缅战场的权力，另一方面蒋介石又希望将国民革命军的指挥大权牢牢掌握在自己手中，史迪威不可避免地成为中国远征军的"吉祥物"。

随后在盟军整体压力下，蒋介石被迫在印缅战场让步，同意中国远征军配合英军行动，由"亚历山大中将代表韦维尔上将协调缅甸的英中军队"，随即在东吁战役的最后阶段杜聿明违抗史迪威的意思下令撤军，这又引起史迪威不满，他在3月30日向蒋介石提出辞职。

4月1日凌晨，蒋介石在重庆挽留史迪威，并在4月5日乘坐飞机前往缅甸眉苗（Maymyo）指挥部，这一次他不但带来了罗卓英上将作为中国远征军司令长官，并提到史迪威对中国远征军（见表2-2）拥有指挥权，乃至向所有属下将领告知官方任命状会在近期到达。但有趣的是，官方任命状对史迪威的定义并不是"中国远征军指挥官"，而是"中缅印战区美国陆军司令官"与"盟军中国战区参谋长"。然而中缅印战区美国并没有成规模的陆军建制，这一纸任命状无异于给了个光杆司令。

表2-2　1942年4月5日之后的中国远征军主力部队番号

军	师	团
第5军 军长：杜聿明中将	第200师（师长：戴安澜少将）	第598、第599、第600团
	新22师（师长：廖耀湘少将）	第64、第65、第66团
	新96师（师长：余韶少将）	第286、第287、第288团
		军直属野战补充团、工兵团、装甲兵第一团、炮兵团、汽车兵团、骑兵团、辎重兵团
第6军 军长：甘丽初中将	第49师（师长：彭壁生少将）	第145、第146、第147团
	第93师（师长：吕国铨少将）	第277、第278、第279团
	（暂编）第55师（师长：陈勉吾少将）	第1、第2、第3团
第66军 军长：张轸中将	新38师（师长：孙立人少将）	第112、第113、第114团
	新28师（师长：刘伯龙少将）	第82、第83、第84团
	新29师（师长：马维骥少将）	第85、第86、第87团

很明显，无论蒋介石对史迪威做了多少保证，他还是不愿意把自己

的军队交给美国人来管理。虽然史迪威从 1920 年就到北平学习汉语，了解中国文化，但某种意义上还是被重庆政府算计了。

就在中国远征军高层内斗过程中，并不存在内斗的日本陆军第 15 军第 33 师团已经杀向北部。

第 200 师与东吁会战

东吁（旧译同古）位于锡唐河上游，距离曼德勒 370 公里，城西北方向拥有一座飞机场（现东吁机场），在日军向仰光进发时分一直由英缅军第 1 师掌握。中国远征军出发以后，3 月 8 日，国民革命军第 5 军第 200 师（戴安澜少将）抵达东吁，接替英缅军第 1 师防务。

虽然史迪威对这次中国远征军进入缅甸作战寄予厚望，甚至一度希望能够夺回仰光，但从规模来说，第 200 师只有 8000 余人，只相当于日军一个联队（团）兵力，这就使得第 200 师本质上难以抵抗日军第 55、第 56 两个师团的进攻。加之日军第 55 师团刚刚取胜，第 56 师团又是生力军，搭配合理，中国军队实在难以占得上风。所以从战略上讲，中国军队的作战任务事实上只剩下一个：尽可能守住东吁，延长日军进攻时间，便于英军回撤。

为了扩张纵深，戴安澜首先派

第一次入缅参战的中国远征军

遣骑兵团（摩托化）与第598团第1连先行南下，到50公里以南的皮尤（Pyo）附近布防；随即在南部15公里的鄂克春（Oktwin）以及东吁老城附近开挖战壕。以快速反应部队及少量步兵放在较远处，在主要防守阵地之前加设一道防御圈，这也是教科书般的接敌阵形。到3月18日，皮尤附近中国军队与日军第55师团步兵第143联队200人侦察部队在皮尤以南12公里地区发生激战，日军被迫撤退。

3月20日，步兵第143联队主力协同机械化部队越过皮尤，迫使中国军队骑兵团迅速回撤到东吁北部，剩余部队全体回撤鄂克春；3月22日，日军步兵第122联队第1大队也抵达前线，率先攻击中国军队左翼的第600团第1营阵地。日军虽然凭借航空兵力与火炮优势占得上风，但随着第598团第1营迅速驰援前线，中国军队一直坚守到3月23日晚间，击毁日军九五式轻战车两辆。

3月24日，日军步兵第112联队再度进攻鄂克春阵地，同时步兵第143联队派遣500人支队携带轻型火炮，在南机关收买的缅甸当地人带领下，靠着丛林地形掩护向东吁飞机场迂回，意在切断第200师退路。戴安澜被迫下令放弃鄂克春，收缩战线，其中第598、599、600团各自负责北、南、西三个方向，东侧由于有锡唐河天险难以成为战场。需要注意的是，虽然这一时期戴安澜少将亲自立下遗嘱，鼓励士兵奋勇作战，但就在当晚，第200师司令部事实上从东吁城内撤到锡唐河东岸，以保全指挥机构不受日军空袭。

3月25日8点，日军步兵第143联队、第112联队分列左右，沿锡唐河西侧上溯，在二十余架九七式重爆击机轰炸城池以后，日军步兵第143联队第3大队瞄准了城防最为薄弱的西北角东吁兵营，并于22点突破，中国军队立刻派遣第598团第2营前往援助，中日军队逐屋争夺东吁城。

3月26日上午，国民革命军第600团减员严重，开始向东侧撤退，随着步兵第112联队突破东吁西南角，城西侧基本被日军夺取，中日两军争夺重点又转移到了城东侧的锡唐河桥。日军并没有迅速追击，而是调动火炮与航空兵力轰炸，中国军队也趁着爆炸后烟雾弥漫之际迅速反击日军。双方循环往复一段时间以后均无法继续推进。

晚上，廖耀湘率领新22师抵达东吁北部30公里的耶达谢（旧译叶带西，Yedashe），日军立即派遣步兵第 143 联队第 2 大队前往阻击，东吁日军出现不足。由于第 55 师团第 144 联队与重炮兵联队并未随行到东吁，日军出现人员短缺问题，到 3 月 27 日上午，战局继续僵持。

出征缅甸前的中国陆军第 200 师，其中军官站立在一辆苏联生产的坦克之上。

3 月 28 日，日本重炮兵第 3 联队抵达前线，给第 200 师造成巨大损伤。也就在这一天中午，第 56 师团所属两个机械化步兵中队、一个重机枪中队、一个野战炮兵中队总共 404 人从仰光乘坐 45 辆卡车与 6 辆装甲车抵达前线助战。到 20 点前后，第 56 师团助战部队抵达锡唐河东侧，之前撤离到安全地带的第 200 师司令部反而受到突袭，戴安澜迅速调集第 598 团第 3 营、第 599 团第 3 营到东岸防御，击退日军突袭。

3 月 29 日，新 22 师南下进攻，却依旧无法突破日军封锁；到 22 点前后，日军第 56 师团机械化侦察联队突破第 200 师司令部设置的防线，从东侧逼近锡唐河桥，戴安澜请求撤退；为保存第 200 师实力，杜聿明越过史迪威亲自向蒋介石请令，最终允许第 200 师撤退；3 月 30 日 8 点，第 55 师团主力发起总攻，清扫掉东吁城内残留的中国军队，并在中国军队炸毁锡唐河桥之后与第 56 师团会合。中国军队第 200 师分散前往耶达谢与新 22 师会合并恢复建制。

有别于英缅军与英印军作战，中国军队在东吁战役中表现顽强，以伤亡 2000 余人的代价换取日军伤亡 5000 人，并拖延了日军脚步十余日。苦战胜利之后，盟军战友切身认识到中国军队的勇猛善战。

不过，东吁战役只是一时击退日本军队，并掩护了英军撤离。东吁重地失守，盟军也不得不考虑进一步撤退。

彬马那反击计划与仁安羌大捷

1942 年 4 月 5 日、6 日，蒋介石分别来到腊戌、眉苗指挥军队，并在 8 日对杜聿明、戴安澜等将领提出要在日军从山谷进入平原之前，在彬马那阻击日军。

彬马那（旧译平蛮纳）地处东吁—密铁拉道路的中心地区，而且把守着从山谷前往北侧平原地区的战略要道，2005 年缅甸从仰光迁都的内比都（奈比多）就在彬马那西侧 20 公里左右处，可见彬马那地区直到现在都是缅甸的重要腹地。

彬马那作战计划在 4 月 10 日正式提出，其中以第 5 军担负彬马那主要作战任务：第 96 师驻守彬马那，第 200 师因损伤过多而负责守备彬马那北部的后路，新 22 师则在耶达谢（彬马那南部 60 公里）原地驻守；此外第 6 军则在东北部的克伦邦、掸邦驻扎，担负与中国本土联结的重要任务。

在中国军队重获主动权之时，4 月 3 日，日本第 15 军司令饭田祥二郎也开始商讨曼德勒会战计划："以有力兵团截断腊戌敌军退路，以主力沿东吁—曼德勒道路及伊洛瓦底江流域向曼德勒方向前进，以包围敌军主力两翼，压迫敌军主力于曼德勒以西的伊洛瓦底江流域歼灭。"总体而言，日军是要求第 56 师团向东北地区截断腊戌退路，以第 55 师团继续沿东吁道路北上，再以第 33 师团迂回伊洛瓦底江，后两者合力攻取曼德勒。

到 4 月 8 日，第 15 军发现第 55 师团伤亡惨重之后，并没有让其继续作战，而是让刚刚从马来亚半岛抵达的第 18 师团火速北上，接替第 55 师团成为中路日军主力。从 4 月 11 日开始，第 18 师团主攻耶达谢，到 16 日前后，国民革命军新 22 师决定后撤，与第 96、第 200 师在彬马那形成阻击阵形，迎接第 18 师团主力部队总攻。

在同一时期，第 56 师团在 4 月 9 日开始沿着东部道路长驱直入，到 4 月中旬，日军前线部队已经逼近东枝。由于这片地区的国民革命军第 6 军驻守相对分散，日军第 56 师团得以分别击破，通往云南的后路面临被切断的危险。

就在中国远征军命运面临危险时，英军又在伊洛瓦底江战线捅了"篓子"。

4 月 2 日，英缅军从卑谬撤退；4 月 13 日，英军从马圭撤退。短短半个月时间，英军就撤退 200 多公里。4 月 15 日，身处仁安羌的亚历山大中将向史迪威发来求援电报，要求中国军队立即前往援助。

4 月 16 日，日本第 33 师团三路部队各自穿插前进，其中步兵第 214 联队与山炮兵第 3 大队组成的 3000 人部队占领仁安羌油田，从正面将仰光战役之前逃出生天的英缅军第 1 师、第 7 装甲旅以及增援的第 2 皇家坦克团共 7000 余人分割围堵在仁安羌。到 4 月 17 日凌晨，日军切断仁安羌东北方向的道路。

虽然英军多次求援，但由于中国远征军意在打响彬马那作战，因而只在 4 月 14 日派遣国民革命军新 38 师第 113 团 1121 名士兵奔赴前线，其中 800 余人为作战步兵；4 月 16 日 16 点，第 113 团抵达仁安羌东北部 60 公里左右的皎勃东（旧译巧克伯当，Kyaukpadaung）；4 月 17 日，英缅军指挥官、后来主导缅甸反击战的威廉—斯利姆（William Slim，1891—1960）少将与第 113 团团长刘放吾上校会面，并提供英军第 7 装甲旅的坦克部队与第 113 团共同行动。

在仅有的不到千人作战部队支持下，第 113 团与英军协同作战，在 4 月 17 日晚间开始进攻日军；到 4 月 18 日上午，新 38 师指挥官孙立人少将抵达前线指挥战斗，击破日军步兵第 214 联队第 3 大队固守的阵地；4

中国远征军将领孙立人

月 19 日，第 113 团与英缅军第 1 师里应外合，反攻日军步兵第 214 联队阵地，最终在 14 点攻克油田设施，逼迫日军南撤休整。被困英军与相关人员在 4 月 20 日全部获救。

整体而言，仁安羌战役规模并不大，但由于其中有数位美国传教士及新闻记者，中国远征军的事迹获得大量宣传。不过由于日军步兵第 215 联队协同装甲部队、山炮兵第 7 中队、独立混成第 21 旅团炮兵队等部队从伊洛瓦底江水路北上在 4 月 20 日晨间登陆，加之步兵第 213 联队从正面袭来，中国远征军又面临艰难局势。

但很明显，英缅军、英印军本身对于中国远征军反击日军没有任何兴趣，他们只希望能够尽快向后撤退，在中国军队保护下回到相对安全的英属印度领地。因而 4 月 20 日下午，斯利姆要求盟军全线撤退，第 113 团随即离开仁安羌，这座拼死夺回的城市又被日军夺走。

虽然仁安羌战役给中国远征军留下了光辉灿烂的一笔，但由于伊洛瓦底江、腊戍两方面同时遭到日军侵犯，盟军面临日军三叉戟合围，彬马那作战计划难再实现。

早在 4 月 18 日，中国远征军参谋团团长林蔚提出"二选一"意见：第一条依然是坚持彬马那战役计划，击退面前的日军第 18 师团；第二条则是放弃从彬马那到曼德勒中间的全部地盘，回到曼德勒东北部站稳脚跟以后再做打算。针对林蔚的两条意见，史迪威最终接受第二条，并下令中止彬马那战役，准备曼德勒战役。

撤退固然合理，但正如史迪威在日记中所言，曼德勒南部是一片辽阔平原，无险可守。加之中国远征军缺乏装甲部队支持，这种开阔地形完全是在给日军当靶子。4 月 19 日，英军亚历山大中将刚刚从仁安羌逃出生天，便率领英军参谋团与史迪威会面，后来主导缅甸反击战的威廉—斯利姆少将以英军利益为上，要求国民革命军新 38 师、第 200 师、新 22 师一个团前往西线掩护英军撤退。虽然杜聿明明确反对，但史迪威最终还是同意了英军意见，彻底停止了彬马那作战计划。

4 月 22 日，亚历山大中将发布总撤退令，其中要求英缅军第 1 师、英印军第 17 师、中国新 38 师结为一部在西，国民革命军第 5 军其余部分与英军第 7 装甲旅结为一部在中，国民革命军第 66 军第 28 师守卫曼德勒，国民革命军第 6 军守备曼德勒—腊戍防线——这在事实上也宣告了后续撤退时的几方面军力构成。

盟军总撤退

4 月 20 日，日军第 56 师团越过山脉，抵达距离腊戍只有 500 公里的垒固（旧译罗衣考，Loikaw），中国远征军后路遇险。

为了驰援后方，国民革命军第 5 军迅速派遣第 200 师前往从垒固到腊戍的必经之路东枝（Taungyi）。4 月 23 日，眼见日军第 56 师团已经占领东枝，第 200 师以劣势兵力在 4 月 24 日凌晨发动突袭，突入市区。

虽然收复东枝，但怎奈第 56 师团机械化部队早已扬长而去，直奔腊戍，因而 4 月 26 日，第 200 师放弃东枝开始东撤，最终同第 6 军会合。

第 200 师的撤退也符合前一天盟军高层的思路。4 月 25 日，亚历山大、史迪威认为缅甸战局已经崩溃，因而双双决定撤退，英军与中国远征军新 38 师开始向印度方向撤退；到 5 月 1 日，英军与曼德勒地区全部中国远征军撤到伊洛瓦底江西侧，英军与中国新 38 师准备撤往印度，其余部队则意图乘火车前往缅北城市密支那（Myitkyina），寻机回归中国。

但在腊戍方面，由于中国远征军参谋团在林蔚率领下已经整体撤离，国民革命军第 6 军内部互相缺乏联系。到 4 月 28 日夜间，日军第 56 师团攻克腊戍，抢夺当地囤积的大批军事物资，滇缅公路被切断。

占领腊戍以后，第 56 师团并没有按照第 15 军的既定战术，沿着萨尔温江向东北进攻云南，反而认为应该切断英军后撤之路，因而也从 4 月 30 日开始沿着密林山路向着密支那方向挺进。5 月 8 日，日军攻克密支那，彻底切断了中国远征军从密支那东撤的道路。眼见退路被封，国民革命军第 5 军第 96 师翻越北部高山回归云南，新 22 师也是翻越野人山区两个多月才得以进入印度。

第 5 军里，唯一没有共同行动的便是第 200 师主力。这支在东吁抵抗日军的部队跟随国民革命军第 6 军沿着怒江东撤，虽然第 6 军主力部队顺利撤入国境内，但在 5 月 17 日，第 200 师师长戴安澜却在冲击日军防线时身受重伤，九天之后医治无效而死，这是中国远征军入缅以来阵亡的最高级别将领。1956 年 10 月，国家追认戴安澜将军为革命烈士。

在为期数月作战里，日军在缅甸完全以破竹之势贯穿每一个战略要地，但从兵力与补给能力上说，日军并没有显著强于盟军。虽然期间有中国远征军在东吁、仁安羌取得一定战果，但从战略层面上，由于中、英、美三国之间各怀心思，难以统一意志，最终导致日军以迅雷之势击溃缅甸盟军。

（四）围攻锡兰："锡兰海战"与日军西进战略

日英两军的印度洋决战计划

在缅甸战役同一时期，日本自然把目光瞄准了孟加拉湾，于是安达曼群岛也映入日军眼帘。

1942 年 3 月 5 日，第 1 南遣舰队（小泽治三郎中将）下令进攻安达曼群岛，10 日陆军步兵第 56 联队第 2 大队就从马来亚半岛出发。由于英军大部队已经从安达曼群岛撤防，日军几乎没有受到任何抵抗就得以登岛，战事最终在 3 月 30 日前后结束。

进攻安达曼群岛只是日本西进战略的一部分，日军主要目标依然是位于锡兰岛（斯里兰卡）的英国远东舰队。

1941 年 12 月马来海战，英国一下子丢掉战列舰"威尔士亲王"号、战略巡洋舰"反击"号两艘巨舰，随后 1942 年 2 月丢掉远东海军

大举西进的日本海军联合舰队

据点新加坡，远东舰队只能辗转从爪哇海西进，来到英国殖民统治下的锡兰岛亭可马里（Trincomalee）。

锡兰岛地处孟加拉湾西侧，也是印度洋以东的最后一个海军据点，一旦失守，印度洋东西通路很有可能被日军潜艇切断，容易使得英国对北非战场的补给线受到威胁，那么正在北非东线突进的"沙漠之狐"埃尔万·隆美尔就更有可能击穿埃及。

英国皇家海军新任远东舰队指挥官詹姆斯·萨默维尔（右）

1942 年 3 月，英国海军大臣达德利·庞德（Dudley Pound）元帅要求增加锡兰防御能力，因而从本土舰队派遣数艘战列舰与航母前来支援，重新形成以三艘航母（轻一重二）、五艘战列舰为主力的庞大舰队，随后海军中将詹姆斯·萨默维尔（James Somerville，1882—1949）爵士也在 3 月 27 日抵达前线，成为新的远东舰队指挥官。但较之装备齐全、设施完备的新加坡港，亭可马里尚未建起大型军港，难以抵御空袭，这也为日军的印度洋空袭埋下伏笔。

萨默维尔到达前线后，第一件事是将远东舰队分为 A、B 两个部队（见表 2-3），其中 A 部队以"不屈""可畏"两艘重型航母以及新锐战列舰"厌战"为核心，驻守于亭可马里，而 B 部队则以速度较慢的"复仇"级四舰（"复仇""决心""拉米雷斯""君权"）留守英国在东非的殖民地，即红海出海口附近的肯尼亚。一旦锡兰岛前线保不住，那么保护英国支援埃及的红海补给线就更为重要。

然而 B 部队还没来得及出港，日本人就来了。

表2-3　英国远东舰队主要舰艇

英国远东舰队	詹姆斯·萨默维尔（中将）
航母（A部队）	不屈（HMS Indomitable, 92）、可畏（HMS Formidable, R67）
轻型航母（B部队）	竞技神（HMS Hermes, 95）
战列舰	（A部队）厌战（HMS Warspite），（B部队）决心（HMS Resolution）、拉米雷斯（HMS Ramillies, 07）、君权（HMS Royal Sovereign, 05）、复仇（HMS Revenge, 06）
重巡洋舰（A部队）	康沃尔（HMS Cornwall, 56）、多塞特郡（HMS Dorsetshire, 40）
轻巡洋舰	（A部队）绿宝石（HMS Emerald, D66）、企业（HMS Enterprise, D52），（B部队）卡里登（HMS Caledon, D53）、龙（HMS Dragon, D46）、雅各布·范·赫姆斯克雷斯克（HNLMS Jacob Van Heemskereck）
驱逐舰	（A部队）纳皮尔（HMAS Napier, G97）、涅斯托尔（HMAS Nestor, G02）、帕拉丁（HMS Paladin, G69）、黑豹（HMS Panther, G41）、热刺（HMS Hotspur, H01）、猎狐犬（HMS Foxhound, H69），（B部队）格里芬（HMS Griffin, H69）、诺尔曼（HMAS Norman, G49）、亚罗（HMS Arrow, H42）、吸血鬼（HMAS Vampire, D68）、引诱（HMS Decoy, H75）、幸运（HMS Fortune, H70）、哨兵（HMS Scout, H51）、伊萨克·斯威尔斯（HNLMS Isaac Sweers）

无论英国舰队兵力配置如何变化，日本都笃定要突破孟加拉湾。

这一方面是盟友纳粹德国的要求，另一方面也是日本陆军的思路。毕竟日本陆军把目光聚焦于"消灭重庆政府"，那么夺取孟加拉湾乃至进攻印度，进而执行"西亚打通战略"就是他们战略的一部分。

如果击穿孟加拉湾，日本海军不仅能够消灭尚有威胁的英国远东舰队，也能给日本陆军卖一个人情，促使陆军能够同意（海军）军令部的"美澳遮断作战"计划乃至联合舰队自己的"中途岛作战"。早在2月20日，联合舰队司令部就开始对空袭锡兰岛做了兵棋推演，最终计划可行，联合舰队预定于4月初空袭锡兰岛。

3月26日，日本海军第1航空舰队在南云忠一中将率领下从苏拉威西岛出发，从爪哇岛南部进入印度洋。

不过这里却有一个插曲。战斗打响之前的 2 月 19 日，"加贺"随着第 1、第 2 航空战队一同空袭澳大利亚达尔文港，空袭本身虽然很顺利，但"加贺"却在快要抵达帕劳泊地之前突然触礁伤到舰底。

总体而言，这次伤势并不严重，经过紧急修理，"加贺"甚至还在 3 月 1 日起飞舰载机击沉美国一艘加油舰。不过到了高层决定要进攻锡兰之后，3 月 13 日，联合舰队突然要求"加贺"离开机动部队，并于 3 月 15 日启航独自返回佐世保军港检修，未能参加到锡兰海战中。整场锡兰海战是由五艘正规航母完成的（见表 2-4）。

在印度洋调集重兵的英国皇家海军

表2-4　锡兰海战日本海军作战序列

第一航空舰队	指挥官：南云忠一（中将）
第 1、第 2、第 5 航空战队（航母）	赤城（1）、飞龙、苍龙（2）、翔鹤、瑞鹤（5）
第 3 战队（高速战舰）	金刚、比叡、榛名、雾岛
第 8 战队（重巡洋舰）	利根、筑摩
第 1 水雷战队（轻巡洋舰）	阿武隈
第 4、第 17、第 18 驱逐队	萩风、舞风（4-）、谷风、浦风、滨风、矶风（17）、阳炎、不知火、霞、霰（18）

这件事情看起来不算太大，也未对锡兰海战胜负产生影响，却暴露了日本海军开战之后首次出现的情绪变化：奇袭珍珠港所倚仗的，在一次进攻中尽可能投入更多攻击机的做法已经不再必需，哪怕少一艘两艘航母、少几十架攻击机也无伤大雅。在未来的珊瑚海海战乃至中途岛海战中，这一思路都让日本海军吃了大亏。

日本海军主力航母"加贺"

另外从 1942 年 3 月前后开始，英军位于科伦坡（Colombo）的情报机构——远东联合部（The Far East Combined Bureau, FECB）破译了日本海军密码，预计日军会在 3 月 22 日至 4 月 1 日之间进攻锡兰岛。这次破译虽然只搜集到一些表面信息，未能全面掌握日军动向，日军也是在 4 月 5 日才开始进攻锡兰岛的，但破译工作的进展却对盟军至关重要，在未来的中途岛海战里，出色的情报工作让美军更轻易地掌握到日军动向。

根据这份预测，3 月 28 日，英国远东舰队的航母"可畏"、战列舰"厌战"等 12 艘军舰出海；3 月 29 日，轻型航母"竞技神"、巡洋舰"绿宝石"等四艘军舰相继出海。十余艘军舰按照 A、B 部队混编以后，开始在锡兰岛外海反复进行军事演习。到了 4 月 2 日看到日军还没来，英军便将主力隐藏在阿杜环礁（马尔代夫境内），只留下两艘重巡洋舰"多塞特郡""康沃尔"在科伦坡港执行改装工事，另外还派遣轻型航母"竞技神"前往亭可马里，准备在 5 月攻击维希法国占领的马达加斯加。

这场战役，日军无论舰艇数量还是作战能力都较英军要强，但这次作战却险些让他们提前遭遇到中途岛一样的败仗。

小"中途岛之战"

1942 年 4 月 5 日，日本海军第 1 航空舰队抵达科伦坡南部 200 海里范围，在晴空万里之下，空袭正式开始。

9点前后，五艘航母将128架攻击机放飞到空中，一次性起飞规模不亚于奇袭珍珠港，足见日本海军对锡兰海战甚是重视。英军萨默维尔中将虽然在9点前后接到日军来袭报告，科伦坡守军也起飞数十架"喷火"与"飓风"等战斗机护卫，但由于军事组织与战斗能力较差，英军并未能阻止日军进攻步伐。

从10点45分开始，日英两军开启科伦坡空战，不到30分钟时间里，日本海军击落包括19架"喷火"、21架"飓风"在内的51架飞机。虽然这个数字存在一定虚报成分，但日军方面确实仅仅损失了一架零战，两军作战能力差距还是比较明显的。

随着日本海军碾压英军，渊田美津雄中佐指挥的九九舰爆、九七舰攻炸毁科伦坡英军机场与港湾设施，停泊在港湾里的商船与港口储油罐也惨遭摧毁，不过日军也有六架九九舰爆被防空炮火击落。在一番轰炸以后，渊田美津雄向机动部队发出了与后来中途岛战役第一次攻击队指挥官友永丈市中佐完全一样的信号："需要第二次攻击"（见表2-5）。

表2-5　锡兰海战首日（4月5日）日本攻击队情况

	零战（架）	九九舰爆（架）	九七舰攻（架）	起飞时间	抵达时间
第一次攻击队	36	38	54	9:00	10:45
第二次攻击队		53		14:49	16:29

南云忠一中将迅速得知消息，并在11点52分下令，要求等待攻击的全部九七舰攻由对舰鱼雷改装高爆炸弹；不过13点，重巡洋舰"利根"派出的水上侦察机发来报告"发现两艘似为敌巡洋舰之物"，南云忠一立即要求全部九七舰攻再将高爆炸弹改装为对舰鱼雷；又到13点50分，轻巡洋舰"阿武隈"派出的水上侦察机在同一方向发现两艘英军"驱逐舰"，南云忠一便认为先前发现所谓"巡洋舰两艘"是"利根"水侦误报，一边要求九七舰攻将鱼雷再度换为炸弹（意在攻击科伦坡），转而在14点27分下令，派遣已经准备好的53架九九舰爆前往追踪这两艘"驱逐舰"。

到16点前后，第二次攻击队发现英军舰艇，确实是重巡洋舰"康沃尔""多塞特郡"。16点29分，指挥官江草隆繁少佐下令突击，全部

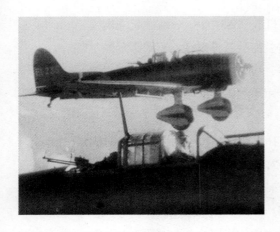

日本海军航空兵的九九式舰载轰炸机

被日本海军航空兵迅速击沉的英国海军重巡洋舰"康沃尔"号和"多塞特郡"号

九九舰爆背着太阳接近英军，这使得英军在发现日军飞机时已经来不及了，日军全部飞机几乎都命中目标，两艘英军重巡洋舰很快沉没。

虽然开战伊始就击沉两艘重巡洋舰，但日军九七舰攻队却始终在鱼雷、炸弹之间换来换去，到17点前后依然没有做好起飞准备，南云忠一只好放弃对科伦坡进行第二次进攻。

在空袭科伦坡过程中，日本海军如奇袭珍珠港时一样，在该出击的时候毫不手软，但中途岛海战过程中出现的临阵换弹却在这里提前上演，南云忠一的慌乱模样也与近两个月以后完全一样。只是这一次英军并没有出动航母舰载机直接袭击日军，否则日军的处境不一定会比中途岛好多少。

4月5日15点半前后，萨默维尔中将已经率领A部队离开阿杜环礁，突然接到侦察机报告，称日军正在己方北部100海里范围。为了躲避日军袭击，远东舰队A部队在17点前后选择向西北航行，与B部队合流以后继而向西行进。当晚远东舰队向英国海军部发电汇报情况，海军部严令禁止远东舰队再返回亭可马里，同时要求B部队以最快速度回归东非的英军基地。由于受保船避战思路影响，英军在4月8日再度进入阿杜环礁补充燃料，随即准备撤离东印度洋。

虽然保船避战让英军免于损失其他主力舰，也让海战史上第一次航母对战拖延到了一个月以后的珊瑚海海战，但这对于仍然停靠在亭可马里的轻型航母"竞技神"而言便是灾难了。

其实在 4 月 5—9 日，日军也在锡兰岛以南的印度洋反复徘徊，一是为了搜寻更多英军舰艇，二是让一线战斗部队休整。

到 4 月 8 日晚间，日军发现英军已经准备撤离，便不再前往追逐，而是向着本次空袭的第二个目标亭可马里行驶而去。当晚英军侦察机发现日军位于锡兰岛东侧 400 海里位置，便要求亭可马里英军迅速撤离。

4 月 9 日上午 9 点，渊田美津雄中佐再度担任指挥官，率领 132 架攻击机开赴亭可马里，一举炸毁港内商船与设施，随即扬长而去。不过这次攻击刚刚结束，10 点 55 分，战列舰"榛名"派出的水上侦察机便汇报"发现敌航母竞技神、驱逐舰三艘"，这一次第 2 航空战队指挥官山口多闻少将向旗舰"赤城"发来信号，要求立即出动攻击队。

由于第一次攻击队里担任轰炸机任务的全部都是九七舰攻，而残留下来的都是不需要更换炸弹的九九舰爆，因而日军这次迅速派遣 91 架攻击机起飞。13 点 30 分，第二次攻击队发现航母"竞技神"，立即发动俯冲轰炸，由于英军航空防御力量较弱，日军有 37 架九九舰爆成功用 250 公斤炸弹击中"竞技神"。高达 82% 的恐怖命中率让这艘可怜的轻型航母瞬间沉没（见表 2-6）。

表2-6　锡兰海战次日（4月9日）日本攻击队情况

	零战（架）	九九舰爆（架）	九七舰攻（架）	起飞时间	抵达时间
第一次攻击队	41		91	9:00	10:20
第二次攻击队	6	85		15:00	16:29

锡兰海战里，日本海军航空兵展现出上佳素质，以九九舰爆为例，累计投下的 85 枚炸弹里，有 67 枚命中目标，命中率高达 79%。但有趣的是，投弹成功率排行榜里，除去第一位是"赤城"舰爆队（100%）之外，第二位是一向在海军内部地位不高的第 5 航空战队"瑞鹤"舰爆队

被击中起火的英国皇家海军轻型航母"竞技神"号

（93%）。这多少也说明，虽然第 5 航空战队是新近组建的，但作战能力并不可小觑，然而后来"瑞鹤"攻击队却在珊瑚海海战中遭到毁灭性打击，多少折损了日本最为精锐的航空兵部队。

除去击沉"竞技神"外，攻击队其他部队还相继消灭了澳大利亚驱逐舰"吸血鬼"与一艘警戒艇、两艘运输船。整体战果则是击沉英军轻型航母一艘、重巡洋舰二艘、驱逐舰二艘，击落飞机虽然不像大本营发表的"120 架"那么多，但根据英军方面统计也是损失了 56 架飞机，日军方面损失 10 架各式攻击机。

与第 1 航空舰队几乎同时，小泽治三郎中将率领的第 1 南遣舰队（以重巡洋舰为主力舰）也在 4 月 6 日进入孟加拉湾，先后击沉 23 艘、重创 8 艘航行中的盟军商船，一度封锁了东印度洋一带的航路；另外从 4 月 10 日开始，日军新设的第 8 潜水战队开始在印度洋一带活动，截击来往盟军商船。

日本海军战略失策

虽然日本海军完成了轰炸科伦坡、亭可马里的战术任务，但总体上英军保船避战的战略设想还是获得成功，两艘重型航母"不屈""可畏"毫发无损，A 部队整体撤往孟买，B 部队成功撤回肯尼亚，这就为英军日后在印度洋方面卷土重来打下了基础。

当然仅在这一时期，日军迎头重击还是让英军退避三舍，加之北非战场随即险恶起来，英军便无暇东顾，广袤的印度洋依然成为日军横行肆虐的屠宰场，大量商船被日本潜艇击沉，一时间德军在大西洋、日军在印度洋，颇有封死盟军之势。

但问题在于，有别于英美两国之间经常互通有无，联合制定战略，日德作为轴心国中军力最强的国家，战争中的战略联合却比起一战时的同盟国更加脆弱，也难免被英美盟军分割包围、逐个击破。

应该说，锡兰海战算是日德两国合作的唯一可能选项。作为当时世界上规模最庞大的机动部队拥有者，日本海军本应竭尽全力探求一个取得更多可能胜果的战略，然而却随即将精力耗费在中途岛乃至所罗门群岛海域。

这里面当然有 4 月 18 日杜立特空袭的因素存在，但以当时日本海军思路而言，即便没有杜立特空袭，一向以美国为决战目标的日本海军也会继续东进；即便能在中途岛与瓜岛战役中取胜，下一步海军也很可能考虑继续进攻夏威夷乃至美国本土——总有一仗会让他们彻底输光家底。

二战之中，日本海军一向以"是否可能决战"作为关注的重点，这点不仅是在前期占优势时如此，即便后期处于劣势时也是如此，结果对于海军本来应该重视的切断与保护航路却重视不足。如果从保护航路的角度出发，应该很容易得到进取印度洋的结论，但正因为一味强调决战，日本海军才选择了东边更为强大的对手；也因为不重视航路保护，到战争末期，日本本土与各占领区之间的航路几乎全部被美军切断。

吊诡的是，出于重视补给线的角度，日本陆军在某种程度上反而比海军更重视航路保护，甚至在 1944 年独立开发出事实上的护卫航母"山汐丸"（特 TL 船），多少说明日本陆军在护卫舰艇不足的情况下意识到了相关问题。

整个太平洋战争乃至于侵华战争是由陆军高层东条英机等人挑动起来的，对于战争应该怎么打，陆军还是有一套自己的思路，只是内耗在了与海军的意气之争里。如果海军能在一开始与陆军统一思路，在第一阶段作战之后继续朝着与德国联合的方向进取，那么战争局面应该会很不一样。当然，也拜日本海军所赐，太平洋战争才能仅仅持续四年就宣告结束，没有让战火广泛波及中亚、西亚乃至东非地区。

不过，到了中途岛战役结束之后，1942 年 6 月 21 日，纳粹德国军队占领利比亚重镇托布鲁克，联合舰队便在 6 月 26 日下令重新集结剩余部队进攻印度洋，准备占领从锡兰岛到马达加斯加岛之间的广阔海域。7 月初，日本军令部总长永野修身宣布终止 FS 作战计划，准备正式开始"印度洋作战"计划，随即日本开始了瓜岛战役，印度洋作战计划被迫终止。

由于未能封锁红海补给线，北非英军得到美国源源不断的资助，7 月 21 日，阿拉曼战役打响，英军最终战胜纳粹德军。6 月一个中途岛、7 月一个阿拉曼，轴心国想两头取胜，结果两边都收获惨败。

（五）蔚蓝珊瑚：珊瑚海海战与教训

美军动向与日军的南洋作战思路

就在日本陆、海军接连在菲律宾、荷属东印度、缅甸战场取得胜利的同时，美国海军也在尼米兹指挥下开始了零星反击，首先在 1942 年 2 月 1 日派遣航母"企业""约克城"分别偷袭了日军在马绍尔群岛与吉尔伯特群岛的海军设施。

美国海军"企业"号航母

到了 2 月 20 日，美军再度发难。这天清晨，驻守拉包尔的横滨航空队一架九七式飞行艇在巡航时发现美军"空母一、巡洋舰四、驱逐舰十"。面对航母"列克星敦"号为首的美军特混舰队，井上成美中将立刻下令第 24 航空战队前往攻击。

日本海军中最为重视中部太平洋战区的老将——井上成美

12 点 20 分，第 24 航空战队派遣第 4 航空队第 1、第 2 中队 17 架一式陆攻起飞迎战，并在一架零式水上侦察机指引下发现美军舰队。14 点 15 分，指挥官伊藤琢藏少佐下令全体突击，第 2 中队九架飞机投弹之后未能命中，且由于缺乏护卫战斗机而遭到 14 架美军 F4F "野猫"战斗机围攻而被全歼。15 点，第 1 中队八架飞机开始投弹，但仅仅收获一发近矢弹，而且六架飞机未能归还。

第一波攻击队 15 架飞机最终仅仅回归二架，如此高的战损比率在开战以来尚属首次。

不过有别于日军颇为主动的进攻，美军却均以试探性进攻为主。奇袭珍珠港以来，日本海军在美国海军普通士兵里有着极为可怕的面貌，虽然美军航母部队在战略上仅处于相对劣势，且局部地区还能处于优势，但他们并没有做好一举反攻日军的准备。不过日军方面却忠实地执行了关于第二阶段作战的方针——继续扩大胜果。

应该说在日军的中太平洋作战里，井上成美发挥了很大作用。他的计划是以拉包尔港与整个新不列颠为中心，向西抵达新几内亚，向东延伸到斐济与萨摩亚群岛，进而在美国与澳大利亚之间形成遮断。

3 月 5 日开始，日本第 24 航空战队开始轰炸新几内亚东侧北部的萨拉莫阿（Salamua）、莱城（Lae）两个港口城市；3 月 8 日凌晨，第 4 舰队护送"横滨丸""中国丸"等五艘陆军运输船分别抵达萨拉莫阿、莱城，将陆军南海支队约 2000 名士兵送上岛屿，到 7 点左右顺利占领两座城市的航空基地与无线电设施，为日军登陆新几内亚岛开启先河。

但是，由于一时间缺乏空中援助，日军被美军打了个措手不及。3 月 8 日 10 点与 13 点，各有一架"哈德逊"式轰炸机前来轰炸日军运输船，不过没有造成明显伤亡；随即 3 月 10 日，美军派遣第 11、第 17 特混舰队从珊瑚海附近海域出战，航母"列克星敦"号起飞 30 架 SBD、13 架 TBD、8 架 F4F，航母"约克城"号起飞 30 架 SBD、12 架 TBD、10 架 F4F，分别轰炸萨拉莫阿、莱城两地日军，日军沉没四艘运输船，另有五艘驱逐舰受损，战死 130 人。

虽然两次进攻整体伤亡不算太大，也完全没能阻碍日本军队在两地建立航空基地，但本来预定于 4 月中旬执行的图拉吉岛、莫尔兹比港登陆作战却被迫延迟。毕竟执行"MO"作战的陆军南海支队长堀井富太郎（1890—1942）少将也在 3 月 20 日提出，在该地区光靠一艘轻型航母"祥凤"号与第 24 航空战队根本无法阻挡美军航母攻势，增派正规航母势在必行。

联合舰队自然又与军令部之间产生矛盾。如后所述，彼时山本五十六一直考虑在中太平洋的中途岛附近再度奇袭美军，以消灭美军所

日本海军新锐航母"瑞鹤"号，其前方航行的是其姊妹舰"翔鹤"号

　　　　　　　　　　　　　　　　　　　太平洋战争全史

有航母部队，这在军事上就要求机动部队不能无谓分出任何一艘航母前往其他海域；但为了让军令部同意联合舰队提出的中途岛作战计划，山本五十六又不得不对军令部做出某种妥协。

4月16日，联合舰队同意将第5航空战队（航母"翔鹤""瑞鹤"）从南云忠一机动部队中拉出来，编入执行"MO"作战的日本海军第4舰队，归属井上成美指挥。虽然分兵无疑为中途岛失利埋下了隐患，但在这一时刻，却也让第4舰队获得更强作战能力。

也就在这段时间，美国陆军航空兵搭载航母"大黄蜂"号对日本主要城市进行轰炸，虽然轰炸没有造成太大损失，却震惊了整个日本高层。因而在第5航空战队于4月25日抵达特鲁克岛之后，联合舰队便要求第4舰队以最快速度执行"MO"作战计划，随即将主力部队投入中途岛作战。

不过针对航母如何使用，井上成美却与联合舰队有点冲突。第4舰队的最早命令里，井上成美提出"'MO'机动部队在未判明敌军海上部队所在地区之时，需要尽快突袭汤斯维尔（Townsville，澳大利亚东北部港口），歼灭所在地的全部航空兵力"。

这一命令要求机动部队出入澳大利亚东部海域——珊瑚海（Coral Sea），然而这片海域的制海权与制空权都仍处于争夺之中，不顾美军航母可能存在而贸然前往，必然存在风险。

联合舰队连忙发布命令："关于'MO'机动部队作战事宜，机动部队应以同敌军机动部队作战为第一要义，而针对澳洲要地空袭，应考虑到机动部队兵力与澳洲北方海域（珊瑚海）情况而慎重采用。"

没办法，井上成美只好更正命令为"第5航空战队只在珊瑚海方面出现敌军的情况下歼灭之"。

井上成美虽与山本五十六、米内光政在战前组成"反战三人组"，能用德语讲出希特勒《我的奋斗》如何辱骂日本民族，因而个人魅力也相当出众，然而在具体用兵方面，井上成美缺乏实战经验。1941年12月进攻威克岛便苦战多日，如今"MO"作战更是急于将本就有限的航母部队用于轰炸陆地，险些酿成致命后果（见表2-7）。

表2-7　珊瑚海海战日军主要作战舰艇

第4舰队	指挥官：井上成美（中将）
旗舰（练习巡洋舰）	鹿岛
MO机动部队	
第5航空战队（航母） 指挥官：原忠一（少将）	翔鹤、瑞鹤 各搭载：零式舰上战斗机18架（零式）、九九式舰上爆击机18架（九九舰爆）、九七式舰上攻击机18架（九七舰攻）
第5战队（重巡洋舰） 指挥官：高木武雄（中将）	妙高、羽黑 各搭载：零式水上侦察机1架（零式水侦）、九五式水上侦察机2架（九五水侦）
第6战队第2小队（重巡洋舰）	衣笠、古鹰
MO攻略部队（第6战队主力）	指挥官：五藤存知（少将）
重巡洋舰	青叶、加古
轻型航母	祥凤 搭载：零战9架、九六式舰上战斗机4架、九七舰攻6架

日本海军占领图拉吉岛与索敌战

按照"MO"作战计划要求，日军第一步是进攻图拉吉岛。

图拉吉岛属于所罗门群岛，由于水文条件好，历来是从新几内亚岛往东方的斐济、萨摩亚群岛一带的必经之路。事实上，图拉吉岛的南侧正是后来日本军队苦战数月的瓜达尔卡纳尔岛。

但在计划中，日军要在控制住图拉吉岛之后不久立即进军珊瑚海，从海路登陆莫尔兹比港。要知道所罗门群岛远在拉包尔港（新不列颠岛）以东，图拉吉岛又在所罗门群岛较东位置，这就意味着日本海军已经把战线从南洋核心拉包尔港又向东扩展上千公里。这个距离即便是日军航程最远的零式战斗机也只能勉强飞一个来回，不得不说战线过长。

有别于日军总是用"以一当百"的思路衡量自身能力，美军却更加小心翼翼。4月22日，尼米兹向弗莱彻发布命令，告知他日军可能会有3—4艘航母前来，并要求道："你的任务是在上述海域（新几内亚—

所罗门）寻机击毁正在航行的敌军舰队或飞机，以了解敌军进一步进军方向。"很明显，尼米兹没有告知弗莱彻应该如何作战，只是让他尽可能巡逻日军，寻机作战。

4月28日，日军从所罗门群岛最西侧的肖特兰岛出动五架九七式飞行艇前往珊瑚海海域搜索；4月29日，图拉吉岛登陆部队在第19战队护送下从特鲁克岛出发；5月1日，"MO"攻略部队也离开特鲁克；5月3日，吴第3海军特别陆战队进攻了图拉吉岛与附近的加布图（Gabutu）、塔纳博哥（Tanabogo）两岛。由于盟军正在从所罗门群岛撤回军队，日军顺利登陆岛屿，并开始建设水上机基地。

虽然日军计划似乎顺利异常，但在5月2日日军却开始遭遇问题。这一天"MO"机动部队本来计划从特鲁克运输九架零式战斗机，途中起飞转场至拉包尔，进而增强拉包尔的防御力量以获得对莫尔兹比港作战的制空权。但由于天气情况不佳，当天起飞的九架零战被迫返航，第二天再度尝试也未能成行。在整个战略计划里，这一问题其实算不得重要，区区九架零战也无法给拉包尔港提供实质性支持，但在问题发生后，日军并没有想办法汇报或解决问题，而是带着九架零战继续前往战场，体现出日军对每一步军事举动都多少有些随意。

美国海军航母"约克城"号

5月3日19点，弗莱彻得知日军登陆图拉吉岛，美军也终于放开手脚，第17特混舰队（航母"列克星敦""约克城"）在当晚加油并做好进攻准备，5月4日凌晨启航。

5月4日，日军在占领图拉吉岛之后并未提供空中掩护，轻型航母"祥凤"也已经离开图拉吉岛海域而前往支援莫尔兹比港，于是这一天里，美军先后派出四次攻击队空袭图拉吉岛。不过由于日军在图拉吉岛也没有什么实在的舰艇，美军在当日仅仅击沉了日军驱逐舰"菊月"、三艘扫雷艇、五架九七式飞行艇，日军人员阵亡87人、伤124人，美军自身也损失了二架F4F、一架TBD，还有六架SBD损伤。

第4舰队司令部听闻美军来袭，立刻催促机动部队"尽可能迅速派遣掩护飞机前往图拉吉岛"。

这一举动虽然没有错误，却也难说正确。毕竟美军已有多机种混合编队前来轰炸，意味着美军已经出动航母部队。无论按常理，还是按日军一贯军事原则，机动部队都不应该再护卫岛屿，而是主动出击决战；后续水面舰艇也应该延迟出发，以免遭受空袭损失。

但从政治形势考虑，恰好同一时期，联合舰队司令部对"MO"作战并不上心，相反由于杜立特空袭，日本陆、海军都把目光投在中途岛作战，"MO"作战便鲜有人关心。一旦井上成美提出修改乃至于推倒重来，联合舰队必然会增加工作量，考虑到山本五十六不仅是井上成美的老上司、老大哥，也是老朋友，在这个关键时期，与其给山本添麻烦，不如把计划可能出现的问题自我消化为好。

但就在同一时期，美军航母舰队急速南下，按照海军常理前往珊瑚海搜寻日军，寻求决战。

5月4日晚间，"MO"机动部队与攻略部队沿着所罗门群岛西部的布干维尔岛东海岸南下寻找美军。在日军考虑中，美军机动部队应该处于图拉吉岛东部海域，但在5月5日一整天巡逻里都没有任何发现，于是"MO"机动部队与攻略部队决定5月6日在肖特兰岛补充燃料以后，分别出发南下索敌。

弗莱彻也在5月4日正午时分从麦克阿瑟的侦察机处得到消息，称日军正在布干维尔岛附近活动，不过美军侦察机却将"祥凤"误认为"加贺"级航母，多少也给美军增添了无谓的压力。5月6日上午，弗莱彻将重新整编之后的第 17 特混舰队（包括两艘航母）尽数派出，准备与日军决战。

美国海军少将弗莱彻

5 月 6 日 10 点 30 分，日军一架九七式飞行艇发现美军"空母一、战舰一、重巡一、驱逐舰五"，位置在机动部队南方 350 海里（实际距离为 300 海里），10 点 47 分该电报传入"MO"机动部队耳中，日军迅速派遣飞机南下侦察。不过"翔鹤"派出的九七舰攻却在距离美军航母仅仅 70 海里（飞行时间 20—30 分钟）之处突然返航，丧失了先发制人之机。

战后回忆中，时任第 5 航空战队指挥官原忠一少将聊道，"（之所以未能继续侦察）是担心自己被发现，同时信赖基地航空部队的侦察"。不过从当时日军作战守则出发，一旦发现美军航母，必须立即启航攻击队。然而当时太阳已经落山，夜间空袭必定艰难万分。16 点 30 分，航母"翔鹤""瑞鹤"先后北上（见表 2-8）。

表2-8　珊瑚海海战美军作战序列

第 17 特混舰队	弗兰克·弗莱彻（少将）
航母	列克星敦（USS Lexington, CV—2）、（旗舰）约克城（USS York Town, CV—5）
重巡洋舰	明尼阿波利斯（USS Minneapolis, CA—36）、新奥尔良（USS New Orleans, CA—32）、阿斯托利亚（USS Astoria, CA—34）、切斯特（USS Chester, CA—27）、波特兰（USS Portland, CA—33）、芝加哥（USS Chicago, CA—29）、（澳）澳大利亚（HMAS Australia, D84）
轻巡洋舰	（澳）霍巴德（HMAS Hobart, D63）
驱逐舰	菲尔普斯（USS Phelps, DD—360）、德威（USS Dewey, DD—349）、法拉古特（USS Farragut, DD—348）、埃尔文（USS Aylwin, DD—569）、莫纳甘（USS Monaghan, DD—354）、佩金斯（USS Perkins, DD—377）、沃克（USS Shaw, DD—373）、莫里斯（USS Morris, DD—417）、安德森（USS Anderson, DD—411）、汉曼（USS Hammann, DD—412）、拉塞尔（USS Russell, DD—414）、西姆斯（USS Sims, DD—409）、沃登（USS Worden, DD—16）

"祥凤"沉没

5月7日，井上成美命令"MO"机动部队出发歼灭美军航母部队，拉包尔港第25航空战队起飞一式陆上攻击机三架，图拉吉岛横滨海军航空队起飞九七式飞行艇四架，"翔鹤""瑞鹤"各起飞六架九七舰攻加入侦察队伍（见表2-9）——不过原忠一推断美军航母不可能在西方，将全部侦察巡逻飞机派往南方。

不过从美军方面记录来看，由于弗莱彻坚信日军处于自己的西北方向，第17特混舰队也从所罗门群岛南部航行到罗塞尔岛（Rossel Island）南方150海里范围，正处于日军机动部队（靠东）与攻略部队（靠西北）的中间，换言之，美军当时确实就在日本机动部队的西南方向，4点前后，弗莱彻下令起飞10架SBD覆盖西北方向。

不过在稍后一点的5点22分，首先是由日军航母"翔鹤"两架侦察机同时发现"美军空母一、巡洋舰一、驱逐舰三"，随后又有报告提到25海里的东南侧还有"驱逐舰一、给油艇一"。既然是在既定巡航路线上发现美军航母，原忠一便没有任何怀疑，立刻在6点15分起飞78架攻击机，在空中编队后飞向南方美军。

然而在7点15分第一次攻击队抵达预定海域以后，却仅仅发现驱逐舰"西姆斯"、给油艇"涅奥肖"（USS Neosho, AO—23），攻击队认为两舰周围应该还有主力部队，因而没有理会，而是继续寻找情报中的美军"航母"。

实际上就在第一次攻击队抵达战场之前，6点50分，日军攻略部队的第6战队"衣笠"的水上侦察机就在西方海域发现美军"萨拉托加级航母"。但原忠一坚持认为美军主力在南方，于是要求先歼灭南方"美军航母"，再回过头来进攻西方航母。到8点50分，"翔鹤"巡逻飞机返航，他们提到"航母"是误报，真实情况其实是加油船，于是9点前后，原忠一下令留下36架九九舰爆轰炸两船，其余飞机迅速返航。

在离开既定海域之前，"翔鹤"攻击队派遣四架九九舰爆轰炸驱逐舰"西姆斯"，三颗550磅炸弹命中目标，将这艘驱逐舰送入海底，紧接着给油艇"涅奥肖"也成为另外30架九九舰爆倾泄的突破口。这次势在必得的进攻仅仅收获两艘小舰艇作为战功，日军心情多少有些复杂。

表2-9　珊瑚海海战日军攻击队发送次序

起飞航母	出发时间	零式（架）	九九舰爆（架）	九七舰攻（架）
"翔鹤""瑞鹤"侦察	5月7日4点			12
"瑞鹤"1次	5月7日6点15分	9	17	11
"翔鹤"1次	5月7日6点15分	9	19	13
"翔鹤"2次	5月7日14点15分		6	6
"瑞鹤"2次	5月7日14点15分		6	9
"翔鹤"3次	5月8日7点30分	9	19	8
"瑞鹤"3次	5月8日7点30分	9	14	10

　　其实就在"翔鹤"侦察机发现美军以后不久，美军航母"约克城"巡逻飞机也在5点35分发现日军两艘巡洋舰正处于罗塞尔岛西北部（推测为攻略部队两艘重巡洋舰），不久之后的6点15分，美军侦察机再度提到日军"航母二艘、重巡洋舰四艘"航行在米西马岛（Misima island）附近，于是从7点26分—7点44分，美国特混舰队总计发送92架飞机前往轰炸，两航母一共只留下30架飞机护卫本队，可见，对胜利是胸有成竹的。

　　然而8点32分，从莫尔兹比港起飞的两架B-17轰炸机（担负巡逻任务）发现"航母1艘、运输船10艘、其他舰艇16艘"（"MO"攻略部队）正朝着图拉吉岛方向进发。正在弗莱彻犹豫之时，"约克城"巡逻飞机回到母舰，报告之前所谓"航母二艘、重巡洋舰四艘"实际上是通信误报，正确情报应该是"巡洋舰二艘、驱逐舰四艘"，但攻击队已经发出，后面怎么样只能靠一线战斗人员的能力了。

　　开战伊始，日美两军都认错了对手，由于这是历史上第一次正规航母对决，难免出现失误，双方也各自付出代价。

　　日军水上侦察机发现美军航母以后，旋即通过电报告知"MO"攻略部队，五藤存知少将要求运输船队立即撤退，集中全部作战兵力应敌。然而不巧的是，美军攻击队已经在8点40分发现"MO"攻略部队轻型航母"祥凤"，并认为这是"翔鹤级航母"，迅速调动28架SBD俯冲轰炸机在8点50分做好攻击准备，彼时"祥凤"刚刚回收四架飞机，上空只有一架零战、二架九六舰战护航，"祥凤"基本上只能靠着操舰技术躲避炸弹。

第一轮攻击由"列克星敦"TBD攻击队在9点10分发起，不过投下的10枚鱼雷全部被"祥凤"躲开；11点18分，数架SBD轰炸机扔下炸弹，其中两枚1000磅炸弹命中舰体；11点19分，又有五枚鱼雷命中"祥凤"；11点25分前后，25架SBD又将15枚炸弹倾泄到"祥凤"身上，这艘可怜的轻型航母的第一次正式作战就成为其最后一战，最终"祥凤"于9点31分沉没，舰组人员834人里只有203人幸存。相较之下，美军仅仅损失三架SBD，战果丰厚。

由于"祥凤"沉没，"MO"攻略部队等于没了空中掩护，第4舰队司令部立刻命令残存部队与运输船队全部退回特鲁克岛（见表2-10）。

表2-10 珊瑚海海战美军攻击队发送次序

起飞航母	出发时间	F4F（架）	SBD（架）	TBD（架）
"列克星敦"1次	5月7日8点45分	10	28	12
"约克城"1次	5月7日8点45分	8	24	10
"约克城"2次	5月8日7点48分	6	24	9
"列克星敦"2次	5月8日7点48分	9	22	12

轻型航母"祥凤"沉没

日军处境不算太妙，自开战以来，日本海军第一次损失航母，虽然当时海军明面还叫嚷"战舰主兵"，但随着山本五十六、井上成美等航空派占据高位，航母事实上早就成为日军主要作战力量。一旦按这种结果回去，无论井上成美还是山本五十六都说不过去。

　　11 点，机动部队开始回收第一次攻击队，到 13 点 15 分回收完毕，期间原忠一少将详细分析各攻击机的情报，确定美军航母距离自己 380 海里，考虑到奇袭珍珠港时期，日军机动部队距离珍珠港为 230 海里，后来的空袭中途岛则为 210 海里，距离自然过长。当日已经进入下午，而珊瑚海一带又是在 16 点左右开始天黑，不易再度发动攻击。

　　不过原忠一并没有放弃，随着侦察机不断放出，日军又得知美军航母的航向从西北转向东南，这就意味着与日军距离有可能缩短。14 点 15 分，日军两艘航母再度起飞 27 架攻击机，并在 16 点 10 分抵达战场，趁着日落前后对美军发起攻击，但由于美军起飞 20 架 F4F 战斗机拦截，日军 16 架九七舰攻在 10 分钟之内报废 8 架，日军只好全员撤退。

　　20 点 40 分，井上成美宣布调整莫尔兹比港登陆日期为"X+2"日（5 月 12 日），并要求机动部队在 5 月 8 日继续"捕捉歼灭敌军"。

"九七式"舰上攻击机（重制品）

决战珊瑚海

经历 5 月 7 日一整天战斗，双方都明白尽早尽快投入侦察部队是取胜关键，于是 5 月 8 日一大早，美军便派遣 18 架 SBD 担任巡逻任务，日军也投入七架九七舰攻，双方虽然投入兵力有所不同，但都在 6 点左右成功发现对手。

7 点到 7 点 25 分前后，美军出动 73 架攻击机飞往日军方向，不过两艘航母的攻击机却并没有同时行动，而是分别开往日军方向；7 点 34 分，日军出动 69 架攻击机飞往美军，两艘航母攻击机在空中充分编组之后才进军前方。

为了增加航空力量，双方各自向陆基航空兵求援，但均以"天气不佳"遭到拒绝。其实"天气不佳"也不是个托词，毕竟由于风暴影响，美军 22 架飞机刚飞出去不久就被迫返航，于是日美两支攻击队在空中相遇之时，双双无视，各自选择执行自己的任务。

8 点 30 分左右，"约克城"攻击队发现日军航母，"瑞鹤"立即躲进风暴中，"翔鹤"受到美军集火攻击。9 点开始，美军飞行编队进攻"翔鹤"，在损失三架 SBD 之后，两枚 450 公斤炸弹命中"翔鹤"，舰首前甲板与升降机遭到毁坏，舰身也被黑烟笼罩起来；之后"列克星敦"攻击机再度袭击，又一枚 450 公斤炸弹击中"翔鹤"机库。

三枚炸弹使得"翔鹤"飞行甲板损坏，无法执行飞机起降工作，不过美军也早早认为"翔鹤"必沉没，没有恋战，掉头回航。"翔鹤"在中午 12 点左右灭火以后北上休整。

另一方面，日军也取得一定成果。

9 点 15 分，日本 69 架攻击机发现美军第 17 特混舰队，立刻组织编队冲向美军。虽然"列克星敦"雷达已经提前 20 分钟发现日军并发布预警，但由于无线电沟通不畅，美军护航飞机并不了解这一点，直到日本飞机冲来，美军才如梦初醒，纷纷起飞拦截，然而已经无法阻止。

在整个二战初期，虽然美军较之日军有着雷达优势，但这种优势并不像 1944 年那么悬殊。正如早期火绳枪的威力不一定就比长枪强多少，事实上当时的雷达也不一定多么灵敏，而且有时候还会将其他飞行物（比如鸟类）当作飞机。

珊瑚海海战中弹的航母"翔鹤"

不过面对早期雷达性能相对较差的特点，美军想方设法进行改造，日本则并不十分重视，反而进一步增加驱逐舰的观测员人数。这固然能够把日本"大和魂"里强调人力的因素激发出来，但却无助于日军军事科技进步，也造成后来美国在雷达技术上碾压日本。

当然，这一时点上，日本抵达前线的 18 架九七舰攻、33 架九九舰爆依然保有相当大的作战能力。九七舰攻进攻之中，14 架飞往"列克星敦"，4 架攻击"约克城"；随后九九舰爆进攻之中，19 架"翔鹤"攻击队飞往"列克星敦"，14 架"瑞鹤"攻击队攻击"约克城"。

两轮攻击之后，"列克星敦"在 15 分钟里遭到二枚鱼雷、二枚 250 公斤炸弹命中，五枚炸弹近矢，直接击穿飞行甲板，引爆了燃料库；"约克城"虽然只受到一枚 250 公斤炸弹命中，但也被击穿了飞行甲板，炸毁中部升降机，引发内部大火。

但从实际战损角度来看，日军给美军造成的伤害并不如美军预想的那么严重。"约克城"乘组人员迅速利用舰上防火装备将大火扑灭，航速也恢复到 28 节；即便是受损严重的"列克星敦"，除去无法行动以外其实也没有沉没危险，只是到了 10 点 47 分舰首部又发生爆炸，造成这艘航母难以维持下去；到 15 点 7 分，美军决定将其自沉处理；最终在 17 点 52 分，美军驱逐舰发射鱼雷将"列克星敦"击沉。不过日军方面却认为两艘航母都已经沉没。

两天激战下来，虽然日军击落了20架F4F与23架SBD，让美军只剩下12架SBD与15架TBD可用，但到5月8日18点，日军可用飞机也仅为零战24架、九九舰爆9架、九七舰攻6架，除去护卫部队之外几乎没有可战之兵。原忠一少将作为第5航空战队指挥官，自然明白再想继续进攻根本不可能，于是提请"战线整理"，第5战队指挥官高木武雄中将立刻电报联合舰队司令部"本日第二次攻击难以为继"，不等回复便立刻北上。

井上成美一直在后方，前线电报反复更改，搞得他也难以决断，听说"两艘航母击沉确实"以后，本想让机动部队继续追击，不料却接到机动部队"我等北上"（我北上す）的撤退电报，无奈之下，井上成美只好加以认可，并宣布将"MO"作战推迟到7月3日。

然而，联合舰队司令部却认为撤退命令来自井上成美，于是严令追击，第4舰队只好再度下令要求"瑞鹤"追击敌军，不过原忠一这时候已经无心恋战，也恰逢美军正在撤退，双方只是象征性派遣了巡逻飞机。

珊瑚海海战教训

其实针对珊瑚海海战，联合舰队参谋长宇垣缠中将在《战藻录》中

"列克星敦"号受创示意图

有过一个经典评述："目前挫折应归因于空中侦察不足，应牢记在心。"

其实对比后来中途岛作战的侦察，珊瑚海海战其实还算不错，起码"翔鹤""瑞鹤"主动派出九七舰攻 12 架。考虑到两艘正规航母只有 108 架攻击机，能派出 10% 左右的飞机就已经不错了，更何况还搭配第 25 航空战队三架一式陆攻、图拉吉岛四架九七式飞行艇一起参与侦察任务。如果中途岛作战的侦察计划能够派出 10% 的攻击机进行侦察，而不是实际上的两架（"赤城""加贺"各一架九七舰攻）加上五架水上飞机，恐怕结果就不会是四艘航母全部沉没。

而且对比中途岛海战日军始终未能确定美军位置，"翔鹤"侦察机好歹还在 5 月 8 日找到了美军第 17 特混舰队，这点也为击沉"列克星敦"、重创"约克城"打下了良好的基础。

不过即便是相对不错的侦察计划与结果，日军仍然在第一次巡逻时期"认错人"，而且无独有偶，美军也"认错人"，不得不说是一次有趣的经历。

从实战角度说，二战时期侦察机对于水面上的任何舰艇只能靠目测完成。虽然侦察机按照惯例要在 300—500 米"低空飞行"，但即便是如此低空，侦察员的视野也十分有限，再加上人的疲劳限制，分辨错误或者侦察不到也不是什么稀奇事。

从攻击力角度来看，美军能够用三枚 1000 磅炸弹命中"翔鹤"，这种恐怖的攻击力事实上应该引起日本海军重视：美军再也不是等待屠杀的弱者，如果美军多几艘航母出现，多几架飞机命中，那么结果恐怕就是日本海军遭到屠杀了。事实上中途岛海战中，最开始被炸毁的三艘航母里，"赤城"仅仅中弹一枚，"加贺"与"苍龙"都是三枚。

在这场战役过后，井上成美自然遭到诟病，甚至连好友山本五十六也不得不表示"井上不太会打仗"，海军大臣岛田繁太郎更是表示"这人不能做（海军）大将"，昭和天皇也提到"井上是学者，不太会打仗"，这导致井上成美在 1945 年 5 月 15 日才成为海军大将。而这时候日本已经在谋划停战事宜，把井上成美这个反战派拉出来，更像是找个"吉祥物"。

不过，与其过多批评井上成美中将，日本海军人事制度更应该受到诘问。为什么日本海军不能知人善任，不让一位学者型人物留在后方教书，反而派来前线指挥一线部队战斗？以成绩论高低，按资排辈，自然会导致大量对战争缺乏实际操作能力的人员进入一线，或者进入高层。

严格说来，井上成美不应该对比为南云忠一、小泽治三郎这种直接指挥机动部队的战将，他当时所处的位置远在机动部队之外，事实上与中途岛战役中山本五十六的位置颇为类似。事实上反观山本五十六，在中途岛战役中几乎一言不发，也未积极对前线搜集的情报做转发或指挥，直到三艘航母受损之后才开始着急，这种指挥能力并不一定就比井上成美高到哪里去。

从战役形势来看，航母战斗与战列舰战斗有着截然不同的规则，需要涉及上百海里距离，总指挥官基本上只能退居二线，靠着不停收发信息在想象中的空间指挥战斗——在中途岛海战中，山本五十六与南云忠一都体会到完全相同的处境。

第三章　废西进，取东进

（一）故技重施：山本五十六策划进攻中途岛

为何还要主动出击？

"MO（莫尔兹比港）"作战失败，下一条路自然走到了"MI"作战（中途岛作战）。日本从开战之后连战连捷，到珊瑚海海战战略收缩，终于在中途岛海域迎来第一次彻头彻尾的惨败。

"若是安于既有一胜（珍珠港），只想着建立不败态势无异于痴人说梦"，"长久采取守势，绝非联合舰队长官所为。海军有必要专取攻势，给予敌人沉痛打击。敌军实力是我军五倍乃至十倍，必须针对敌军痛处施加猛烈攻击"。

山本五十六大将如是说，他希望以自身的进攻战略来代替日本大部分军人希求的防守战略。

说到防守战略，大家自然会想到日本海军战前极为盛行的"渐减邀击作战"思想。这种思想力图模仿 1905 年 5 月 27 日对马海战（日本海海战），为美军设定一条来航线路，日军则在线路上各点利用驱逐舰、潜水艇、航空兵力伏击，进而在日本近海出动战列舰主力与敌决战。考虑到对马海战之中日本舰队毫发未伤，俄国波罗的海舰队却全体沉海喂鱼，坚持这种战术并非没有道理。

但正如 1928 年海军军令部第 2 部长末次信正少将在海军大学演讲所言，这一作战本身只能在"极为限制的某个地点"完成。

比如日俄战争时期，俄国波罗的海舰队从欧洲远航而来，必须选择最短路径穿越日本海进入符拉迪沃斯托克（海参崴）军港，日军当然可以轻易在对马海峡选择伏击；然而到日美战争之中，美国可以从多条线路来到日本控制海域，想在某一个地点复制对马战例自然难以实现。

对于"渐减邀击作战"，日本海军在开战之前曾经多有争执，最终由航空部门出身的山本五十六在开战前一局定乾坤，选择以短期作战为目标，尽早歼灭美军弱点，让美军丧失战意。恰好 1940 年英国皇家海军突袭意大利塔兰托港成功，日军便如法炮制了 1941 年珍珠港奇袭。一场珍珠港奇袭让山本五十六名声大噪，却也掩盖了日本海军在基础思路上的一个根本问题——总想着决战。

作为日本海军历史上最杰出作品，对马海战其实留下了两块余毒：第一块很容易辨识，那就是"大舰巨炮主义"，日本海军极力宣传大型水面舰艇与巨型舰炮的杀伤力，预算无法全部投入到新兴航空部门建设之中；第二块余毒却非常隐蔽，那就是对马海战证明了"现存舰队主义"失败、"舰队决战主义"胜利。

而且某种程度上说，虽然日本海军将预算用于修建水面舰艇，但由于有海军航空本部形成的"航空派"的极力推动，日本在20世纪30年代后期的航空兵力与航母作战水平反而处于世界前列。

考虑到美国在1941年开战时期也只有七艘正规航母（"列克星敦""萨拉托加""突击者""约克城""企业""大黄蜂""黄蜂"），英国只有五艘（"暴怒""光辉""可畏""胜利""不屈"），拥有六艘正规航母（"赤城""加贺""苍龙""飞龙""翔鹤""瑞鹤"）的日本并没有显著劣势，倒是一艘正规航母也没有的德、意两国显得势单力薄。

流毒最广的并不是"大舰巨炮主义"，而是"舰队决战主义"。无论是"渐减邀击作战"还是奇袭珍珠港，无论是日本海军诸位前辈还是山本五十六、黑岛龟人，日本海军并没有意识到一个关键问题：想通过一场战役彻底击溃对手、了结一场战争，这种思路早就不适应时代了。与之相反，主力舰队向后收缩，出动快速有效的驱逐舰、鱼雷艇乃至基地航空飞机用以切断对手海上补给线反而成为持久战的必要因素。

1940年日本海军出版军事准则《海战要务令续篇（航空战部分）草案》，其中第一章"总则"之后，第二章便是"航空决战"，详细规定了"攻击机""战斗机"用法，要求日本海军集中使用航空战力，以奇袭先发制人，"压倒歼灭"对手航空战力，获得制空权。

从准则看，日本海军从实操角度早已放弃"战舰主兵论"，转为"战舰无用论""航空主兵论"，但对于航空战应该如何进行，日本海军却依然借用了战舰时代既定思维，以"决战"作为航空兵力唯一之用。

但问题在于，日本先期占领地盘越大，漏洞就越多，制空权面临的威胁也就更多。1942年2月1日，美国航母"企业""约克城"分别空袭了吉尔伯特群岛与马绍尔群岛，日军第5航空战队"翔鹤""瑞鹤"虽然早早出马拦截，却未能捕捉到；2月20日，美国航母"列克星敦"

空袭拉包尔港，给第4舰队井上成美中将在珊瑚海海战前上了第一课；3月4日，"企业"继续将爪子伸到了距离东京不到1000海里的南鸟岛。

几次空袭之中，日本海军水面舰艇都没能发现美军航母，日本航空战力也没能有效拦截美军舰载机。按照日本军事准则思维，一旦航空权受到威胁，第一反应便是出动全部可以出动的航空力量，发动"先制攻击"（突袭）与"要地攻击"（战略轰炸），以攻代守，仿照珍珠港行动再聚集一次全部航母，重新在太平洋找到一个离美国本土较近的目标发起突袭并占领，吸引美军作出"激烈反应"，派遣航母主力前来而一举拿下。

但既然已经突袭过一次珍珠港，美国海军自然会严防死守，珍珠港防务也大为加强。既要尽可能离美国本土近，又要尽可能远离美国陆军航空力量作战半径，联合舰队便选取了距离瓦胡岛西北2000公里左右的中途岛作为目标。

中途岛两块岛屿（沙岛、东岛）总面积不到两平方公里，日本估计岛上只有"水上飞机24架、战斗机20架、陆上轰炸机12架、海军陆战队750人、炮台20个左右"（实际情况是各类飞机150架，海军陆战队3000人左右），作战力量不强；而且中途岛距离威克岛比较近，能够起飞轰炸机威胁到日本舰队，这个目标岛屿就自然而然被确定了下来。

中途岛作战计划或许不算错，但整个官僚体系却将这个计划带上一条不归路。

军令部精彩质疑

从军事角度说，一旦拟订计划，无论对错，都要动用全部可用之力完成军事目标。

然而从军部官僚体系来说，一旦拟订一个计划，首要任务并不是动用可用之力，而是动用全部可用之人。考虑到山本五十六本人早早离开了东京，一直随联合舰队在海上漂着，一旦涉及官僚层面，事情就复杂了。

山本五十六若想进攻中途岛，首先要动员参谋体系，然而以参谋长宇垣缠中将为首，联合舰队参谋部却认为击溃印度洋英军同样重要。没办法，山本五十六便早早批准了锡兰海作战计划，于是有了4月初的锡兰海战。

解决了联合舰队内部矛盾，接下来便是解决与其他参谋体系之间的矛盾——比如军令部。军令部理论上掌握着动兵大权，但自从山本五十六掌握联合舰队以来，尤其是以辞职要挟军令部通过珍珠港奇袭方案以来，军令部参谋职能事实上就弱化了。随着开战初期日军大胜，日本国内更是把山本五十六捧上天，简直如同日俄战争时期的东乡平八郎再世——但越是这样，越会招致反扑。

1942 年 4 月 2 日到 5 日，联合舰队参谋来到大本营海军部，象征着联合舰队与军令部两套参谋班子的论战正式开始。

联合舰队提案自然还是由"怪人参谋"黑岛龟人大佐主持制订，叙述者则由联合舰队战务参谋渡边安次中佐担任。与之对应，军令部方面由军令部第 1 部长福留繁少将主持，跟随者则有富冈定俊大佐、山本佑二中佐，以及这次辩论的主角、军令部航空参谋三代一就中佐。

听完联合舰队讲完作战计划，三代一就旋即提出三条反对意见：（1）中途岛距离东京 2200 海里，距离夏威夷 1000 海里，美军相比日军更容易派遣陆基航空兵支援；（2）中途岛没有物产，一旦占领，必然导致重船去、空船回，运输负担会非常大，而且没有任何收益；（3）即便能顺利占领，中途岛面积太小，无法容纳太多飞机，考虑到夏威夷仍有美军上千架飞机的航空力量驻守，这就意味着日本即便占领岛屿也无法对夏威夷形成有效威胁，想通过占领中途岛而进攻夏威夷的可能性甚微。

既然可能性甚微，那美国为什么要作出"激烈反应"，甚至派遣航母前来夺回中途岛呢？为什么不等着日本军队自身补给线崩溃以后再来收复呢——事实上后来日军占领阿图岛、基斯卡岛之后，美军也并没有迅速出兵，而是撂着不管，直到一年以后才上陆攻击日本士兵。

换句话说，夺取中途岛的必要性很不显著，三代一就提出，军令部主张的"美澳遮断作战"更容易吸引美军作出"激烈反应"，而由于日美双方在南太平洋都更难获得陆基航空兵援助，日军如果投入六艘主力航母，美军最多只有四艘航母（日军认为"约克城"已经沉没，太平洋肯定有"企业""大黄蜂"，可能有"萨拉托加""黄蜂"等），自然更有胜算。

有趣的是，从出身来看，渡边安次、三代一就都是海军兵学校第51期、海军大学校甲种第33期毕业，既是老相识，也是老对手，这次分别代表联合舰队、军令部陈述意见，两人自然都希望表现得好一些。

大体因此，三代一就批评的语气非常直接，让渡边安次完全下不来台，没办法，渡边安次只好一遍又一遍重复着联合舰队意见，局势明显是一边倒向军令部，渡边安次与黑岛龟人只好请教联合舰队总部。

自从山本五十六提出奇袭珍珠港计划以来，战略之争就演变成部门之争，一旦中途岛作战遭到否决，未来联合舰队会进一步丧失战略制定权，这对于习惯于独断专行的山本五十六自然无法忍受。

更何况，三代一就的反对之词不但没有错误，反而正确得令人发指，自然让代表山本五十六前来军令部的联合舰队首席参谋，也是整个中途岛计划的实际制定人黑岛龟人大佐全无面子，在山本五十六默许下，他只好祭出珍珠港时期的老办法："如果军令部不同意中途岛作战，山本长官就会辞职。"

当然，山本五十六根本不可能辞职，黑岛龟人无非是虚张声势，于是联合舰队选择了另一条路：不在大本营海军部与参谋较劲，而是直接与军令部次长伊藤整一中将乃至总长永野修身大将对接，寻求内定。

之所以一定要强调军衔，是因为军衔象征了军队官僚阶级，而高阶官僚与低阶官僚，在政治博弈中的举动完全不同。

从军令部参谋角度出发，联合舰队参谋本就是对手中的对手，又打乱军令部一直以来的思路，独断专行，双方一直是针锋相对状态；然而到了高级官僚层面，山本五十六就不再单纯是对手，更是伙伴，永野修身贵为军令部总长，但也要考虑到实际情况。

在当时，山本五十六已经担任过海军次官（海军省），又执掌过联合舰队，未来接替比他大四岁的永野修身，成为下一任军令部总长也未可知，所以一旦这份提案送到高层，情况就不一样了。

对于军令部而言，中途岛作战来源于联合舰队，这与奇袭珍珠港完全一致。如果作战成功，军令部自然可以包揽功劳，永野修身还能挣一份人情；如果失败，罪人也依然是山本五十六。

针对这件事，三代一就在 20 世纪 80 年代旧海军士官组织的"海军反省会"中曾经大发牢骚："我对永野的印象很不好，珍珠港、中途岛两次作战之中，无论我怎么反对，他都只会说'这样啊，山本都这么说了，那要不然就听山本的话试试吧'。"

4 月 5 日，伊藤整一认可中途岛作战，紧接着永野修身也宣布认可，并给中途岛作战附加了另一份计划——阿留申攻略作战（"AL"作战）。

老谋深算的永野修身

"AL"作战：无故增加的复杂作战

时任军令部第 1 部部长福留繁战后回想："当时很多人认为即便攻克中途岛，美军因为处于劣势也不会反击，倒不如进攻阿留申群岛，既然是美国领土，也可以成为刺激中途岛美军出击的一种辅助手段。"

时任军令部第 1 部第 1 课课长富冈定俊大佐战后回想："（阿留申作战）可以对中途岛作战起到战术牵制之用。"

这也是一直以来对阿留申作战的看法。日军希望以攻击阿留申群岛作为诱饵，吸引中途岛美军航母西北航行，进攻中途岛的日本航母就可以中途截击。

这个看法从一开始就存在一个有趣问题：中途岛作战里面，登陆中途岛的"N 日"定为东京时间 6 月 6 日，因而机动部队会在 6 月 4 日着手轰炸中途岛——而 6 月 4 日，也正是阿留申作战中进攻阿留申群岛阿图岛荷兰港（Dutch Harbor）之日。

考虑到中途岛与阿图岛距离实在是太远（超过 1500 海里，近 3000 公里），一旦美军同一天在中途岛与阿图岛受到日军猛烈袭击，恐怕电报都来不及互相传递，中途岛美军也断然不可能放着近在眼前的强大对手不打，反而跑去支援遥远的阿留申群岛。如果真想吸引美军注意，阿留申作战的袭击日期好歹也要往前挪个三四天。

更关键的一点在于，中途岛作战计划曾经假设美军从珍珠港向正西航行，与日军交战于中途岛西南侧；然而如果阿留申作战成功引发美军注意，珍珠港美军第一航行方向一定是正北，等抵达阿留申群岛以后再转而向西，这就永远也不可能抵达中途岛西南侧。

中途岛作战与阿留申作战两者对于美军主力的预测完全不同，二者并不是联动作战。正如 1942 年 5 月 5 日大海令第 18 号所言，"AL"作战目标其实是"攻克或破坏阿留申群岛西部要地，使得该方面敌军的机动与航空作战变得困难"，与中途岛作战无关。

日军一定要进攻阿留申群岛，与其说是军事目的，倒不如说是官僚思维作祟。

在日美太平洋对峙里，日本无疑占据上风，但日本海军也很明白自己无法打赢长期战争，因而要最大限度扩大国土防卫圈。如今南太平洋已经有了拉包尔港与威克岛这两个稳固的基地；中太平洋则准备由中途岛作战来解决，那么，日军理论上的防御漏洞就只有北太平洋，也就是阿留申群岛。

其实，稍一调查就会明白，阿留申群岛各岛屿地小山多，气候多变，距离日本本土也不算近（阿图岛距离东京 1700 海里、3200 公里），很难用作大规模远程轰炸基地。事实上，1944 年以后美军反攻之际，耗费了成千上万条性命争夺塞班岛、硫磺岛以轰炸日本本土，却从未在阿留申群岛上动过心思。

作为官僚体系，制订防御计划就好比摊大饼，厚的地方就要薄一些，薄的地方要厚一些，既然阿留申群岛有漏洞，那就要填上。

况且联合舰队以山本五十六辞职来要胁实施进攻中途岛（中太平洋），作为军令部当然也要有"独创性"思维来反击山本五十六，这时候进攻阿留申群岛、"弥补北太平洋防御漏洞"就成为彰显军令部"英明果决"形象的重要战略。

可能很多人会说，永野修身是预测到山本五十六会输，所以才分兵进攻相对容易攻击的阿留申群岛，以挽回面子。

但从实际配置来看，进攻阿留申群岛动用了八艘战列舰（共 11 艘）与四艘航母（共 11 艘），战术极为复杂，甚至要求中途岛作战部队在后期调出一部分舰船北上支持，可见从军令部角度并没有把阿留申群岛作为陪衬，相反是极力削弱中途岛的作战力量与人员。从官僚系统惯例来讲，这倒不一定是永野修身给山本五十六下绊子，但军令部中下层参谋却一定是给联合舰队参谋狠狠上了次眼药。

杜立特

中途岛作战与阿留申作战刚刚敲定，日本海军内部还有些反对呼声，但美军随即就给了山本五十六一次强有力的"支持"——空袭东京。

如何袭击东京？

"日本一直灌输民众自身是多么不可战胜……攻击一次日本本土会让日本民众怀疑他们的领导人是否可信。而且发动攻击从心理角度来说也同样重要……美国人真需要提一提士气了。"［引自詹姆斯·杜立特1991年出版的《我不可能再那么幸运了》（*I Could Never Be So Lucky Again*）］

詹姆斯·杜立特（James Doolittle，1896—1993）在去世之前两年发表过一篇回忆，其中便提到自己为什么要在1942年4月18日率领航空队进攻东京。这位航空界先驱人士为大量新飞机做过试飞，也"试验性"空袭东京，为他的后来人打下了良好基础。

空袭东京的思路并非来自杜立特，而是直接来自总统罗斯福本人。早在奇袭珍珠港以后，罗斯福就从宣传角度出发，向陆海军司令部发布秘密文件，要求所有人思考如何空袭东京。

不过这确实有难度。东京距离珍珠港有3300海里（约6200公里）距离，当时没有哪种飞机能从美国本土往返东京，必须借助航母于运送。但日本为了防止美军突袭，早就在日本东海岸500海里（约900公里）距离布置了数条巡逻防线。如果想进攻就必须把航母停在500海里以外——但往返一趟的距离依然超出了美军各类飞机的带弹航距。

当然航母也可以突破 500 海里防线，进入美军轰炸机作战半径，但这意味着美军航母进入了日军飞机的作战半径，一旦交火起来，美军航母将面临巨大风险，而且轰炸东京也没有任何军事意义，为了这么个目标冒着航母沉没的风险，实在不值当。

美军着实犹豫了一阵子，直到 1942 年 1 月 10 日，也就是奇袭珍珠港一个月之后，海军上尉弗朗西斯·洛（Francis Low，1894—1964）突然来到海军总司令欧内斯特·金上将的办公室，一项可行计划才得以提出。

洛上尉本前往诺福克海军基地检查新造航母"大黄蜂"的建造情况，离开时坐在飞机上，他看到美军轰炸机正在陆地上模拟航母起降，突然萌生一种有趣想法：既然日本可以用航母奇袭珍珠港，美军一样可以派遣续航距离较长的双引擎轰炸机轰炸东京。

但洛上尉是潜艇人员出身，金上将便叫来了航空参谋唐纳德·邓肯上尉（Donald Duncan，1896—1975）来思考轰炸计划能否实行。洛与邓肯交谈很久，最终邓肯提出，以目前能力，美军双引擎轰炸机无法在航母降落，但并非不可能从航母起飞。

由于双引擎轰炸机主要由美国陆军制造，金上将便立刻命令洛、邓肯二人去找陆军航空兵司令亨利·阿诺德中将询问意见。恰好，阿诺德当时也在思考，如何能让陆军轰炸机从航母起飞以为运输之用，双方一拍即合。

轰炸机选择方面，美国海军根据陆军推荐的四种机型进行选择（见表 3-1）：从宽度来说，"约克城"级航母全宽为 33 米，为了预留更多宽度而剔除掉 B-18、B-23 两种；接着从自重而言，B-26 太沉，从

表3-1 "杜立特空袭"美国陆军双引擎轰炸机备选

名称	宽（米）	自重（吨）	最大航距（公里）	最大速度（公里/小时）
B-18 "波罗"	27.3	7.4	3580	346
B-23 "龙"	28.1	8.65	2345	454
B-25 "米歇尔"	20.6	8.84	2175	438
B-26 "掠夺者"	21.6	10.9	1600	455

航母起飞会更难，于是美国海军就敲定了B-25"米歇尔"轰炸机。

当然，即便是B-25也并非为航母量身定做，通过在诺福克军事基地模拟训练，发现B-25只能执行起飞任务，降落很难完成。为了减少不必要的麻烦，美军选择让全部飞机执行任务之后不再回到航母，而是飞往欧亚大陆，这样也方便航母迅速脱身。

针对飞行终点，杜立特最早想定在符拉迪沃斯托克（距离东京600海里），但由于苏联政府一直把目光投在苏德战场，不愿意打破1941年《苏日中立条约》带来的远东稳态，美军只好选择直接前往中国大陆，在重庆政府控制的江西衢州附近降落。

想要执行长距离持续飞行，B-25必须增加副油箱，这就意味着航空武器必须减少，于是机腹炮塔里的机枪、投弹舱炸弹、尾部12.7mm双管机枪尽数拆除。最终每架飞机仅仅携带三枚225公斤高爆炸弹、一枚454公斤燃烧弹、一枚小型照明弹。

拆了这么多东西，自然也要有相应的补充。为了尽可能增大载油量，最初美军使用265加仑钢制油箱，但由于漏油严重被迫改用225加仑橡胶制油箱。不过橡胶制油箱体积太大，无法放到投弹舱里面，只得重新制作副油箱；但好不容易开发出体积适当的副油箱，输油管线又不配套，最终只能将旧输油管线与新副油箱锁死在一起——但这种权宜之计依然无法完全避免漏油。

不过时间紧迫，不容美军方面再多作改造，只能继续多加油箱。除去上述225加仑

运载于航母之上的美国陆军B-25型轰炸机

橡胶制油箱放在投弹舱以外，投弹舱上方还安置了110加仑金属副油箱，飞机尾部无线电员座舱还有一个60加仑与10个10加仑小油箱，再加上B-25本有的646加仑主油箱，整个飞机载油量增加到1141加仑，提升近一倍。

3月1日开始，24架飞机及全部机组人员在佛罗里达州艾格琳（Eglin）机场开始为期三周的模拟训练。期间在3月10日、3月23日各有一架飞机出现训练事故，只有22架飞机顺利前往加利福尼亚州阿拉梅达（Alameda）机场。最终4月1日，16架飞机挤上了航母"大黄蜂"。

东京警报：杜立特空袭

1942年4月17日下午，美军补给舰为主力舰最后一次加油，随即与驱逐舰队一起撤出队伍，航母与巡洋舰全体提速至20节（37公里/小时）。

其实美军之所以发起"杜立特空袭"（见表3-2），日本袭击珍珠港是一个原因：日本无力防御太平洋一侧所有进攻，这才奇袭珍珠港、进攻中途岛，以消灭美军有生力量。

为防范美军空袭，日军征用大量渔船，从南鸟岛到南千岛群岛布置起一条漫长的海岸警戒线，海军巡逻飞机也会到东京以东600海里左右执行任务。

表3-2 "杜立特空袭"美军飞机情况

飞机编号	目标地	飞行员	军衔	后续动向	逝世时间
40-2344	东京	詹姆斯·杜立特（James H. Doolittle）	中校	衢州	1993年9月27日
40-2292	东京	特拉维斯·胡佛（Travis Hoover）	中尉	宁波	2004年1月17日
40-2270	东京	罗伯特·格雷（Robert M. Gray）	中尉	衢州	1942年10月18日
40-2282	东京	埃弗雷·霍斯特隆（Everett W. Holstrom）	中尉	衢州	2000年12月2日

飞机编号	目标地	飞行员	军衔	后续动向	逝世时间
40-2283	东京	大卫·琼斯 （David M. Jones）	上校	衢州	2008 年 11 月 25 日
40-2298	东京	迪恩·霍尔马克 （Dean E. Hallmark）	中尉	温州外海 （俘）	1942 年 10 月 15 日 （处决）
40-2261	东京	泰德·罗森 （Ted W. Lawson）	中尉	常熟外海	1992 年 1 月 19 日
40-2242	东京	爱德华·约克 （Edward J. York）	上校	苏联 （扣押）	1984 年 8 月 31 日
40-2303	东京	哈罗德·沃森 （Harold F. Watson）	中尉	南昌	1991 年 9 月 14 日
40-2250	东京	理查德·乔伊斯 （Richard O. Joyce）	中尉	衢州	1983 年 2 月 13 日
40-2249	横滨	罗斯·格林宁 （Ross Greening）	上校	衢州	1957 年 3 月 29 日
40-2278	横滨	威廉·鲍威尔 （William M. Bower）	中尉	衢州	2011 年 1 月 10 日
40-2247	横须贺	埃德加·麦卡罗伊 （Edgar E. McElroy）	中尉	南昌	2003 年 4 月 4 日
40-2297	名古屋	约翰·希尔格 （John A. Hilger）	少校	上饶	1982 年 2 月 3 日
40-2267	神户	唐纳德·史密斯 （Donald G. Smith）	中尉	常熟外海 （俘）	1942 年 11 月 12 日 （处决）
40-2268	名古屋	威廉·法罗 （William G. Farrow）	中尉	宁波 （俘）	1942 年 10 月 15 日 （处决）

4 月 18 日当地时间 3 点 10 分，美军舰队第一次侦察到有日军巡逻艇搜查。美军巧妙躲过日军前两艘巡逻艇，但最终在 7 点 38 分（东京

时间 6 点 38 分），日本海军第 5 舰队征用的渔船"日东丸 23 号"在东京以东 720 海里瞭望线上发现美军，并迅速向国内报告"空母三艘位于我方犬吠岬以东 600 海里处"。

实际上即便没有"日东丸 23 号"，日本也早已发现情况不对劲：4 月 10 日 18 点 30 分，日军发现美军一支 2—3 艘组成的航母编队抵达珍珠港西北侧约 400 海里处；4 月 14 日前后，日本情报部门也发现美军信息流极大，联合舰队早已将海军航空部队从各地调回到关东地区。

美军巡洋舰"纳什维尔"（USS Nashville）虽然击沉了"日东丸 23 号"，但也通过截获无线电意识到行踪暴露。于是行驶到北纬 35 度 43 分、东经 153 度 25 分之时，杜立特决定提早 10 个小时、提前 170 海里（310 公里）放飞 16 架飞机。当地时间早上 8 点 20 分至 9 点 19 分，16 架飞机相继起飞，美军第 16、第 18 特混舰队旋即后撤。

如果美军按照计划继续航行，确有可能受到日军突袭——就在东京时间 11 点 30 分前后，日本起飞三架一式陆攻巡航。

但由于美军航母尽数撤离，日军巡逻船再也未能发现美军舰队；而飞机方面，日本也只在 9 点 45 分（美军航母所处时间 10 点 45 分）在

杜立特空袭时起飞的 B-25 轰炸机

东京以东 600 海里左右发现美军两架双引擎飞机。

事实上就是为了防止被日军发现，美军在飞行初期采取低空飞行，2—4 架飞机编为一组，直到临近日本本土才分散开来。由于目标较小，日军后来一直未能发现美军踪迹。

但暂时的安宁并不能让日军安心，接到"空母三艘"敌情以后，联合舰队立即下令采取"对美舰队作战第三号战术方法"，即派遣潜艇部队、机动部队、南洋部队、北方部队投入作战。第 2 舰队司令官近藤信竹中将率领横须贺军港所有水面部队尽数出动，木更津机场也有第 26 航空战队 29 架一式陆攻、24 架零式起飞东航。远方从印度洋返航的第 1 舰队也接到命令，要求迅速追击美军。

不过日本海军却认为，美军不可能在 4 月 19 日上午以前发动空袭。这倒也不怪日军，毕竟当时海军定式思维里，美军要想打日本，可能从航母起飞攻击机（这点确实）；既然是航母，那飞机起飞以后航母就必须等着回收。按照日军推算的"300 海里"最高航程，日军飞机有充足的反应时间发现美军航母与飞机。

但问题是，谁也没想到美军跨越定式，飞出第一步。

东京时间 4 月 18 日 13 点，16 架 B–25 轰炸机按计划各自抵达东京、横滨、横须贺、名古屋、神户、大阪等城市，将炸弹倾泄到各地军民建筑中。由于没有任何防备，多数城市在炸弹落下之后才发出预警，大多数日军飞机也如同珍珠港美军一样：战斗机还没有起飞，各类军民目标就被炸掉了。

轰炸完毕，16 架飞机中的 15 架按照计划从日本飞往中国大陆，但多因黑夜降临而迷失航向，只有七架飞机顺利抵达衢州，还有三架飞机在海上迫降，总共有三架飞机的机组成员被俘。

另外一架飞机（40–2242）因油料耗尽而独自前往苏联。苏联政府将飞机与机组成员全部扣押，不过机组五名成员还是受到优待，最终在苏联特工秘密协助下逃往伊朗。

从战术上来讲，这次空袭几乎没有意义，日军只是伤及皮毛，美军也只是象征性报了珍珠港一箭之仇。如果说有什么战术意义，那也只是让日本意识到应该进犯重庆政府在江西一带所剩不多的机场，因而也就发动了 1942 年的浙赣会战。

但从战略上看，连美国人也没想到，这场空袭让日本人自己把自己带上了毁灭之路——中途岛作战。

（二）兵棋推演：山本五十六"吹黑哨"

为什么要兵棋推演？

杜立特空袭虽然没有任何实际战术效用，却是二战期间日本第一次遭到美军空袭，为了"不让天皇陛下遭遇危险"，日本海军上下都无法再反对中途岛作战。于是"要不要打"就变成了"到底怎么打"。

4月底，预定加入中途岛、阿留申作战的大部分舰船回到濑户内海。从4月28日开始，联合舰队参谋部在旗舰"大和"会议室召开"联合舰队第一阶段作战战训研究会"。从5月1日开始，会议主题变为"第二段作战图上演习"，也就进入到所谓"兵棋推演"阶段。

所谓"兵棋推演"（War Game）便是战争模拟（Military Simulation），古代是利用棋类游戏来模拟战争过程，中国象棋、日本将棋、国际象棋在早期都具有类似作用。事实上直到现在，日本防卫大学里依然有棋道部（围棋、将棋），美军航母上也会定期举办国际象棋大赛。

进入19世纪以后，兵棋推演逐渐脱离棋盘，引入沙盘，将河流、森林、高地等具体地形引入作战研究之中，以战争游戏（Kriegsspiel）之名成为普鲁士军队标配，进而推广至整个军事界，赢得普法战争的普军总参谋长赫尔穆特·冯·毛奇（Helmuth von Moltke，"老毛奇"）也被看作现代兵棋推演的祖师。

到一战之前，兵棋推演对战争指导已经很为准确。最典型案例莫过于1914年欧洲东线马祖里湖（Masurian Lake）战役，德、俄两军均从兵棋推演中准确预知俄军两线分兵会出现到达时间不一致情况，俄军并未重视，德军却敏锐发现战机，抓住时间差在坦能堡（Tannenberg）大获全胜。

随着技术不断提升，兵棋推演如今已经可以完全由计算机演算完成，一场战役级的兵棋推演借助计算机的帮助，可能仅仅需要几分钟的时间。而随着兵棋推演理念逐渐民用化，如今"全面战争"（Total

War）、"文明"（Civilization）系列电脑游戏也脱胎而成——不过二战时期，兵棋推演还是要在沙盘上完成。

当然无论是最初的棋类游戏，还是后来的沙盘，抑或是现在的计算机演算，兵棋推演作为一种战术研讨工具，其作用几乎没有变化——帮助指挥官发现战术问题，查漏补缺。

但问题是，工具虽然客观，人却可以主观。

兵棋推演分为数个阶段：首先是场景设置，包括地形设置与兵力配置；然后红、蓝双方模拟两方军队制定战术，主要采用回合制，不同类型部队有各自的行动范围，另外还会配备裁判（Control）来宣布日期、天气、外交情况变化；红、蓝双方"行动"，"交火"之后，需要用掷骰子的方式确定伤害程度再由裁判宣布该部队是否继续存留。

很明显，兵棋推演事实上还残留一个缺口——裁判。如果兵棋推演发现战略不可行，但人为因素又必须让战略可行，那么裁判就成为一个缓冲器。

这次担任总裁判的人物，是联合舰队参谋长宇垣缠，一个经验丰富的官僚。

"吹黑哨"

应该说，中途岛作战计划起草人员过于局限，基本上只有联合舰队参谋部参与，第1、第2舰队两名指挥官南云忠一中将、近藤信竹中将直到4月28日才得知消息，而这距离最终行动只有一个月准备时间。

南云忠一第1舰队稍好，毕竟他们刚刚在过去五个月里横扫太平洋与印度洋；但近藤信竹却代表第2舰队反对，意见与三代一就类似，强调中途岛会有大量陆基飞机支援，即便要强攻中途岛，也最好先打下新喀里多尼亚，再图北进。之外他还提出为占领部队提供后勤补给的问题。

近藤信竹的话虽然中肯，但已经不可能奏效了。之所以把方案起草人员限制在联合舰队参谋部，就是为了尽可能让联合舰队形成一条心，一旦把各个舰队、战队参谋全部纳入进来，联合舰队内部就会吵翻天，也就更不可能去跟军令部博弈了。而经历一个多月扯皮，联合舰队同时执行中途岛作战、阿留申作战已经板上钉钉，之后的5月5日就要发布命令，这个节骨眼上，任何更改都不再允许。

5月1—4日，联合舰队对中途岛作战进行兵棋推演。为了完成推演，各部队指挥人员全部参与到测试之中。但在近藤信竹的建议遭到否决以后，各部队参谋部都明白这次兵棋推演只是走过场，态度上非常漫不经心，与奇袭珍珠港之前那种一丝不苟形成鲜明对比。

根据第1航空舰队航空参谋渊田美津雄中佐回忆："南云部队在自己飞机空袭中途岛时，遭到敌军陆基飞机轰炸。担任裁判的第四航空战队参谋奥宫正武少佐按照规则，投骰来断定轰炸结果，判断日本航空母舰中弹九次，'赤城''加贺'被列为击沉。但宇垣缠少将却把命中次数任意减为三次。结果'加贺'被判为击沉，'赤城'仅受轻伤。让奥宫吃惊的是，就是这个被修改的裁决后来也被取消了，'加贺'竟然又参加了下次对新喀里多尼亚与斐济群岛攻略作战的演习。对于空战的裁判员裁决，也同样加以篡改，总之总是日军得胜。"

其实问题的严重性较之渊田美津雄所言更甚。在演习开始之前，"红军"（美军）曾经提出一份非常接近美军实战战术的计划，他们已经事先"得知""蓝军"来袭，并在较早时期就突袭"蓝军"机动部队侧翼，导致三艘航母受到重创，美军狂胜。

从中途岛实际战况而言，日军几乎按照战棋推演进程一步步走向失败：首先美军提前得知日军来袭，发动攻击队重创"赤城""加贺""苍龙"三艘航母，如果第2航空战队司令山口多闻少将没有强行反攻，而是反过来率领"飞龙"撤退，日军的得失将会与兵棋推演更为符合。

兵棋推演意味着日军惨败，但裁判官宇垣缠中将却没有重新探讨过程，反而是强行降低美军飞机命中率，最终只有"加贺"沉没。

在大量文学与影视作品里，宇垣缠都好似是山本五十六的得力助手，然而历史上两人关系并没有那么好。太平洋战争全面爆发前，围绕是否开工修建"大和"级战列舰3号、4号舰（"信浓"、111号舰），还是是否签订德意日三国同盟，两人之间都出现过激烈对抗。

事实上，1941年8月1日就任联合舰队参谋长以后，宇垣缠甚至自嘲道："参谋团队开第二阶段作战研究会时都会对参谋长敬而远之，好不闲在。"另外在第一次面见"大和"舰长松田千秋大佐时，宇垣缠也提到自己作为参谋长事实上没有什么工作可做，作战计划基本上由黑岛龟人完成。

　　直到奇袭珍珠港前夕，宇垣缠全力支持山本五十六计划，并亲自率领参谋前往军令部寻求认可，双方关系这才走向缓和，山本五十六也同意了宇垣缠提出的"锡兰海战"计划。应该说在中途岛作战前后，宇垣与山本之间刚刚恢复关系，面对山本五十六在作战方面的强硬态度，宇垣缠也希望能够主动帮上这位领导。

中途岛选择困境

　　兵棋推演如此随意，参谋长宇垣缠胡乱评点，联合舰队普通参谋无人阻止也就罢了，就连负责实际执行的南云忠一中将也一言不发。

　　即便在当时日本军队眼里，南云忠一所属第 1 航空舰队也都是战役胜负手。而且考虑到南云忠一与宇垣缠军衔一样（中将），他完全可以当场摔牌骂色子。

　　至于为什么没有翻脸，一方面由南云忠一稳重性格所致，另一方面也需要注意，南云忠一曾经在很长一段时间里与山本五十六属于对立派。

　　1930 年，围绕巡洋舰与潜艇吨位的比例问题，海军五大国聚集伦敦，会议提出日本海军非主力舰总吨位为美国的 69.75%，重巡洋舰总吨位是美国的 60%，潜艇吨位规模保持在 5.27 万吨。这一论调在日本海军内部掀起轩然大波，不愿签署条约的"舰队派"与希望签署条约的"条约派"形成对决之势。

　　当时，山本五十六与前面说到的井上成美都是"条约派"成员，意在通过签署条约为日本谋求一个稳定的发展环境。但与此同时，南云忠一却是"舰队派"人物，并在 1931 年担任军令部第一班第二课课长，并参与将"条约派"重镇堀悌吉打入预备役的行动之中。

　　不仅如此，也就在当年，军令部与海军省围绕是否扩大海军军令部职责权限产生激烈冲突，南云忠一作为军令部人员，再度与海军省军务局第一课课长井上成美发生争执。一次喝酒之后，南云忠一甚至对着井上成美高喊："杀你也没什么的，也就是拿把短刀从你肚子上捅一下的事！"

　　大体而言，南云忠一曾是"舰队派"一个重要打手，因而在担任第

1航空舰队司令之后，或许是为了把自己"洗白"，南云忠一倒更像是一个忠实追随者。因而在山本五十六强行通过中途岛作战计划背景下，在官僚体系压迫下，南云忠一只能通过沉默来表达忠心。

但忠心不可能弥补作战本身的问题。事实上整个演习全部结束以后，与会参谋都在怀疑"美军如果突袭日军"，南云忠一应该怎么应对。

在战训分科研究会上，宇垣缠首先提问第1航空舰队参谋长草鹿龙之介少将："如果受到敌军突袭，或攻击陆地时受到敌军海上部队侧面攻击，如何处理？"

草鹿龙之介只好说："权当没有这件事来处理吧。"

这个答案听起来啼笑皆非，但考虑到环境场景，以及官僚体系实际情况，这恐怕是草鹿所能想到的最好回复。

宇垣缠转问源田实，这位航空参谋倒是很直率："给（九七）舰攻安装副油箱，作为侦察机派往四五十海里远的地方，每两三机一队，与巡洋舰的零式水侦一起担负侧面警戒任务。一旦敌军先发制人，那么除去上空的战斗机以外别无其他防御措施。"

从中途岛作战过程来看，这个看法是出奇的准。宇垣缠也意识到类似问题，于是促使山本五十六在正式场合询问南云忠一："如果敌军航母出现在侧翼怎么办？"

南云忠一不知如何回答，作为水雷艇队出身的军官，南云忠一习惯于将航空作战计划交给源田实中佐。于是，二战日本海军最著名的一句表忠心之语诞生："只要有我战斗机，便可铠袖一触（迅速消灭敌军）。"

不过山本五十六似乎有些不依不饶："'铠袖一

南云忠一

太平洋战争全史

触'太不用心了。实际上应该充分研究如何应对遭到突袭的状况。本次作战主要目的不是袭击中途岛,而是击溃露面的敌军航母,绝不可本末倒置……必须留下一半攻击机待机并装备鱼雷,同时妥善制订侦察计划。"

实战中,南云忠一让留下的一半攻击机将鱼雷更换为炸弹,致使机动部队在发现美军航母以后手忙脚乱,后人常会认为南云忠一是中途岛作战失败的罪魁祸首,而山本五十六却是睿智过人。

然而从战况来讲,由于日军起飞轰炸中途岛的时间(6月4日4点)与美军航母起飞航空部队袭击日军的时间几乎一致,所以即便南云忠一没有换弹,而是立刻进攻美军航母,美军攻击部队也早已起飞。既然美军攻击机早晚会来,自然会给日军航母造成几乎相同的损失。

若想阻止美军航母,唯有调整第一次空袭目标:从中途岛转为美军航母。

但这种方式问题更大。如果第一目标定于美军航母,那么中途岛的陆基航空兵就会成为空袭日军的主力。考虑到中途岛保有攻击机 81 架(F2A 20 架、F4F 7 架、SB2U 11 架、SBD 16 架、B-26 4 架、B-17 19架、TBF 4 架)、PBY "卡特琳娜"水上飞机 38 架,再加上岛屿本身不存在护航问题,中途岛攻击力量相当于两个美军特混舰队,依然可以给予日军航母相似的重创。

更麻烦的是,上述情况还是考虑到日军能够在第一次攻击就顺利找到美军航母,如果像后来实战一样费了数个小时才勉强定位一艘航母,那么日军可能连"约克城"这个战果也得不到。

表3-3 中途岛海战日美两军航母攻击机保有数量

美军航母	F4F(架)	SBD(架)	TBD(架)	总计(架)
企业	27	38	14	79
大黄蜂	27	38	15	80
约克城	25	37	15	77
总计	79	113	44	236

日军航母	零战（架）	九九舰爆（架）	九七舰攻（架）	总计（架）
赤城 （中途岛海战）	21	21	21	63
加贺 （中途岛海战）	21	21	30	72
苍龙 （中途岛海战）	21	21	21	63
飞龙 （中途岛海战）	21	21	21	63
翔鹤 （珊瑚海海战）	18	18	18	54
瑞鹤 （珊瑚海海战）	18	18	18	54
总计	120	120	129	369

从表 3-3 中可以看出，即便航母"翔鹤""瑞鹤"没在后来的珊瑚海海战里受损，日军机动部队也只能勉强覆盖中途岛与美军各航母。

如果日军一般飞机去轰炸岛屿，而美军飞机却来袭击日军，那么无论南云忠一还是源田实，除去祈祷上苍之外别无他法。联合舰队作战参谋三和义勇中佐还真在日记里写道："如今唯有向神明祈祷让我们遇到可以战胜的敌人，所谓敌军处于澳洲近海依然存疑。"

应该说，中途岛作战存在战略错误，不可能由"炸岛还是炸舰"就全部挽回。如果炸岛、炸舰同时进行，那么日本航母就没有多余舰载机护航，无异于大洋上的靶子。

山本五十六早已决定将第一次攻击队用于攻击中途岛本身，如今又口头命令"留下一半飞机"待命，这就等于是让机动部队在美军袭击面前束手待毙；但无论第二次攻击队用鱼雷进攻美军航母，还是用炸弹第二次攻击中途岛，机动部队都免不了全灭之虞。

从后世评价来看，山本五十六"一半飞机"命令的唯一效果，就是给自己留下一个"英明"之名。

5月5日，日本发布大海令第18号："联合舰队司令长官应与陆军合作，攻克'AF'（中途岛）、'AO'（阿留申群岛）西部要地"——日本海军即将迎来建军以来最大失败。

带不带"瑞鹤"？

就在大海令第18号下达的第二天，珊瑚海海战爆发。

随着"翔鹤"失去战斗能力，"瑞鹤"失去绝大多数舰载机，加之轻型航母"祥凤"沉没，日军中途岛作战计划事实上面临着重大威胁：毕竟即便有这两艘航母，日军都只能勉强与美军打个平手，现在两艘航母无法出航，日军就更不可能做到同时兼顾中途岛与美军航母两个目标了。

从军事本身而言，出现如此大的作战力量变更，日军应该重新评估计划、调整计划。然而在先前"大和"会议上，山本五十六连近藤信竹的调整建议（联合舰队应从特鲁克岛而非关岛出发，减少美军发现概率）都不愿采纳，重新评估计划自然更不可能。

根据珊瑚海海战效果，日军认为美军沉没两艘航母，那么美军在太平洋地区所剩航母就只有三艘；日军自己减员两艘航母，还剩下四艘——这道简单数学题让日军认为自己仍然占据优势。

或者说，正因为这道数学题简单，海军官僚体系才更能拿来作为"继续执行中途岛作战"的理由。

即便继续执行，作为日军眼中的决胜战，日军更应该想方设法增强作战力量。既然"瑞鹤"舰体没有损伤，只是损失航空队，那么大可以将"翔鹤"剩余航空队与国内新组建的兵员联合起来，重新配备到"瑞鹤"舰上。

珊瑚海海战之后，第5航空战队剩有39架飞机，之后又修复了17架飞机，从数量上较之定额63架要少几架（56架），但依然可以满足正规航母作战之用。

当然，从日本海军编制角度而言，航母与航空队一向绑定在一起，这一点比起美军把航母与航空队分离的做法而言稍显死板，可问题在于，日本海军航空队本质上遵守同样的军事准则，稍加训练即可形成配合。

航母"瑞鹤"是否参战，成为了日本海军的一个艰难抉择

　　或许有人质疑：临时拼凑的航空队会不会缺乏配合？但必须说，从实战角度看，第5航空战队的表现相比几位"师姐"逊色很多，即便临时拼凑一支航空队，也不一定会比"五航战"单舰固有实力要差多少。

　　然而非常遗憾，宇垣缠中将虽然亲自前往横须贺港视察"翔鹤"受损情况，却没有任何一人提出重新整备"瑞鹤"。要知道就在海的另一边，"约克城"一直到5月30日出海迎战时都依然带着工匠，一路修修补补抵达前线。

　　不过从日本海军作战惯例来看，不带"瑞鹤"也有一番道理。日军正规航母一向以两艘为一个"航空战队"作战，辅以高速战舰担当水面护航、巡洋舰及所属水上飞机担当侦察任务，防空任务全部交给"直掩战斗机"。

　　进攻时，日军以战队为单位，每个战队可以形成60—70架飞机的多机种混合编队，形成强大火力；与此同时，两艘航母还能维持护航战斗机在20架左右，通过交替升空而保持直掩战斗机在10架上下（相当于一个飞行大队），这就能够保护"航空战队"整体处于稳定状态。

　　不过一旦剩下单舰，由于甲板数量减少一半，"瑞鹤"就必须保持比双舰平均数更多的战斗机，以备不时之需。简而言之，如果两艘航母需要20架飞机，那么一艘航母可能需要15架飞机随时待命，才能保持上空时常留有一个飞行大队保护。

　　更麻烦的是，一旦开始作战，日军两个航空战队之间可能会相隔数

　　　　　　　　　　　　　　　　　　　　太平洋战争全史

海里之远，航空队之间难以互相支援。美军攻击机到来以后，会敏锐发现第 5 航空战队处于弱势，那么本来作战水平不甚高超的"瑞鹤"就会成为靶子。

当然还有一种解决方法，就是为"瑞鹤"搭配一艘轻型航母，比如拥有 48 架飞机的"隼鹰"就是个不错的选择。不过联合舰队早早就安排"隼鹰"与"龙骧"（第 4 航空战队）一起作为阿留申群岛作战的主力舰艇，一旦临时调出，就又需要给第 4 航空战队配备一艘轻型航母。那么不仅中途岛作战，连阿留申作战都要跟着一起重新调整。

与其说不想把"瑞鹤"带去战场，倒不如说日本海军总想规避眼前的"麻烦"。哪怕最优解已经浮现出来，日军还是更愿意按最不麻烦的那条路走下去，尽量减少调整——这让他们丧失了中途岛海战最后一丝取胜希望。

（三）"AF"缺水：美国情报工作与作战计划

美军如何分析日军电报？

提到中途岛海战，一个关于密码的故事总是经久不衰地流传。

1942 年 1 月，美军击沉并打捞上来日本潜艇"伊 124"。根据潜艇里缴获的密码本，美军"日本通"约瑟夫·罗切福特（Joseph Rochefort，1895—1976）帮助太平洋舰队破译了让人头疼的"JN-25B"（日军称"D 暗号"）密码。

根据日军往来电文，美军在 4 月中旬发现日军有意在太平洋正面展开大规模作战，并用"AF"标记进攻地点。

为了测试"AF"具体代表什么，5 月 21 日，美军故意发布假消息"中途岛海水过滤装置故障，淡水不足"，同时第 14 海区司令布洛克少将还回电说"已派遣供水船前去供水"。之后不到一天时间，美军便截获日军威克岛守备队电文"AF"存在淡水缺少问题，应考虑在攻击计划之内，最终确定"AF"为中途岛。

有关密码的故事历来迷人，近年破译德国恩尼格码的图灵已经搬上荧幕，美军夏威夷谍报部门轶事自然早早传为佳话。

但问题在于，这个故事很可能是编的。

首先在日方电文记录里，并未发现有"中途岛缺淡水"类似记录。按照一般思路，如果发现中途岛缺少淡水，那么日军应该在运输船队里增加淡水供给或过滤设备，但类似命令毫无踪迹——起码在日军史料方面，这一桥段缺乏实证。

在美方资料里提到，早在3月4日，美军就截获一份带有"AF"字样的电报，而且这个位置明显不在南太平洋或北太平洋，也不是一个很大的岛屿，所以从一开始，美军就将"AF"暂时标注为"中途岛"。到了5月2日，尼米兹前去视察中途岛驻守的海军陆战队，明白日军有可能袭击中途岛。即便5月21日那个桥段确实存在，美军也只是在有很大把握的情况下搞了一次测试。

另外，所谓"破译暗号"也并不意味着美军可以自由阅读日军每一封电文。毕竟从无线电角度讲，信息以流动状态传递，中间会因为各种干扰而出现接收不良。美军只能从某一个无线电频率段截取一部分交换电码，而且也不能保证这些电码就属于同一封电报。

事实上即便是日本人自己之间，发报也会出现遗漏。典型案例就是珍珠港事件前，日本海军本希望在奇袭之前递上宣战布告，但电文却因为传输之中出现大量错别字而不得不补充发布修改电文，因而耽误了时间。

以当时效率而言，美军夏威夷情报部门可以"捞出"60%左右的日军信息流。碍于人手与时间限制，再加上密码本身的复杂性，美军只能破解10%—15%的密码组合。既不能保证它们都在同一句话里，也不能保证属于同一封电文，所以即便可以保证发出假消息，也不能保证能截获日军关于假消息的反应。

当然也有不少有用的。如4月9日，美国发现联合舰队要求"加贺"前往新不列颠岛（拉包尔港附近），并发现日军投入大量战舰、飞机前往特鲁克岛。于是美军立刻判断日军可能进攻莫尔兹比港（确实是日军"MO"作战），然后派出"列克星敦"前往驰援"约克城"，这也就有了珊瑚海海战。

顺便一提，如果没有杜立特空袭，尼米兹本想把"企业""大黄蜂"双双派去南太平洋。如果真是这样，美军四艘航母就很可能在珊瑚海围剿两艘日军航母——当然这未必是坏事，毕竟日军可能就会停止中途岛作战，保留下最为精锐的四艘航母。

从战略上考虑，电文本身提到什么并不重要，重要的在于电文的流向如何、密度如何。假设在某一段时间里，联合舰队与前线之间的联系突然密切起来，还能间断发现联合舰队要派遣军舰前来，那么任谁都能明白日本要搞大动作。

5月4日，尼米兹刚刚从中途岛视察回归，夏威夷情报部门就送来两份破译电文，第一份提到"6月20日之后，A部与突击部队将在特鲁克岛停留约两周时间，请安排并标示锚地"，第二份是"该舰将在上述行动期间修理……完工日期定于5月21日左右，无法陪同你们参加战役"。

从日军史料推测，第一份所谓"A部"与"突击部队"应该是指山本主力部队（战列舰）与南云忠一机动部队（航母），第二份可能是说航空甲板受损的航母"翔鹤"无法参加中途岛作战。两份电报让尼米兹坚信，日军很可能在5月下旬至6月上旬之间展开行动，然后向特鲁克岛行动。

5月6日美军又破译一段电文，是联合舰队请求东京方面"迅速提供加油管线"，明显是要在近期发动大规模远洋作战（5月5日日军发布作战命令）。因而太平洋舰队司令部作了一份形势判断："虽然日本继续在南太平洋发动进攻，现在却发现他们在太平洋中部有足够兵力，可对太平洋中部、北部发动袭击。"

5月11日，美军拦截第2舰队命令下属几支部队"开往塞班岛、关岛地区，等候参加即将到来的战斗"的信息。考虑到塞班岛、关岛距离北太平洋非常远，南太平洋又已经有井上成美第4舰队驻防，太平洋舰队便推断近期大规模作战很可能会发生在中太平洋——而中太平洋要冲便是中途岛。

5月12日，联合舰队开始向各部队传达集结命令，但由于无线电问题，日军直到5月20日还没有传达完计划。正因如此，日军本要在5月1日更换密码本的计划不得不推迟到5月27日——高密度信息流、旧密码本，这就等于是让美军截获日军计划。

5月20日，美军罕见地截获了日军电报长文，明确日军要同时进攻"AF"（中途岛）、"AO"（阿留申群岛）两方面。关于"AF"的相关轶事正是在这两天发生。

至于确切日期与时间，通过彻夜分析，罗切福特到 5 月 24 日终于明确：日军将在美国西部时间 6 月 3 日进攻阿留申群岛，6 月 4 日袭击中途岛。

5 月 24 日，美军发现日军"赤城""加贺""苍龙""飞龙"四艘航母与一艘无法确定的航母正在更换乘组人员，同时知道了日军即将更改密码本。到 5 月 27 日，美军又明确日军攻击部队（登陆部队）准备在北纬 27 度、东经 170 度集结。而从 5 月 28 日开始，由于日军密码本更换，美军无法再收获任何消息。

不过也够了。5 月 26 日，第 16 特混舰队"企业""大黄蜂"两艘航母回到珍珠港。

更换斯普鲁恩斯有何深意？

历来认为，中途岛海战是弱势美军击败强势日军，但从数据上看，日美飞机数量相差不多；日本多一艘航母，却也少一个中途岛机场。双方战术能力起码是持平的，差距只在战略。

从奇袭珍珠港以来，日军一直维持稳固的战略优势，英、美、澳军队都被牵着鼻子走。但在珊瑚海海战之后，美军第一次成功阻止日军战略扩大化，也终于开始占据了战略主动权。中途岛海战前夕，他们其实采取了更为主动的姿态。

根据美军预测，日军最早会在 6 月 2 日之前抵达中途岛海域，因为"萨拉托加"无法参战（整修之后预定于 6 月 7 日返回珍珠港），只得临时整修"约克城"。另外，由于第 16 特混舰队司令哈尔西中将遭到皮炎困扰，尼米兹便临时让雷蒙德·斯普鲁恩斯（Raymond Spruance，1886—1969）少将担任第 16 特混舰队司令。

在全部关于中途岛战役的文艺作品中，对"蛮牛"哈尔西推荐"智将"斯普鲁恩斯代理舰队司令总会大加渲染，美军知人善任、愿意起用新人的制度受到好评。事实上尼米兹也在回忆录里提到，正是因为斯普鲁恩斯有着善于分析的头脑与处变不惊的性格，才让他对中途岛战役作出正确判断。

然而，斯普鲁恩斯少将与其对手南云忠一中将有一个共同特点，就是从未执掌过航空战，南云忠一是水雷艇部队出身，斯普鲁恩斯则一直在指挥巡洋舰部队。正如南云忠一将航空作战全部交给源田实、渊田美津雄等人一样，斯普鲁恩斯也将航空计划制订权让渡给下属——米尔斯·勃朗宁（Miles Browning，1897—1954）上校。仅从这个角度说，日美两军都是让门外汉指挥内行。

中途岛战役一战成名的雷蒙德·斯普鲁恩斯

但必须说明，军队不但是武装力量，同时也是官僚体系，有着明确的分工协作，加之后勤补给对战役规模的限制，最高指挥官在战役实际过程中的影响力很小。战列舰时代，指挥官尚可站在甲板上观察敌情、挥手转向，航母时代，指挥官除去坐在指挥室内等情报外，事实上没有直接指挥能力，任务能否完成、如何完成大体取决于校（佐）级军官如何指挥。

所以任务能否完成，除去战略部署之外，重点就在于：校（佐）级军官是否愿意听从指挥官决策。

日本选择用"按资排辈"解决问题，大家都是"帝国海军"，都同样在江田岛爬过古鹰山，又通过不停调动位置积累资历，那么校（佐）级军官就会本能地对军队体制产生服从。无论上面坐着什么样的指挥官，无论他之前是哪支部队的指挥官，中层军官该怎么做还怎么做。这种制度之所以创设，是因为早期日本海军多为"萨摩阀"出身，让内部士官不总留在某一地方，也是为免形成山头势力。

与此相反，美军则倾向于让每一支"特混舰队"保持内部人事尽量不变，但特混舰队司令可以来回更替。

作为第16特混舰队的巡洋舰分队指挥官，斯普鲁恩斯本来就有很大概率晋升为特混舰队指挥官，事实上他的前辈弗莱彻、后辈托马斯·金凯德（Thomas Kinkaid，1888—1972）都曾担任过巡洋舰分队指挥官。

从海军发展阶段来看，当时全世界都在从战列舰转为航母，一开始就懂得航空战的指挥官还没完全涌现，加之美军航母发展迅速，从其他分队调人指挥航母舰队在所难免。而且军事技术上，二战前战列舰速度普遍偏慢，航母与相对较快的重巡洋舰更容易配合，所以航母指挥官出现问题，从巡洋舰分队调来指挥官也更合情理。

所以，如今哈尔西抱恙，与其找其他人接替工作，倒不如维持整支特混舰队人事现状，由斯普鲁恩斯代理舰队司令，也能够让其他校级军官在最短时间内进入状态，发挥最大效用。

从实际指挥来看，第 16 特混舰队并没有完全发挥效用，虽然中途岛作战大获全胜，但航母"大黄蜂"在整场战役中只有一支鱼雷机中队抵达前线，若非如此，美军很可能更早击溃日军。

说句题外话，这一次互换指挥权成功之后，哈尔西、斯普鲁恩斯均获得尼米兹赏识，由于美军中层指挥系统不变，高层也可以随意调整番号为"第 3 舰队"（哈尔西指挥）、"第 5 舰队"（斯普鲁恩斯指挥）。

美国人想怎么打？

要打，自然是打伏击战。

5 月 27 日，尼米兹召开作战会议，对于日军阿留申作战，美军部署第 8 特混舰队（巡洋舰五、驱逐舰十）前往应对，并将斯普鲁恩斯（16）、弗莱彻（17）两位特混舰队司令全部投入在中途岛方向。正如日军兵棋推演所预言，尼米兹明确指示两位指挥官从"侧翼"攻击日本机动部队。

不过针对具体战术，尼米兹并不过多干涉，甚至也不明确要求斯普鲁恩斯与弗莱彻互相配合，只是要求两支部队要在北纬 32 度、西经 173 度（所谓"幸运点"）会合。

不仅如此，对于美军"第四块飞行甲板"中途岛上的 115 架陆海军各型飞机，尼米兹也没有命令他们如何配合航母作战。除去驻地指挥官西里尔·赛马德等少数指挥官之外，中途岛部队甚至不知道会有航母来护卫中途岛。

根据美军命令来看，尼米兹要求中途岛战斗机不要去保护中途岛，而是要给轰炸机护航；另外针对航母舰队，尼米兹也没要求他们必须保护中途岛，而是寻机歼灭日军航母——对于美军而言，在中途岛出动航母是一项绝密计划，即便面对一些相关人员也要三缄其口。

从日军角度来看，这必然是天大的失算，没有计划对习惯于用"手账"记事的日本人而言无疑是灾难。可是从保密方面讲，日本军队过于烦琐的模式反而造成信息需要大量交换，导致秘密更有可能泄露，尼米兹的做法则可以让秘密尽可能留在小范围之内。作战计划看似疏漏，实则严密。

5月27日，两支特混舰队参谋部拟订了长达10页的"太平洋舰队司令作战计划第29—42号"，其中先是分析日本军队可能如何行动，确定"以强有力的消耗战术，给敌人以最大限度的杀伤"的原则，进而明确四条目标：(1)尽早发现日军，防止突袭；(2)攻击敌军航母，阻止空袭；(3)潜艇担任警戒与攻击任务；(4)中途岛守备队要死守岛屿。

表3-4　中途岛作战美军主力部队

总指挥：弗兰克·弗莱彻（中将）	航空母舰	巡洋舰	驱逐舰	
第16特混舰队雷蒙德·斯普鲁恩斯（少将）	企业（USS Enterprise, CV—6）搭载：VF-3:F4F★25 VB-3:SBD★18 VS-3:SBD★19 VT-3:TBD★13	明尼阿波利斯（USS Minneapolis, CA—36）	菲尔普斯（USS Phelps, DD—360）	沃登（USS Worden, DD—16）
		彭萨科拉（USS Pensacola, CA—24）	贝纳姆（USS Benham, DD—49）	莫里（USS Maury, DD—401）
		新奥尔良（USS New Orleans, CA—32）	莫纳甘（USS Monaghan, DD—354）	埃尔文（USS Aylwin, DD—355）
	大黄蜂（USS Hornet, CV—8）搭载：VF-6:F4F★27 VB-6:SBD★19 VS-6:SBD★19 VT-6:TBD★14	北安普顿（USS Northampton, CA—26）	鲍尔奇（USS Balch, DD—363）	柯林汉姆（USS Conyngham, DD—371）
		文森斯（USS Vincennes, CA—44）	艾莱特（USS Ellet, DD—398）	德威（USS Dewey, DD—349）
		亚特兰大（USS Atlanta, CL—51）	蒙森（USS Monssen, DD—436）	

总指挥：弗兰克·弗莱彻（中将）	航空母舰	巡洋舰	驱逐舰	
第17特混舰队 弗兰克·弗莱彻（中将）	约克城（USS York Town, CV—5） 搭载： VF-3:F4F★27 VB-3:SBD★18 VS-3:SBD★18 VT-3:TBD★15	阿斯托利亚（USS Astoria, CA—34） 波特兰（USS Portland, CA—33）	汉曼（USS Hammann, DD—412） 查尔斯·休斯（USS Charles Hughes DD—428） 格温（USS Gwin, DD—433）	莫里斯（USS Morris, DD—417） 安德森（USS Anderson, DD—411） 拉塞尔（USS Russell, DD—414）

5月28日，太平洋舰队司令部给第16特混舰队（见表3-4）下达了著名的命令："你奉行的原则是有算计的冒险，这条原则可以解读为：如果暴露己方部队不能给敌人以更严重打击，那么应该避免

美国海军加速修缮的航母"约克城"号

暴露，以免优势敌人袭击。"

虽然从后世角度看，美军并没有比日军弱多少，绝对兵力甚至比日军还要多，但毕竟面临着史上从未有过的航母决战，"保船"自然非常重要。所以让第16、第17特混舰队乃至中途岛航空力量分别行动，也就等于让各部队散开，不仅给日军增加了侦察难度，也让日军难以抓住作战规律。

5月28日，第16特混舰队（"企业""大黄蜂"）离开珍珠港；5月30日，第17特混舰队也在"约克城"率领下离开珍珠港。当地时间6月1日，双方在中途岛东北方面的"幸运点"会师，并开始起飞侦察机，寻找日军踪影。

中途岛要怎么打？

也就在1942年5月28日，南云忠一率领第1航空舰队出发。

所有中途岛战役相关著作都会提到，之所以选择5月27日，是因为1905年这一天日本联合舰队击溃了俄国波罗的海舰队，是日本的"海军节"，选择这一天出发颇具纪念意义。

有趣的是，1905年日俄两军会面之时，5月27日也同样是俄国人的庆祝日——末代沙皇尼古拉二世登基纪念日。当年开战之前，俄国波罗的海舰队便做过一次纪念，纪念之后就迎来了一场举世闻名的败仗。中途岛之战，日军似乎也步了当年俄国舰队后尘。

比起美国方面以摇滚式态度编排参战舰艇，日本这边却仿佛是在表演一出巴洛克音乐。

从参战人员编排来看，联合舰队规划极为详尽，不仅根据任务不同把参战舰艇统一分为数支部队，还为每支部队都配上了防空（航母、轻型航母）、水面火炮（战列舰）、侦察（水上机母舰、重巡洋舰）、反潜（驱逐舰）、补给（油船）等全套船只（见表3-5，表3-6）。

表3-5 中途岛作战日军主力部队、攻略部队

主力部队（本队）指挥官：山本五十六（大将）	第1战队	（战列舰）大和、陆奥、长门
	第3水雷战队	（轻巡洋舰）川内
	第11驱逐队	（驱逐舰）吹雪、白雪、初雪、丛云
	第18驱逐队	（驱逐舰）矶波、浦波、敷波、凌波
	航母队	（轻型航母）凤翔、（驱逐舰）夕风
	特务队	（水上机母舰）千代田、日进
	第1补给队	（油船）有明、鸣户、东荣丸
主力部队（警戒队）指挥官：高须四郎（中将）	第2战队	（战列舰）伊势、日向、山城、扶桑
	第9战队	（轻巡洋舰）北上、大井
	第24驱逐队	（驱逐舰）海风、江风
	第27驱逐队	（驱逐舰）夕暮、白露、时雨
	第20驱逐队	（驱逐舰）天雾、朝雾、夕雾、白云
	第2补给队	（油船）山风、东亚丸、萨克拉门托丸
攻略部队指挥官：近藤信竹（中将）	第4战队第1小队	（重巡洋舰）爱宕、鸟海
	第5战队	（重巡洋舰）妙高、羽黑
	第3战队第1小队	（高速战舰）金刚、比叡
	第4水雷战队	（轻巡洋舰）由良
	第2驱逐队	（驱逐舰）五月雨、春雨、村雨、夕立
	第9驱逐队	（驱逐舰）朝云、峰云、夏云
	航母队	（轻型航母）瑞凤、（驱逐舰）三日月、（油船）健洋丸、玄洋丸、佐多、鹤见
	第2水雷战队	（轻巡洋舰）神通
	第15驱逐队	（驱逐舰）亲潮、黑潮
	第4战队第1小队	（重巡洋舰）爱宕、鸟海
	第16驱逐队	（驱逐舰）雪风、时津风、天津风、初风
	第18驱逐队	（驱逐舰）不知火、霞、阳炎、霰
	第16扫海队、第21驱潜队、鱼雷艇5艘、警戒艇3艘、运输船13艘	

攻略部队 指挥官: 近藤信竹 (中将)	第7战队	(重巡洋舰)熊野、铃谷、三隈、最上
	第8驱逐队	(驱逐舰)朝潮、荒潮、(油船)日荣丸
	第11航空战队	(水上机母舰)千岁、(油船)神川丸、(驱逐舰)早潮、第35号警戒艇
	补给队	(油船)尾上丸、北上丸、康良丸、海上丸、明石
先遣部队 指挥官: 小松辉久 (中将)	旗舰	(轻巡洋舰)香取
	第3潜水战队	(潜艇供应舰)靖国丸、(潜艇)伊168、伊169、伊171、伊172、伊9、伊123
	第5潜水战队	(潜艇供应舰)里约热内卢、(潜艇)伊156、伊157、伊158、伊159、伊162、伊164、伊165、伊166、伊121
	第8潜水战队	(潜艇供应舰)爱国丸、报国丸、(潜艇)伊15、伊17、伊19、伊25、伊26、伊174、伊175、伊122

表3-6 中途岛作战日军机动部队作战序列

第1机动部队	南云忠一(中将)
第1航空战队 (南云忠一中将)	(航母)赤城、加贺
第2航空战队 (山口多闻少将)	(航母)苍龙、飞龙
第8战队	(重巡洋舰)利根、筑摩
第3战队第2小队	(高速战舰)雾岛、榛名
第10战队	(轻巡洋舰)长良
第10驱逐队	(驱逐舰)秋云、夕云、卷云、风云
第17驱逐队	(驱逐舰)谷风、舞风、野分、岚
补给队	(油船)旭东丸、神国丸、东邦丸、日本丸、国洋丸、日朗丸、第2共荣丸、丰光丸

到了作战计划上,日本人更是把进度写得极为周密。日军选择在东京时间6月7日(当地时间6月6日)满月时分,借助月光照亮夜袭中

途岛，因而计划也围绕着6月7日这个"N日"展开。正因为追求这个"满月"，一旦行动计划推迟就必须要再等一个月以后，故而战前日军始终不愿意对计划作出调整。

（1）"N-2日"：即6月5日（东京时间），由航母部队六艘航母（实战减为四艘）从西北方向250海里水域起飞飞机轰炸中途岛，让中途岛机场无法使用，并趁机歼灭美军全部陆基航空兵力。

（2）"N-1日"：即6月6日（东京时间），攻略部队水上机母舰部队（藤田类太郎少将）占领中途岛西北60海里左右的库雷岛，为助攻中途岛做准备。同时航母部队向北行动，派出10架九七舰攻巡逻并歼灭赶来支援的美军航母。

（3）"N日"：即6月7日（东京时间）凌晨，攻略部队护送运输船队在中途岛登陆，以陆军第29联队为基干的一木支队（一木清直大佐）千余人进攻东岛，海军四艘重巡洋舰担任近距离支援任务，近藤信竹率领的攻略部队主力则在中途岛南部待命掩护。

（4）日军相信美军直到占领中途岛以后才会作出反应，因而决定由主力部队（山本五十六大将）、警戒部队（高须四郎中将）、第1机动部队（南云忠一中将）、从阿留申作战中赶来的第2机动部队（角田觉治少将）、潜艇部队（小松辉久中将）五支部队共同迎战。计划以近藤信竹攻略部队为诱饵，将美军主力部队（包括航母与战列舰）引来，主力部队再从侧翼攻击歼灭美军主力。

出于篇幅限制，上述作战计划并没有详细展开，如果有兴趣可以详细参考渊田美津雄《中途岛》或其他相关作品。但即便是这个最为简单的版本，也能够感觉到日军中途岛作战有多么复杂，日军数支部队之间好似齿轮一样精密配合，美军则好像珍珠港时期一样坐等屠杀——等到好不容易反应过来了，山本大将的坚船利炮就会如同1905年一样将"外敌"予以消灭。

但相比阿留申作战，中途岛作战还不算那么复杂。整个阿留申作战分为三个阶段，首先是规定了各舰队的接近目标，然后是继续占领美军各大据点，最后是重新配备舰队以守卫阿留申群岛。

更恐怖的是，在每个阶段结束之后，全部参与舰艇都会重新整编，有一部分部队会投入到中途岛作战之中，有一部分中途岛作战的部队会来到阿留申群岛，甚至于在国内修理的航母"瑞鹤"也要参加到阿留申作战第三阶段战役中。整个计划虽然看起来很为严整，实际上却是过分复杂。

而且，整个阿留申作战需要从航母到战列舰、从巡洋舰到潜艇一共80多艘舰艇参与行动，其中包括日本海军11艘战列舰的8艘、11艘航空母舰的4艘，还有13艘潜艇。

应该说，为了满足军令部要求，山本五十六特意调遣了众多舰艇前往阿留申群岛。当然为了尽量不影响中途岛作战，剩下的四艘战列舰、八艘航母都是联合舰队账单里的精锐部队。

即便如此，中途岛作战也实实在在受到了影响：南云忠一四艘航母的部队只有二艘高速战舰、三艘巡洋舰、八艘驱逐舰护航，对面美军三艘航母却有8艘巡洋舰、17艘驱逐舰护卫。由于日军没有雷达，巡洋舰、驱逐舰都担负着重要的观测职能，数量减少也就意味着日军更难发现美军踪迹。

另外很有趣的是，山本五十六虽然只允许联合舰队参谋参与作战计划的制订，但计划一经发布，整个日本军队便充斥着一种"已经得胜"的心态，甚至对保密都不很在意。

根据当时佐世保镇守府参谋野村留吉少佐回忆，参与中途岛作战的佐世保第二特别陆战队曾经发布过一封公开电报，要求所有寄给该部队的邮寄物品在6月以后都转去"中途岛"。相比于尼米兹把所有信息捂在几个人范围里，日军真是不知道差到哪里去了。

不仅中下层军官，山本五十六本人也好不到哪儿去。他在跟情人河合千代子会面之后写了一封信："5月29日出击，三个星期左右指挥全军，估计没什么有意思的时期吧。等到战役结束了，就丢掉一切，享受二人世界吧。"

根据第2舰队参谋长白石万大佐记录，"联合舰队有意多少泄露一些作战目标，意在引诱美军舰队出航"。毕竟在中途岛作战计划里，美军总是以一副慢半拍的状态出现，中下层军官自然也就有了一种莫名其妙的自信，以为中途岛作战计划真会成为历史的剧本。

然而事实证明，除去南云忠一部队最初的轰炸是完全按照计划执行的之外，后续剧情已经完全脱离了山本拟好的剧本。

不过在中途岛战败之前，日本还是迎来了一些喜讯，比如阿留申作战。

（四）北方冰雪：阿留申作战得失

阿留申作战前日美军力对比

由于预定攻击日期稍早，早在 5 月 25 日，阿留申作战参与部队中的航母编队——第 2 机动部队就踏上航程。随着 5 月 27 日第 1 机动部队出航，5 月 28 日与 29 日，基斯卡岛攻略部队与主力部队也各自出发（见表 3-7）。

表3-7 阿留申作战日军参战舰艇

指挥官： 细萱戊子郎（中将）	直率	（重巡洋舰）那智、 （驱逐舰）雷、电
第 2 机动部队 指挥官：角田觉治少将	第 4 航空战队	（轻航）龙骧、隼鹰
	第 4 战队第 2 小队	（重巡洋舰）高雄、摩耶
	第 7 驱逐队	（驱逐舰）潮、曙、涟
岛屿攻略部队	第 1 水雷战队	（轻巡洋舰）阿武隈
	第 21 驱逐队	（驱逐舰）若叶、初春、初霜
	第 21 战队	（轻巡洋舰）木曾、多摩
	第 6 驱逐队	（驱逐舰）响、晓、帆风
	潜艇部队（从第 1、第 2 潜水战队选出）	（潜艇）伊 9、伊 15、伊 17、伊 19、伊 25、伊 26

除去以日本第 5 舰队为基干组成的海军部队之外，日本陆军为了配合登陆作战，还从第 7 师团（旭川）抽调步兵第 26 联队独立步兵第 301 大队、工兵第 7 联队独立工兵第 301 中队组成北海支队（穗积松年少佐）加以援助，总计 1143 人。

从作战计划来看，阿留申作战与中途岛作战不无类似之处。首先由机动部队轰炸阿留申群岛中部的主要军事基地——乌纳拉斯卡岛

（Unalaska）荷兰港（Dutch Harbor），然后登陆占领阿图岛（Attu）、基斯卡岛（Kiska）、阿达克岛（Adak）等岛屿。同时，潜艇部队则在西雅图附近布置起来，以求击沉美军增援部队。

美军方面并不把阿留申群岛太当回事。主要原因是整个群岛以山地为主，而且气候变化剧烈，不适合建立长期基地。事实上，事到如今，阿留申群岛依然没有大规模军事基地，只有一支常设的第8特混舰队负责护卫阿拉斯加半岛与阿留申群岛。

除去以两艘重巡洋舰为主的第8特混舰队（常设）之外，海军还有23架担任侦察任务的PBY"卡特琳娜"水上飞机（阿图岛荷兰港12架，阿拉斯加州冷湾11架）。此外陆军方面在冷湾（Cold Bay）配备了21架P-40战斗机，其余岛屿还配备了29架P-40、15架P-39、21架B-26与B-17，总计77架攻击机（见表3-8）。虽然攻击机数量已经接近一艘正规航母标配，但考虑到阿留申群岛面积之广，区区数十架飞机并不足以担负护卫群岛重要任务。

表3-8　阿留申作战美国海军主要守备舰艇

第8特混舰队	罗伯特·西奥巴德（Robert Theobald）少将
重巡洋舰	印第安纳波利斯（USS Indianapolis, CA—35）、路易斯维尔（USS Louisville, CA—28）
轻巡洋舰	火奴鲁鲁（USS Honululu, CL—48）、圣路易斯（USS St.Louis, CL—49）、纳什维尔（USS Nashville, CL—43）
驱逐舰	吉尔默（USS Gilmer, DD—233）、麦考尔（USS McCall, DD—400）、汉弗里斯（USS Humphreys, DD—236）、格里德雷（USS Gridley, DD—380）、凯斯（USS Case, DD—370）、雷德（USS Raid, DD—369）、桑兹（USS Sands, DD—243）、凯恩（USS Kane, DD—235）、丹特（USS Dent, DD—116）、拉尔夫·塔尔波特（USS Ralph Talbot, DD—390）、金（USS King, DD—242）、艾莱特（USS Ellet, DD—398）、沃特斯（USS Waters, DD—115）

由于美军已经事先获知日军同时在中途岛、阿留申群岛两个方向发动攻击，为了对抗日军最为精锐的第1机动部队四艘航母，尼米兹果断下令放弃增援北部，守将西奥巴德也就只能孤军奋战。为了了解日军动

向，第 8 特混舰队派遣 20 艘潜艇出发，以荷兰港为中心侦察 200 英里范围。当然所有 PBY 水上飞机也配合起来，昼夜不停地开展侦察。

北太平洋气候经常出现异常状况，日军在航路上一直受到大雾困扰。不过严格来说，大雾事实上也给美军带来困扰。就在 6 月 3 日凌晨 3 点（日本时间晚 23 点），当第 2 机动部队通过美军警戒网时，美军并没有发现任何征兆，日军顺利抵达了荷兰港西南侧约 180 英里位置。

由于第 2 机动部队只有两艘轻型航母，这就注定了整个袭击规模不可能像中途岛作战那样达到 100 架飞机。按照计划，日军第一次攻击队有 16 架零战、14 架九七舰攻、15 架九九舰爆参与，共 35 架。

随着角田觉治少将一声令下，第一次攻击队出发。由于当日日出时间为 4 点，这一次攻击也可以算作"黎明攻击"，只是由于大雾始终未能散去，能见度依然很低。

空袭荷兰港与"阿克丹零式"

6 月 3 日 2 点 40 分，"龙骧"三架零式战斗机进入乌纳拉斯卡岛上空，到了 4 点前后，发现了荷兰港内徘徊的水上飞机。

三架零战首先投入战斗，随即"龙骧"14 架九七舰攻到达，将荷兰港的各大仓库、发电站、储油设施乃至兵营加以轰炸。美军方面虽然紧急起飞四架 P-40 战斗机，却未能给日军造成伤害。

然而"隼鹰"队伍的运气就没那么好了，他们一直迷失在恶劣天气之中，始终未能找到其他部队。不过有趣的是，有两架零战为了追击一架美军 PBY 水上飞机而脱离队伍，虽然没能将这架飞机击落，却误打误撞与"龙骧"队伍合流一处，这也是"隼鹰"第一次攻击队中唯一的成功经历。

从过程可以看出，第一次攻击队只有 20 架左右飞机进攻荷兰港，因而并未给美军造成太大损伤。

很快，日军水上飞机就在乌纳拉斯卡岛西北部发现五艘美军驱逐舰，进而继续起飞第二次攻击队："龙骧"起飞零战 9 架、九七舰攻 17 架；"隼鹰"起飞零战 6 架、九九舰爆 15 架。重巡洋舰"高雄""摩耶"也各发射两架水上侦察机。

不过还是由于天气状况不佳，第二次攻击队飞到一半就不得不宣布折返。就在这时，"高雄"侦察机遭到一架美军P-40战斗机截击，自爆一架，水上迫降一架。整个6月3日作战之中，日军没有取得预定成果，损失水上侦察机两架。

到了6月4日，天气开始放晴，第2机动部队向着荷兰港再度进击。15点40分，角田觉治下令发动第三次攻击："龙骧"起飞零战6架、九七舰攻9架；"隼鹰"起飞零战5架、九九舰爆11架。这一次轰炸起到很大作用：破坏了储备有约2.2万桶原油的储油设施，另外还破坏了一个仓库与一个机库。

当然，美军航空部队也加以反击。"隼鹰"零战与一部分九九舰爆聚在一起，在乌拉纳斯卡岛西部上空与数十架敌机展开空战，击落两架九九舰爆，另外还有两架九九舰爆在归途中迫降。

第2机动部队本队也受到美军定位与袭击，B-26型、B-17型轰炸机等五架重型轰炸机突袭"龙骧""高雄"。不过由于美军投弹技术较差，没有一颗炸弹命中目标，相反日军各击落了PBY"卡特琳娜"水上飞机、B-26型轰炸机、B-17型轰炸机各一架。两日算下来，日军共击落美军飞机11架，其中PBY六架、各种轰炸机三架、P-40战斗机二架。

古贺忠义一所驾驶的编号为4593的零式战斗机

虽然日军轰炸行动取得成果，但却蒙受了更大的战略损失：在荷兰港军事基地的高射炮打击下，日军一架零战中弹，只能在荷兰港东部的阿克丹岛（Akutan）紧急迫降，飞行员战死。

之所以说是损失，是因为一个月以后的 7 月 10 日，美军找到这架制造编号为 4593 的零式战斗机，这也是太平洋战争中美军俘获的第一架零式飞机。8 月 1 日，美军将这架"阿克丹零式"（Akutan Zero）拉回到加州圣地亚哥海军基地的北岛海军航空基地。

经过一番慎重修理，"阿克丹零式"最终在 9 月 20 日重新起飞，美军也开始对这架零式战斗机展开分析。据测试飞行员艾迪·桑德斯（Eddie Sanders）少校回忆："开了一段时间马上感觉到，只要速度一过 200 节（时速 370 公里），侧翼就会变得很重，盘旋运动就会变慢，必须在操纵杆上用很大力气。向右转较之向左转要更容易……因而在 200 节速度，零战飞行员很容易突然向右转。"

在太平洋战争初期，美军 F4F"野猫"（或称"悍妇"）战斗机无论从性能还是从飞行员水平而言都难以与日军匹敌，根本无法阻止日军飞机横扫太平洋。据统计，从 1941 年 12 月奇袭珍珠港到 1942 年 3 月爪哇岛战役为止，日军一共击落了盟军各式飞机 565 架，其中零战击落的飞机就有 471 架，占总数的 83%，堪称恐怖。

零式战斗机在设计时，日本海军提出了三个条件：航速与上升速度更快、续航能力更强、火力增强。为了同时满足这三个条件，设计师堀越二郎不得不给飞机大幅度"减肥"，甚至不惜调低飞机材料的安全重力系数。但在这种拼搏精神之外，堀越二郎不得不减弱机身装甲，这也成为这架飞机的命门。

俘获这架零战之后，美军反复仔细研究零战的优缺点，开发了崭新的 F6F"地狱猫"战斗机，宣告零式横扫蓝天的岁月不复存在。

占领岛屿

就在攻击荷兰港刚刚取得一定成果的时候，6 月 4 日下午，第 5 舰队旗舰"那智"接到联合舰队发来的消息："第 2 机动部队速与第 1 机动部队合流。"

正如后人所知，这个时候中途岛攻击部队已经损失惨重，联合舰队希望能够调遣阿留申攻击部队前来支援。

不过第 5 舰队当时并不知道详情，在他们看来，中途岛作战集中了帝国海军最为精锐的部队，即便一时受挫也肯定能够攻克。反而是阿留申方面，目前美军防御力量极为薄弱，如果不趁着这个机会进一步突击，那么一旦等到美军作战力量增强就后悔莫及了。

于是，第 5 舰队向联合舰队回电："阿留申攻略按预定计划实施。"

具体决策过程暂时不表，不过联合舰队最终认可了第 5 舰队的建议，并更改命令："北方部队指挥官根据情况实施阿留申列岛攻击计划。"第 5 舰队指挥官细萱戊子郎中将随即下令："壮烈无比，攻略之日为 N+1 日，各部队遵照上述命令行动。"

之所以发出"壮烈无比"四个字，是因为在事先计划中，这四个字是一组暗号，代表着所谓"第五方法"，即放弃进攻阿达克岛，专心攻克阿图岛与基斯卡岛。之所以放弃阿达克岛，是因为在之前侦察中发现岛上并不存在什么军事设施，并无破坏或者占领的必要。

得到命令之后，6 月 6 日晚间，陆军北海支队与海军"舞鹤"第 3 特别陆战队分别登陆阿图岛与基斯卡岛。由于两座岛上荒无人烟，日军并未遭到任何抵抗。俘虏人员方面，基斯卡岛只抓到一名医生、一名厨师、六名通信兵与两名水兵；阿图岛更荒凉，只抓到一对美国传教士夫妇。

虽然没什么人，但阿留申群岛依然是美国阿拉斯加州领土。得知领土被占领，美军立刻以轰炸机连日袭击两座岛屿：6 月 12 日，美军飞机击伤在基斯卡岛附近停泊的驱逐舰"响"，6 月 15 日数架飞机再度轰炸基斯卡岛，6 月 19 日击沉了运输船"日产丸"。

由于第 2 机动部队的飞机按照作战计划要防备美军机动部队，所以面对美军航空部队来袭，日军除去用高射炮与水上飞机应对之外也确实没有什么其他办法。然而美军全部精力都投入到了中途岛附近作战中，没有谁会把精力放在北方这两个无人问津的小岛上。

当然，美国海军也还是派遣了一些小型军舰前来骚扰。7 月 5 日，美军潜艇"鲈鱼"（USS Growler, SS—215）击沉日军驱逐舰"霰"，另一艘潜艇"法螺"（USS Triton, SS—201）则击沉了日军驱逐舰"子日"；7 月 15 日，潜艇"银鱼"（USS Grunion, SS—216）击沉了日军第

25 号、第 27 号驱潜艇。

　　到了 8 月 7 日，美军出动重巡洋舰"印第安纳波利斯""路易斯维尔"与轻巡洋舰"火奴鲁鲁""圣路易斯""纳什维尔"及四艘驱逐舰一起炮击基斯卡岛。日军随即将阿图岛部分部队转移到基斯卡岛以加强守备。之后随着阿留申群岛整体进入冬季冰期，日美双方到 1943 年春天以前再未大打出手。

　　就在袭击阿留申群岛的同时，灾难也降临到了中途岛日军头上。

第四章　中途岛海战

（一）敌情不明：日本海军作战与侦察计划

虽然联合舰队侦察乏善可陈，但南云忠一中将也绝不像后世所言，对面前美军动向一无所知。

其实早在 5 月 30 日下午，就在田中赖三少将的运输船队出发之后不久，"大和"通信兵也截获美军潜艇发给中途岛的长篇加密电报；紧接着 5 月 31 日，"大和"通信兵再度监测到美军在夏威夷、阿留申群岛两个方向有着大量飞机、潜艇活跃。

从美军资料来看，这些飞机、潜艇正是来寻找日军方位的。联合舰队司令部猜测夏威夷地区很可能派出一支特混舰队，因而所有人都在等待预定于 6 月 1 日到达的"第二次 K 作战"侦察结果。

"第二次 K 作战"未竟

既然想要美军上钩，那么侦察部队就非常重要。为了明确珍珠港美军具体动向，山本五十六特地重启"K 作战"——这险些让日军早一步认识到中途岛作战的危险性。

奇袭珍珠港之后，为了了解美军在珍珠港的实际动向，日军潜艇"伊 7""伊 19"分别于 1941 年 12 月 17 日、1942 年 1 月 5 日两度发射水上飞机前往夏威夷侦察。两度侦察之后得知美军连灯火管制都不再进行，而是没日没夜赶修珍珠港损伤舰艇与岸防设施。为了阻碍美军的行动，日军便想出了一个奇特办法——启用二式大艇。

二式大艇是 1942 年 2 月 5 日被正式纳入日本海军武器序列的二式大型飞行艇，主要担负远距离侦察、重要人员转移、小型轰炸等任务。1941—1942 年前期，日本航母基本上都用在太平洋西部与印度洋战场，如果想要妨碍美军设施维修工作，续航距离 3680 海里、可搭载八枚 250 公斤炸弹的二式大艇便是很好的选择。

当然，3680 海里的续航距离无法支撑二式大艇从日本占领区马绍尔群岛往返珍珠港（超过 7000 海里），不过较之普通飞机，二式大艇的好处就在于可以随时在海上降落，并由潜艇来补充燃油。

二式大艇

2月12日，二式大艇从横须贺出发，于2月14日抵达马绍尔群岛海军第24航空战队基地，与此同时，"伊15"、"伊17"两艘潜艇急忙将水侦机库改造为航空燃油库，潜伏到夏威夷以西480海里的弗伦奇·弗里盖特沙礁。日军本想迅速开始作战行动，但由于2月24日威克岛受到美军空袭，只得少许延期。

3月2日，两艘二式大艇（1号机：桥爪寿夫大尉，2号机：笹生庄助少尉）开始前往沃特杰岛；3月4日0点25分（东京时间），两架飞机正式出发，并于13时50分在预定地点加油，之后16点再度起飞，朝着夏威夷方向飞去。

18点44分，美军雷达敏锐地发现了日军飞机，不过由于飞行速度不是很快，美军以为是己方飞机，只是派遣PBY"卡特琳娜"水上飞机与数架P-40战斗机前往确认，并在19点18分拉响空袭警报。

两艘二式大艇虽然没有遇到美军飞机，但由于担心被发现，加之云层厚重无法观测，只好回返。离开之前，1号机、2号机各自在21点10分、21点30分扔下四枚250公斤炸弹，扬长而去。3月5日9点10分，2号机回到沃特杰岛，9月20分，1号机回到第24航空战队基地。

根据日军回报，他们命中两艘战列舰、一艘航母、一艘巡洋舰，然而从美军报告来看，四枚炸弹扔到了珍珠港东侧的山地，四枚扔到了海里，无人伤亡。由于美军想不通为什么只见飞机，不见航母，便以为是美军自己的飞机乱飞乱投，也并未当回事。

看到"K作战"成功，联合舰队再度要求两艘二式大艇起飞侦察中途岛与约翰斯顿岛。3月10日两机再度起飞，不过飞往中途岛的1号机却遭到雷达捕捉，被美军F4F战斗机升空击落。

两次"K作战"既说不上成功，却也难说失败。思来想去，日本又确实没有其他成熟办法，于是在5月中旬，联合舰队决定发起"第二次K作战"，依旧派遣二式大艇在6月2日前后前往中途岛附近侦察。从客观角度来看，如果这一次侦察情况顺利，日本军队很有可能发现美军航母已经来到了附近海域。

不过由于美军先前破译了日军密码，早已了解到日军相关作战计划，便早早派遣驱逐舰"普雷柏"（USS Preble, DD—345）与水上机母舰"索尔顿"（USS Thornton, DD—270）来到日军预备加油的弗伦奇·弗里盖特沙礁。

5月30日，预备加油的"伊123"来到这一海域，发现美军已经严密布控，便向后方汇报情况；5月31日，另一艘加油潜艇"伊121"也来到了附近海域，回报相同情况。于是在6月1日，日军紧急宣布中止二式大艇侦察计划。

"第二次K作战"失败其实不算什么事，毕竟任何计划都有偏离之处，但问题在于，联合舰队在计划失败之后没有任何补充措施，既没有想办法派遣二式大艇前往侦察，也没有再补充其他侦察方式。按照黑岛龟人大佐战后回忆："当时总觉得我们机动部队无敌，很容易压倒敌军，便没有采取特别处置方法。"

这种态度，也正是日本人对待侦察的态度。

"有耶无耶"：侦察计划

日军问题并不在二式大艇作战，而是在整个侦察思维上。

其实除去二式大艇以外，日军还预备在"N−5日"（东京时间6月2日）前由第6舰队（潜艇舰队）建立三条警戒线：甲警戒线（第3潜艇战队）布置在北纬19度03分至北纬23度30分、西经167度之间；乙警戒线（第5潜艇战队）布置在北纬29度30分、西经164度30分

日本海军"伊15"号潜艇

与北纬 26 度 10 分、西经 167 度之间；丙警戒线（第 1 潜艇战队"伊9""伊15""伊17"）布置在北纬 49 度、西经 166 度与北纬 51 度、西经 166 度之间。

上述经纬度资料并不需要记，只需要记住两件事：第一，潜艇布控地区都是美军必经之路，而且美军确实从此通过了；第二，潜艇部队并没有按时建起警戒线，而是在美军 6 月 2 日通过之后才在 6 月 4 日姗姗来迟。

之所以晚了，首先还是因为整个作战计划不顾实际情况。第 6 舰队所有潜艇之中，适合开展长距离潜水侦察任务的只有第 1、第 2、第 8 三个潜水战队，但第 2、第 8 潜水战队分别去了印度洋、澳大利亚、非洲执行任务，仅存的第 1 潜水战队还被派去参加阿留申作战，所以留给中途岛作战的就只剩下第 3、第 5 两个潜水战队。

但这两个战队也有问题，首先在第 6 潜水舰队得到中途岛作战命令之时（东京时间 5 月 19 日），第 5 潜水战队正在返回夸贾林岛，回岛之后又要重新检修、改装，而与此同时第 3 潜水战队里的三艘潜艇还用于"第二次 K 作战"，所以两个潜水战队直到 5 月 26—30 日才陆续出航。而且由于美军加强海上巡逻，日军潜艇白天不敢上浮航行，必须慢速潜航，这样它们直到 6 月 4 日才最终到达前线。

但更致命的是，针对这一情况，先遣部队（第 6 舰队）司令小松辉久中将并没有在第一时间上报联合舰队司令部，也没有通知任何相关部队加以注意。直到 6 月 3 日，即南云机动部队袭击中途岛之前一天，他才将"第二次 K 作战"失败的消息上报联合舰队，但依然没有提醒联合

高速战舰"榛名"

舰队：潜艇防线抵达时间晚了两天。

有趣之处在于，小松辉久是皇族出身，父亲是北白川宫能久亲王，他本人最早的称呼也是"辉久王"。虽然自 1909 年担任海军少尉候补生以后就选择"臣籍降下"，但由于继承了 1903 年就绝后的小松宫家业，因而小松辉久没有像一般"臣籍降下"那样只是获封伯爵，而是获封了更高一等的侯爵。

相比一般人，这位小松辉久更有骨气。按照惯例，在海军兵学校里，皇族军人无论成绩如何都会排名第一，但小松辉久（辉久王）本人却拒绝这种特殊待遇。

海军兵学校第 37 期入学时，他的成绩在 180 人里排名第 160 位，但毕业时却到了第 26 位。要知道这一期里有著名学霸井上成美、小泽治三郎，他还能够进步飞快，即便不算学霸，也可算是个勤学苦练的合格军人。

然而在中途岛作战前，这位曾经的合格军人却由于笃信山本五十六的指挥能力而完全掉以轻心，不但没有参加"大和"举行的兵棋推演与战术布置会议，甚至要求联合舰队水雷参谋有马高泰中佐不要将潜艇侦察细节写在中途岛作战计划里。

大体因此，担负重要侦察任务的先遣部队完全没有细节计划，何时整修完毕，何时出发，何时抵达阶段性目标，几乎没有任何书面材料。

由于对中途岛作战过于自信，小松辉久一直把目光投在中途岛取胜之后的后续计划里，比如如何用潜艇袭击巴拿马运河，如何切断加利福尼亚地区的海运线等。

日语中有一句话叫作"有耶无耶"，最早是佛教用语，意指"心驰于有无二边而犹豫不定"，后来逐渐变成了"糊弄事"的意思。总体而言，日军无论是"第二次K作战"还是潜艇警戒，无论是警戒作战计划还是失误之后的反应，都很"有耶无耶"。

更可笑的是，追责也是"有耶无耶"：由于小松辉久中将出身皇族，对他的失误也没有任何追究。战后，这位皇族海军中将成为乙丙级战犯，被远东国际军事法庭判处有期徒刑，到1955年才走出巢鸭监狱。

即便是这种侦察计划，日军也并非一无所获。临近作战日的6月2日，潜艇"伊168"指挥官田边弥八（たなべ・やはち，1905—1990）递交了一份侦察报告，其中提到中途岛美军飞机每天起降100架次，而且水上飞机大部分时间都在外面巡逻，晚上则有工作灯光彻夜通明——然而这份汇报却没有受到重视，也没有转发给机动部队。

开战前第1机动部队的情报状况与决断

虽然联合舰队的空中（"第二次K作战"）、水下（潜艇部队）都未能完成任务，但日本人并非一无所知。

如前所述，情报发送是一种信息流状态，所以解读信息固然重要，但即便解读不了信息，能明确信息流向与信息密度，这本身也是一种信息。

除去5月30日、31日"大和"通信兵截获信息之外，东京方面也注意到夏威夷方面发送电报明显增加，而且截获到180份电报之中有72份是急电。对比奇袭珍珠港时期夏威夷方面几乎没有任何动静，这次美军却好似是开足马力发电报，任何人动一动脑子就会明白事态不对。

那么问题来了，"大和"身处"主力部队"，远在南云忠一中将第1机动部队的后方，相关情报到底有多少到达了南云忠一指挥部呢？

机动部队航空参谋渊田美津雄中佐战后回忆："旗舰'赤城'无线电接收能力有限，加之前进中日本军队保持无线电静默，山本大将在联合舰队旗舰上收到的情报为南云中将所不知。"正因这番记录，在一般书籍中作者都会认为第1机动部队对面前美军来袭一无所知。

首先应该说，渊田美津雄关于"赤城"通信能力差这个记载是正确的。由于日本航母舰桥结构较小，天线无法放置到足够高度；而且做过日本航母模型的朋友都会了解，一旦有飞机起降，航母天线就要放倒以免发生事故，这就使得日本所有航母都存在通信问题。

日本人很了解这一点，因而整个机动部队情报接收并不仅仅以"赤城"为主。事实上跟随第1机动部队护航的高速战舰"榛名""雾岛"，重巡洋舰"筑摩""利根"都拥有很先进的无线电设备。各舰将无线电接收器调至接听东京情报的频率，进而对情报进行甄别分析，并将有用情报上传给旗舰"赤城"。

从航母"赤城"的报告来看，5月29日就写到"美军在中途岛外的空中巡逻、潜艇数量均增加"，5月31日还写到从"军令部"得到消息："大量敌军舰船参与到太平洋飞机基地的通信系统，而且舰船通信系统总部可能位于火奴鲁鲁。"

既然消息从军令部来，那也就是说，"赤城"有能力从东京直接获得信息，不一定非要经过联合舰队转发。换句话说，即便联合舰队全部封锁消息，到当地时间6月3日机动部队的作战前最后会议时分，与会人员也绝不是一无所知。

那机动部队知道什么呢？第一是通过拦截电报，得知美军往来电文极为频繁，且大部分是紧急信息；第二是得知美军在中途岛附近布防开始严密起来，本方舰队很可能无法躲过美军侦察机视野，自然也就无法完成突袭；第三是预定在6月1日完成的"第二次K作战"迟迟没有回音。

仅就这三点，任何一个普通人都可以作出判断：美军很可能已经得知日军动向，且日军无法详细了解美军动向。日军最好的境况也是"知己不知彼"，而美军很可能已经"知己知彼"。

当地时间6月3日上午，前一天遇到的薄雾变成漫天大雾，即便相隔只有五六百米的舰艇也无法互相看到，甚至探照灯也照不穿浓雾。既然旗语与探照灯失灵，那么整支舰队在下一次预定转向时分（东京时间中午12点）就很容易相撞，但联合舰队又严令南云忠一保持"无线电

"静默"，整个机动部队指挥部就陷入两难局面。

正如渊田美津雄所言，这种两难实际上正反映出"两个根本矛盾的作战任务"：第一个是空袭中途岛，这就要求机动部队必须严格按照计划表行动；第二个是寻找并击败美军舰队，这又要求机动部队必须随机应变，且在搜索美军时保持行踪隐秘。

仅从军事角度看，作战计划已经偏离原路太远，非改不可，但军队并不只是为军事而生，也是为政治而生。

南云忠一虽然在过去六个月里取得大胜，但在奇袭珍珠港之后，没有进行最后一次攻击颇为日本海军内部诟病。如果这时再退缩，恐怕南云忠一就要比之后的栗田健男先获得"跑跑"称号。

事实上从兵棋推演阶段开始，南云忠一就一言不发。因为无论他看出什么问题，也无论实际上有什么问题，完成山本五十六交代的任务，是他的唯一选择。但问题在于，山本五十六交代的任务本来就自相矛盾，而且无论怎么做都难以避免失败，那么最好的方法就是不到万不得已不做选择，而且即便选择，也要尽可能什么也不做。

如今便是第一个"万不得已"：要么不用无线电，看着各艘舰艇互相撞击，要么打破"无线电静默"，放弃捕捉美军舰船，将主要精力投入到袭击中途岛当中去。

第1航空舰队首席参谋大石保大佐首先发言，提出"联合舰队作战命令规定歼灭敌军是首要任务，配合登陆是次要要求……但如果在我们准备进攻的时候没有发现敌机动部队，便必须按照时刻表发动突袭"。

南云忠一只提出了一个问题："那敌舰队在哪里？"

大石保回答："我们没能侦察珍珠港，因而不知道敌人在哪儿。如果敌部队目前在珍珠港，且在我方进攻中途岛以后出动，那么我们就有充裕时间来对付他们，因为敌军需要行驶1100海里……即便敌军已经知道我们的动向并出发迎战，目前也不可能离开珍珠港太远，所以我们的第一件事就是按照计划空袭中途岛。"

大石保这番话虽然看起来难懂，但在当时情报环境下，这的确是一个既可以不调整计划又有足够理由的最优解。虽然美军往返电报已经频繁起来，但美军有可能只是刚刚出发，日军机动部队仍然有可能侥幸在美军机动部队抵达中途岛之前发动空袭。

南云忠一认可了这个提案，10 点 30 分，"赤城"使用中波发送电报"1200 转航至 100 度"。之所以用中波发送，是因为它可以保证命令发送到第 1 航空舰队边缘，但也不会太远。

既然发出这封电报，日军位置就很有可能暴露，那么日军除去一条路杀向中途岛外，也就没有其他选择了。

日军侦察计划

吊诡的是，东京时间 6 月 3 日这封"转向"电报虽然让 600 海里之外的联合舰队旗舰"大和"收到，但美国舰队却完全没有截获。换句话说，美军到这时仍然不知道日军机动部队在哪里。

不过 6 月 3 日 5 点 43 分，美国 PBY 水上飞机终于有所发现：中途岛正西侧 300 海里左右有一支日军扫雷部队，这正是攻略部队第 2 水雷战队第 18 驱逐队；而不久之后的 6 点 30 分，第 2 水雷战队本身也被美军发现。按照中途岛作战计划，由于运输船团速度慢，所以出发日期较之其他部队提前一点，而正是这个提前，也让他们成为美军首要空袭对象。

13 点 30 分左右，九架 B–17 轰炸机从中途岛飞抵日军第 2 水雷战队上空。不过可怕的并不是这次空袭，而是日军面对空袭的态度：九架 B–17 从 2400—3700 米高空发起进攻，然而日军直到飞机降临到眼前才有所察觉，匆忙旋转舵机躲避炸弹。运输船团侥幸躲过全部炸弹，但东京时间 6 月 4 日 22 点 15 分（当地时间 6 月 5 日凌晨 1 点 15 分）又一次遭到美军空袭，这一次油船"曙丸"中弹，虽然船体未受太大损伤，但依然死 11 人、伤 13 人。

这是整个中途岛海战日美两军第一次正面接触，战报被迅速传到旗舰"大和"，引发一些担心。即便如此，日军依然坚定不移地朝着失败迈进。

东京时间 6 月 4 日 3 点 7 分，第 1 机动部队的补给分队在最后一次加油之后离开舰队；5 点 30 分左右，"赤城"开始用信号灯通知全舰队准备来日空袭中途岛；10 点左右，日军开始起飞战斗机担负防空任务，航母也提速至 24 节；15 点 30 分，"赤城"再度用信号灯详细发布作战命令，并宣布侦察任务与第一次攻击队同时进行。

日本海军的"零式"水上侦察机

接下来便该说到第 1 机动部队的侦察计划了。由于南云忠一对于航空作战了解不多，侦察计划自然由航空参谋源田实中佐代为完成。

源田实制订的侦察计划

简而言之，源田实只准备用七架飞机来完成搜索任务，分别向着美军飞机最可能来航的东侧、南侧进行扇面搜索。其中第一条（181 度）、第二条侦察线（154 度）由"赤城""加贺"起飞一架九七舰攻完成；第三条（123 度）、第四条（100 度）由重巡洋舰"利根"发射两架零式水上侦察机，第五条（77 度）、第六条（54 度）由重巡洋舰"筑摩"同样发射两架零式水侦完成；第七条（33 度）由高速战舰"榛名"发射九五式水上飞机担负。

除去 7 号机外，另外六架飞机均计划向外探索 300 海里，然后左转飞行 60 海里，再返回机动部队。这便是所谓"单相搜索"，即派遣单一侦察机飞行侦察，好处是简单明了，如果对手在附近马上就能发现。但坏处也很明显：如果对手在接近过程之中，或者云层太厚遮挡视线，或者只是飞行员看错了，那么都有可能错过美军。

针对这一点，渊田美津雄在其著述《中途岛》里已经加以批评："如果我们只想证实自身假设，即附近没有敌舰队，那么单相搜索即可；但如果我们意识到这种假设有可能是错的，而且敌舰队就在面前，那么我们的搜索就应该确保在敌军进攻之前，我们就能发现其方位并开展攻击，因而在拂晓开展双相搜索是应取之策。"

所谓双相搜索其实可以理解为单相搜索的复制，即在第一次侦察飞机出发之后一段时间，派出另一组飞机侦察同一扇面，就能保证美军不会在这段时间差内闯入扇面而不被发现。渊田美津雄提出"应该在大约一小时后，在同一个搜索扇面内，派出第二相搜索"。

渊田美津雄的批评固然有道理，但也必须明白，他写作《中途岛》时已经是 1951 年，距离中途岛海战有近十年之久。十年间大量海军航空作战经验积累起来，日军与美军均早已将"双相搜索"列为海军基本侦察原则；但在 1942 年，"双相搜索"概念并未引入到日美两军的任何一方军事手册之中，渊田美津雄站在十年后来批评源田实便颇显"事后诸葛亮"，事实上在源田实提出"单相搜索"计划时，渊田美津雄也并未表示反对。

日军真正的问题在于对侦察的轻视。《海战要务令》始终强调"决战"思想，对于"侦察"却一笔带过，日军保有二百余架攻击机，却仅愿意拿出两架九七舰攻担负侦察任务；反观美军方面，在同一时期，SBD"无畏式"俯冲轰炸机却有三个编队（共 56 架飞机）配合三十余架 PBY 水上飞机担负侦察任务。

当然，相比日军只需要探索东侧、南侧与东北侧三个方向，美军则需要更广泛地涵盖从正南侧到正北侧的一个 180 度扇面。即便如此，日美 1:12 的侦察机比例也实在是过于悬殊。即便将航母"加贺"多出的九架九七舰攻用于正东方向侦察，结果都很可能不同。

不过对比一下也会发现一个有趣现象。事实上在 1942 年前五个月的各种海战里，无论是小规模的马来冲海战，还是机动部队全部出动的锡兰海战，抑或是珊瑚海海战，日军都会派出 10% 左右的正规飞机担负侦察任务。

当然，前述几场战役都是遭遇战，日军并没有完整的作战计划，但中途岛作战却有着独立完整的作战计划。整个计划里的"第二次 K 作战"、小松辉久的潜艇部队之所以出现，就是为了让中途岛前线部队尽可能少派遣侦察机，而将更多兵力用于攻击之中。

反过来说，之所以中途岛海战只派遣两架，原因恐怕也在于战前作战计划规定得过于详尽，日本人本以为"第二次 K 作战"与小松辉久的潜艇部队都能够尽职尽责完成任务。既然没有从这两支部队方面听到什么消息，那就意味着美军出现的概率很低。

这种思维方式听起来或许匪夷所思，但考虑到日本官僚体制的特性并不鼓励任何个体采取什么独断专行的行动，所有人都要各司其职。这种各司其职的好处在于可能提高效率，但坏处就在于，一旦任何一个齿轮出现问题，其他齿轮绝对不会超出自己的权限去弥补这个齿轮的过失。

所谓多一事不如省一事，机动部队没有必要代替"第二次K作战"、代替小松辉久来承担责任。

这种官僚化思维，恐怕是葬送日本的罪魁祸首——而且更麻烦的是，即便在如今的日本社会，这种"各司其职、不担责任"的作风似乎依然很强劲。

（二）阵前换弹：南云忠一真是愚将？

与其他著述相同，进入中途岛实际作战时，采用时间一律从东京时间变更为夏威夷时间。

航母如何起飞飞机？

夏威夷时间6月4日4点26分（东京时间6月5日凌晨1点26分），中途岛附近海域还是一片漆黑。

就在中途岛西北方向240海里水域，随着南云忠一中将在旗舰"赤城"上一声令下，108架攻击机（零战、九九舰爆、九七舰攻各36架）起飞前往轰炸中途岛。中途岛狂胜，或者说中途岛惨败即将拉开序幕。

值得一提的是，日军每个飞行员只花了10—15秒钟就把自己的飞机拉了起来。虽然四艘航母要起飞108架攻击机（平均每艘航母起飞27架），但日军航母在4点30分之前就放飞了全部飞机，并在15分钟以后在空中顺利编队，飞往中途岛。可见日本在奇袭珍珠港之后虽然历经数场战役减损，但飞行员水平依旧是世界一流的。

当然，能够完成这种高效率工作，不仅靠飞行员刻苦训练与高超技术，而且日军操作工人与机械师更为辛苦。事实上早在2点30分（6月

4 日 23 点 30 分），各航母飞行长就按照规定将所有工作人员叫醒，要求他们在整理床铺、吃完早饭之后开始正规作业。

与美军有所不同，二战时日军航母将飞机全部停放在机库里，加油、装弹、填充润滑油等作业都要在机库内完成，这不仅使得机库里充斥着各种油漆、机油、汽油味道，也造成航母技师必须在非常狭窄的空间里作业，这就在一定程度上拖延了准备时间。

为了安全起见，飞机在储存阶段必须卸下炸弹（鱼雷）与全部油料，所以第一件事就是要把机库舱壁挂着的副油箱摘下来，再将飞机油箱的金属软管全部展开。每架飞机需要 180—235 加仑航空燃油，即便最快的加油技师，加油作业也会耗费几分钟时间。

紧接着是挂弹作业。以停放在底层机库的九七舰攻挂弹作业为例，技师挂弹需要用小推车（弹药车）从弹药舱里推出炸弹（鱼雷），再乘坐升降机把炸弹送到机库里。弹药车分为两种，一种可以运输 250 公斤炸弹，另一种可以运输 800 公斤炸弹或 850 公斤九一式氧气鱼雷，而这也是日军二战时期最为成功的对舰武器。

好不容易把炸弹运到指定飞机附近，接下来的操作更为危险，机械技师需要用千斤顶将重磅炸弹安装到炸弹挂架上，接着将炸弹首尾两根保险丝打开，使炸弹进入激活状态。这个过程必须小心谨慎，否则极容易出现安全事故。

虽然四艘航母都在舰腹、舰尾设有三部升降机，但由于每艘航母针对每种炸弹（鱼雷）只配备了储存飞机三分之一左右的弹药车（"赤城""飞龙""苍龙"为每种六辆，"加贺"为每种九辆），上述环节必须反复进行三次，才能将航母内部所有九七舰攻安好炸弹。

炸弹悬挂完毕，飞机需要通过更大升降机送上飞行甲板，其中九七舰攻与零式战斗机可以走船尾部升降机，但肥大的九九舰爆只能用中部大升降机升降，挂弹作业也只能在飞行甲板上完成。

一部升降机一次只能升上一架飞机，而升降机又必须供不同层的飞机使用，这就意味着一旦进入作业状况，飞行甲板上的日军工作人员必须尽快将重达数吨的飞机推到升降机上。而由于底层机库距离飞行甲板有 10 米左右距离，即便是航母"加贺"最快的船尾升降机（44 米 / 分钟），来回一次也至少需要半分钟时间，再加上将飞机推入、推出的时

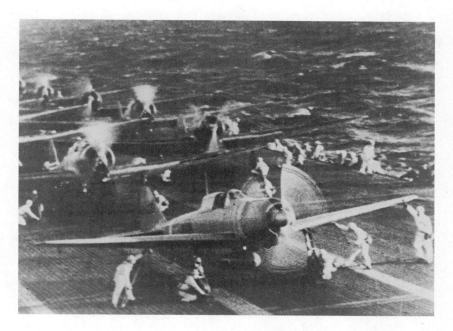

日本海军在舰载机整备和起飞上长期具备优势

间，升降一次至少要耗费一分钟。

等到了甲板上，各架飞机要展开机翼，紧接着又要立即开始定位作业，甲板工作人员要将飞机一架架拉到指定起飞位置（日本直到战争结束也从未使用车辆协助飞机定位）。紧接着便是极为麻烦的预热工作，预热主要指测试发动机是否在其最佳状态，以防空中停机导致坠毁或者迫降；之后还要对无线电设备、各舵面、副翼、水平控制器做检查。之后飞机机组人员接过指定飞机，等待起飞许可。

之所以讲述这么多航母起飞作业细节，其实是为了说明一件事：在航母上起飞飞机与在陆地上起飞飞机有着流程上的区别，不可能像各种军事游戏里那样，想起飞飞机马上就能起飞。

以当时日军作业速度而言，一架飞机在机库加油、挂弹需要10—15分钟，从进入升降机到抵达飞行甲板要5—10分钟，飞机定位要10分钟，预热至少需要15分钟，所以飞机起飞准备阶段至少需要45分钟时间——听起来似乎很久，但以当时机械能力来看，这已经算非常迅速了。

所以如果想理解南云忠一中将在6月4日关于"换弹"的举动，首先要明白，日本指挥部的每一个动向，事实上都是基于对至少45分钟以后的时局的判断。

机动部队与特混舰队：博弈之始

6月4日4点30分（东京时间6月5日1点30分），除去108架攻击机组成第一次攻击队飞往中途岛之外，侦察机也随即出发。

之前提到，日军只派遣了七架侦察机，然而就是这七架飞机，也有四架没有按照规定时间起飞。

首先根据第8战队司令官阿部弘毅少将判断，"利根"首要任务是反潜，因而首先在4点38分发射了一架九五水侦，之后在4点42分、5点各发射了负责第3、第4条侦察线的零式水侦；"筑摩"则要迅速一些，早在4点35分、4点38分就发射了负责第5、第6条侦察线的零式水侦，最后于4点50分发射了反潜侦察机。

"筑摩"舰长古村启藏大佐战后已经记不得为什么会延迟，只记得受到催促以后立刻下令起飞；"筑摩"飞行长黑田信大尉则提到，没有任何命令让他们升空，这才一直等待，直到过了预定时间才前去询问。

"利根"方面则更为复杂，渊田美津雄虽然回忆说是"弹射器出了毛病而耽误时间"，但"利根"通信参谋矢岛源太郎大尉、飞行长武田春雄大尉却双双提到"不记得弹射器曾经有问题"，而飞行员也在等待

日本海军九五式水上侦察机

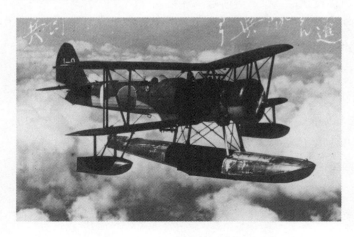

起飞命令，甚至"不觉得耽误了时间"。

这两艘重巡洋舰到底发生了什么问题，恐怕如今已经很难说清楚，但可以说清楚的是，"筑摩""利根"四架侦察机起飞延误一事，并没有出现在给旗舰"赤城"的通信报告里。一如先前小松辉久中将指挥的潜艇部队一样，又一次延误事件没有传到该听到的人的耳朵里。

5点32分，编队最前方的重巡洋舰"长良"、高速战舰"雾岛"放出烟雾，报告在舰队166度、40公里之外发现一架美军PBY水上飞机。

这架飞机由霍华德·爱迪（Howard Eddie）上尉驾驶，事实上早在17分钟以前他就发现了一架日军零式水侦（"利根"4号机），进而追踪向日军航母。

5点40分与5点52分，威廉蔡斯上尉驾驶的PBY水上飞机分别发现日军第一波攻击队与第1航空舰队，两度将情报传回给中途岛，中途岛陆基航空兵立刻起飞20架F2A水牛式战斗机、6架F4F"野猫"战斗机拦截。不过由于无线电故障，第16、第17特混舰队并没有收到详细报告内容，直到6点03分才从中途岛基地得到准确消息。

而且有趣的是，美军这几条"发现日军"的消息反而都被"赤城"截获。南云忠一与一干幕僚早就明白美国人已经发现自己，但他们已经把飞机放出去了，那么接下来就只有按原计划等待了。

更有趣的是，美军除去让中途岛航空部队飞起来以外，第16、第17特混舰队并没有着急起飞飞机。首先艾迪、威廉蔡斯两架飞机的情报都说发现"日本航母二"，这就意味着日军肯定有至少两艘航母。如果两架飞机都没有发现另外两艘，那就意味着这支没被发现的战队很有可能处于美军侦察盲点之中。

更麻烦的是，艾迪报告日美两军距离为"180海里"，威廉蔡斯报告"175海里"，这个距离恰好是F4F"野猫"战斗机与TBD"复仇者"鱼雷轰炸机的作战半径，一旦把全部飞机都派出去，若是日军突然改变方位或者两架飞机本来方位情报就有误，那么飞机就需要继续搜索日军，浪费燃油。

综合考虑很多原因，斯普鲁恩斯决定暂缓从航母起飞攻击机，并设定7点为攻击机起飞时间。

危机一瞬

"袭击方式：2号。风向：90度，每秒9米。进攻方向：270度。"

6点10分，"赤城"接到第一次攻击队发来的电报，在200海里以外的中途岛，日军107架轰炸机以战斗机、九九舰爆、九七舰攻顺序接近，正式开始空袭作战。

由于美军已经升空飞机，最初作战是一场战斗机搏斗。经过15分钟厮杀，美军26架飞机最终被击落15架（13架F2A，2架F4F），另有七架在降落之后无法使用（五架F2A，二架F4F），日军只损失了两架零战。

一番激战下来，日军丢失二架零战、一架九九舰爆、五架九七舰攻，同时12架零战（二架无法修理）、一架九九舰爆、16架九七舰攻受伤。其中指挥官友永丈市大尉的飞机因伤而无法使用无线电，只能通过小黑板让2号机代发电报。

6点45分，友永丈市发回第一条电报"我们完成空袭，准备返航"，而在7点，友永丈市又发回第二条电报，里面用单一代码重复了三次"KAWA"；7点10分，日军聚齐全部剩余飞机返航。

遭遇空袭的中途岛

太平洋战争全史

在日语里，"KAWA"可以解读为"河流"，也有着"更换""变动"之意。如果说奇袭珍珠港时期重复三次"TORA"（虎）象征着奇袭成功，那么"KAWA"则明显意味着需要一些"更改"："需要进行第二次空袭"。

前线要求第二次空袭，这就说明轰炸很不充分，没能摧毁全部美军设施。的确，虽然日军轰炸了中途岛重油井、水上飞机机库、指挥所、发电厂、对空炮台、机场跑道，但由于攻击机数量不足，加之美军飞机与防空火力已经全部打开，轰炸并没有完全摧毁机场跑道，中途岛依然保留着起降飞机能力。

应该说，接到这条电报，南云忠一并没有太过惊讶。要知道奇袭珍珠港时期，日军两次攻击总共动用350架飞机，结果依然没有摧毁珍珠港全部设施。虽然中途岛较之珍珠港海军基地规模要小了很多，但日军作战目的也从"摧毁珍珠港美军舰队"转为"摧毁中途岛全部军事设施"，区区108架飞机无论怎么说也太少了。

就在南云忠一思考下一步动向时，7点10分，航母"赤城""苍龙"各自派遣零式战斗机升空防御，与此同时，美国陆军六架B-26轰炸机与海军四架TBF鱼雷机合在一起，第一次接近航母主队附近，日美两军随即展开激战。

有趣的是，由于美国陆海军互不归属，B-26分队与TBF分队并没有统一攻击，而是各自朝着第1航空战队旗舰"赤城"、第2航空战队旗舰"飞龙"袭去，这就使得本就处

美国陆军关于 B-26 轰炸机的广告

于主动的日军更加占据了主动权。不久之后，美军飞机尽数落海，日军在舰队上方赢得了第一次航空战胜利。

但意外事件突然发生。一架 B-26 飞机被"赤城"防空火炮击中，摇摇欲坠，但这架飞机不但没有选择逃离，反过来直接冲向"赤城"舰桥部位。

渊田美津雄回忆："它飞得很低，这是一架 B-26 飞机，机身上的白星可以看得很清楚。"不过这架飞机并没有像二战末期日本神风特攻队那样搞起"特殊攻击"（自杀袭击），而是越过"赤城"舰桥，一头栽进海里。

这次危机发生过快，日军指挥官甚至没来得及作出反应，如果不是这架飞机偏离目标，那么日本机动部队很可能在战争伊始就失去旗舰"赤城"舰桥与整个指挥系统。

不过从后续战役发展来看，如果南云忠一此时殉职，倒不一定是件坏事，至少他不需要再去为了是不是"换弹"而犹豫了。

为什么要第一次换弹？

所谓"换弹"，便是将九七舰攻目前装备的对舰鱼雷卸下，改装对地炸弹。

较之零式战斗机与九九式舰上爆击机有着较为专业的分工（空中战斗、俯冲轰炸），九七式舰上攻击机则更为多元，既可以携带 800 公斤炸弹，也可以携带九一式氧气鱼雷，在扔掉沉重的炸弹（鱼雷）之后还可以作为优秀的战斗机来使用。所以虽然零式战斗机更负盛名，但当时日本飞行员却更为偏好这种多功能飞机。

正因为多功能，也正因为九七舰攻可以同时装备炸弹、鱼雷，而九九舰爆只能装备炸弹，所以一般而言，九七舰攻在机库里会装配鱼雷，以便随时出击敌军舰艇。

目前南云忠一面临着抉择：到底是继续起飞第二次攻击队轰炸中途岛，还是继续留着手头飞机，以防美军突袭？如果选择前者，那么第 1 航空战队所剩 43 架九七舰攻就需要"换弹"，如果选择后者，那就什么也不用做。

从东京时间 6 月 3 日 10 点 30 分南云忠一打开无线电以来，事实上机动部队都选择"强袭中途岛"剧本，而放弃了"捕捉歼灭美军舰队"剧本，所以最不费劲的做法很明显，那就是更换弹药，继续进攻中途岛。

但早在 5 月，联合舰队旗舰"大和"上的兵棋推演结束之前，山本五十六就口头告诫南云忠一：至少留下一半左右攻击机，以防美军突袭。

问题在于，如果执意按照山本五十六所言，那么南云忠一只剩下一个选择：等待友永丈市第一次攻击队回归，补充弹药，更换人员，再发动第二次空袭。

考虑到第一次攻击队在 4 点 30 分离开机动部队，7 点左右完成轰炸中途岛，那么全部收容第一次攻击队起码在一个半小时至两个小时以后才能完成；回归之后以最快速度重新配备人员、补充弹药，按照日本航母作业顺序，九九舰爆倒是可以在甲板上补充弹药，但零式战斗机与九七舰攻需要重新拉回机库，然后重新回到飞行甲板，一来一回，至少需要两个小时时间才能起飞——总之，日军需要 4—5 个小时时间才能起飞第二次攻击队。

通过 7 点 10 分左右这次袭击，日军已经发现美军飞机里存在陆军飞机，B-26 又不可能像杜立特空袭那样改装为航母起飞，那么起码可以确定起飞地点里有一个中途岛。如果白白浪费 4—5 个小时时间不去攻击，那么无异于给了中途岛美军一个喘息之机，日本航母舰队难保不会再受到新来飞机的攻击。

相反，如果现在将鱼雷换为炸弹，按照战前"苍龙""飞龙"两艘航母进行的测试结果，大体可以控制在一个半小时至两个小时，再用30 分钟完成升降、定位、预热、起飞，至少能减少一半以上的等待时间。更重要的是，使用同一拨人、同一拨飞机两次攻击同一个目标，肯定不如用生力军来得更好。

很多人批评南云忠一此举并不明智，但问题在于，按照战前源田实制订的侦察计划，7 点时各架飞机应该已经抵达扇面最远端，正在向左巡航。如果目前还没有收到各侦察机发来的电报，那么也就意味着目前东侧、南侧都没有美军航母舰队存在。

7 点 15 分，"赤城"发布命令："第二次攻击队本日实施，待机攻击队换为爆装（对地炸弹）。"

然而就在这一时刻，第16特混舰队接连起飞117架飞机，之后8点30分开始，第17特混舰队也起飞35架攻击机，两支队伍以分队形式各自寻找日军航母。.

"利根" 4号机的"暧昧"情报与十三式舰爆机出发

早在6点49分，一份让人不安的电报就抵达"赤城"：担负第6条侦察线（54度）的"筑摩"零式水侦提到天气恶劣，必须返航。

但问题并不止于此，实际上第5条侦察线（77度）更为尴尬：根据战后分析，美军第17特混舰队就在日本第5条侦察线上，且应该在6点30分左右经过，但担负侦察任务的"筑摩"1号机却完全没有汇报类似消息。

解释只有两种：要么他违反侦察程序，一直飞在云层上方；要么他完全偏离航线。然而无论是哪一种，都无法否认"筑摩"1号机驾驶员黑田信大尉存在严重失职，且这次严重失职也严重影响到了南云忠一在7点15分的判断。

不过多年以来，似乎没什么人责备"筑摩"1号机，反而都在责怪第4条侦察线（100度）的"利根"4号机。因为"筑摩"1号机虽然犯了错误，但不对比日美两方史料很难看出来；"利根"4号机虽然代替"筑摩"1号机发现了美军，但丑态却通过一封又一封电报直接暴露在世人眼前。

7点28分，"利根"4号机发出电报："发现敌军模样之物10艘，中途岛方位10度，240海里。航向150度，航速20节以上（推测为美军第17特混舰队）。"由于电报先是传到重巡洋舰"利根"再转发，所以直到7点40分，这封电报才摆在南云忠一面前。

这封电报不啻一枚重磅炸弹。

南云忠一首先作出一个决定：7点45分，"赤城"宣布所有航母暂停换弹作业。此时，换弹作业已经进行了差不多半个小时，推测"赤城""加贺"各换完六架、九架九七舰攻。

从"赤城"指挥部角度来看，"利根"4号机的情报不仅带来了"美国航母可能出航"这种可能性，也带来了一大堆不确定性：首先根据地点推测，"利根"4号机是在其预定航线北侧发现美军特混舰队的，但北边又是"筑摩"1号机的第5条侦察线范围，为什么"筑摩"1号机却没有发现美军呢？

想来想去只有一种可能性，那就是"利根"4号机没有沿着计划路线侦察，而是误打误撞去了北侧。若真是这样，"利根"4号机就不一定能确认自己的位置，一旦不能确定位置，侦察报告就没有意义。

另外侦察报告全无"舰种"信息，到底有没有航母？如果没有航母而贸然派人去轰炸，那么结果很可能就与珊瑚海海战里"翔鹤""瑞鹤"的尴尬境地一样，把主要兵力投入到无用的巡洋舰与油船当中；但目前航母行动方向是150度，考虑到中途岛一带刮东南风，美军航母明显是逆风而行，而这也是航母起降飞机的必要条件。事实上参谋长草鹿龙之介少将就提出"敌军舰队不可能像报告所言没有一艘航母"。

7点47分，"赤城"直接用明文向"利根"4号机回复"保持接触、确认舰种"。这封回复电文发得非常远，以至于美军夏威夷情报中心都能截获，足见"赤城"对于信息的渴求到了无以复加的地步。如果日军在制订计划的时候能有这种渴求，侦察计划也就不会"有耶无耶"。

等待"利根"4号机回复电报过程中，7点53分，"雾岛"升起烟雾，预示着早上6点中途岛起飞的攻击队前来突袭。洛夫顿·亨德森海军少校率领16架SBD、沃尔特·斯威尼陆军中校率领12架B-17四引擎轰炸机双双袭来，双方激战从8点开始一直进行了15分钟。

在日本零式战斗机狙击下，亨德森少校与六架SBD乘组人员在战役过程中被击毁阵亡，他的名字日后成为瓜达尔卡纳尔岛机场的名称。虽然B-17队没有损伤，但在日本航行军人的优秀掌舵技术下，所有日军舰艇都没有受到什么打击。

两次攻击其实暴露了一个问题，就是方位。亨德森队、斯威尼队各从东南、西北两个完全相反的方向袭来，这一方面说明美军巡航力度较大，另一方面也说明日军距离中途岛已经太近，美军飞机兜个圈子都能够找到日本航母并发起攻击。

就在抵挡两支轰炸机队伍过程中，日军在7点58分收到"利根"4号机汇报："敌舰队航向转为80度"，南云忠一再度命令"报告舰种"；紧接着8点11分，一份有趣的汇报到来："敌兵力为巡洋舰五艘、驱逐舰五艘。"

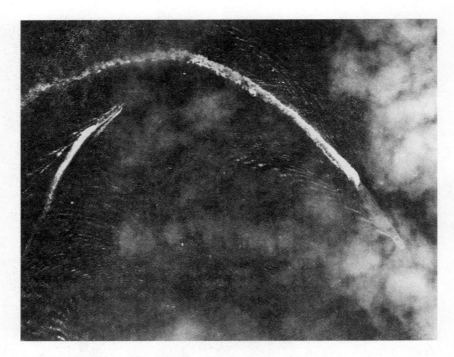

躲避 B–17 攻击的日本航母"赤城"

　　这条消息让南云忠一与整个指挥部瞬间轻松下来。随即在 8 点 15 分，海军少校本杰明·诺里斯（Benjamin Norris）又率领 11 架 SB2U"守护者"轰炸机从东南方向袭击日本舰队，指挥部注意力也集中向空中。但不到 10 分钟时间，8 点 20 分，"利根"4 号机再度发报"敌后方有一艘类似航母之物，方位中途岛 10 度，250 海里"，这条信息无疑把南云指挥部的注意力又一次拉了回来。

　　一起一落又一起，南云忠一中将的心情差到了极点。"赤城"舰桥部分矮小，南云忠一必须与参谋长、舰长、航海长、几位主要参谋还有一张巨大的桌子一起站在不足 25 平方米的小房间里；夏季热带地区闷热，高级军官军服密不透风，航空参谋源田实、渊田美津雄双双患病卧床，这都给日军、给不太懂得航空作战的南云忠一增加了很大压力。

　　现在又轮到了这个不靠谱的"利根"4 号机，从 7 点 28 分第一次报告，到 8 点 20 分报告存在航母，这架飞机已经与美国舰队接触了近一个小时。事到如今才发现航母存在，机长（一等飞行兵曹）甘利洋司、驾驶员鸭池源一等飞行兵、电信员内山博一等飞行兵都再难获得指挥部信任。

出于不信任，南云忠一早早命令第 2 航空战队航母"苍龙"准备起飞两架十三式舰上爆击机（最快速度 519 公里 / 小时，较零式水上侦察机快 150 公里 / 小时），8 点 32 分，这两架飞机起飞前往"利根"4 号机汇报的位置。

也就在这个时候，第 2 航空战队司令山口多闻少将向驱逐舰"野分"发了一封电报，并继而转发给南云忠一中将："我认为有必要立即起飞攻击队。"

南云忠一并没有理会，因为他正面临着一个更为复杂的选择难题。

收飞机？放飞机？南云忠一的两难困境

从 8 点 15 分开始，第一次攻击队在友永丈市大尉指挥下陆续回到机动部队上空，一部分零战与九七舰攻还参与防御美军攻击队。它们的油料即将耗尽，如不尽快降落便有可能出现危险。

就在这一段时间，机动部队通过"利根"4 号机得知美军已有航母驶出。既已发现美军航母，那么迅速发动攻击队便成为要务。

其实若是现代航母，这个问题很好解决。首先包括中国"辽宁"舰在内的现代航母都拥有曲线甲板与双跑道，可以同时执行起飞与降落两种作业；另外现代航母早已设置了侧面升降机，不妨碍飞机起降。

但二战时期，即便是美军航母，在某一固定时间段内也只能执行起飞或降落作业，只有护航战斗机可以在甲板上少量储存。而由于日军作战手册要求飞机必须存入机库，这就意味着九七舰攻、九九舰爆与部分担负作战任务的零战需要更长时间拉下机库放好，才能再执行下一轮飞机升空作业。

南云忠一只有两个选择：要么让储备飞机先加油挂弹，并将先前改为高爆炸弹的九七舰攻重新更换为鱼雷，等待第一次攻击队全部降落并回归机库以后再出来；要么就是让储备飞机先行出击，之后再让第一次攻击队降落。

如果选择前者，那日军就需要用 30 分钟左右时间收容第一次攻击队，在这同时让储备飞机做准备，再用 40 分钟时间完成出发前最后准备（预计 9 点 45 分起飞攻击机）；如果选择后者，那日军就需要先用

45 分钟时间起飞一支攻击队（预计 9 点 15 分起飞），再考虑收容第一次攻击队事宜——但这时候，第一次攻击队的大部分飞机恐怕都要燃油耗尽，掉进海里了。

当然，南云忠一选择前者，山口多闻选择后者。

8 点 30 分，南云忠一下令将已经替换为高爆炸弹的九七舰攻换为鱼雷，由于本来只有 15 架飞机更换，这条消息并不像人们想象的那么重要。但南云忠一这番命令一下，山口多闻就明白南云忠一的选择，因而立即要求起飞攻击机，与美军决一死战。

这一时点，日军储备有 80 架九七舰攻与九九舰爆，配合护航零式战斗机，依然可以形成如同第一次攻击队那样的 100 机庞大战斗群。虽然其中有 15 架九七舰攻携带的是高爆炸弹而非鱼雷，但依然会给美军造成很大麻烦。

听起来，似乎山口多闻的思路更为正确，但实际情况也不全是如此。首先日军依然不知道"利根"4 号机汇报的方位是否靠谱，事实上后来两架十三式舰爆机就未能根据先前消息发现美军舰队，要是贸然派出攻击队，很可能会扑个空；其次，一旦把全部家底都扔出去，那么机动部队就失去了防空资源，鉴于美军已经起飞攻击机，日军减弱防空力量绝不是明智之举。

另外南云忠一与山口多闻的个人关系也不算太好。虽然双方在奇袭珍珠港之前打架的传闻并不足信，但山口多闻对南云忠一在奇袭珍珠港时没有进行第二次攻击一直怀有看法，而且无论山本五十六还是海军其他成员都认为山口多闻日后要接过南云忠一的帽子，接任机动部队司令长官。

更何况山口多闻总有一种口无遮拦之感，早在珍珠港作战计划制订时，军令部曾提出用三艘续航距离最长的航母（"加贺""翔鹤""瑞鹤"）搭载第 1、第 2 航空战队的优秀指战员完成作战，然而山口多闻却当面反对："把训练至今的人员与飞机全部拿走，只留下母舰，这让我没脸面见部下，哪怕攻击之后把他们（'苍龙''飞龙'）留在那里也要进攻！"

总而言之，山口多闻在整个联合舰队内部一直有着求战倾向，因而不仅南云忠一，恐怕大多数人听到山口多闻提出"抛弃第一次攻击队，立即起飞第二次攻击队"这种提案，也只能一笑了之。

但必须说明，如果这时候真听从了山口多闻的建议，立即起飞全部攻击机，虽然日军四艘航母还是要沉，但没准真能击沉美军更多航母。因而从结果来看，山口多闻不是完全错误的，只能说在当时情况下，南云忠一的选择最为稳妥。

不过也应该说，即便是这个时候，南云忠一与山口多闻还存在一个折中选择，即给第 1、第 2 航空战队以分工：第 1 航空战队两艘航母担任收容任务，并起飞战斗机担任整个第 1 航空舰队的防空任务；第 2 航空舰队两艘航母将既有攻击机（40 架左右）配合所有零战全部飞起，发起攻击——也可以反过来由第 2 航空战队担任收容与防御，第 1 航空战队担任进攻。

但第一次攻击队起飞时，第 1 航空战队提供九九舰爆，第 2 航空战队提供九七舰攻，换句话说，目前是第 1 航空战队有九七舰攻，第 2 航空战队有九九舰爆。一旦攻防分工，那么攻击美军的队伍必然只能以九九舰爆或九七舰攻为主，这就触及日军作战守则的重要关节："多机种配合攻击。"

作战守则、定式思维、迷信计划，让日军彻底失去了逆转希望。

8 点 37 分，日军四艘航母清空飞行甲板，迎接第一次攻击队凯旋。到 9 点 10 分前后，第一次攻击队剩余飞机全部回收，经过中途岛与机动部队上空激战，第一次攻击队 108 架飞机彻底损失 11 架、重伤 14 架（损失率 23%）、轻伤 29 架（受伤率 50%），20 名飞行员战死。

（三）空母起火：那五分钟究竟发生了什么？

大悲前有小喜

从美军角度看，8 点 30 分左右南云忠一、山口多闻的意见分歧没有任何意义，因为无论是派飞机来还是不派飞机来，美军航母早在 8 点就起飞攻击机，也就是说，日军完全躲不掉攻击。

斯普鲁恩斯最早设置第 16 特混舰队起飞时间为 7 点，但美军与日军不同，航母"企业""大黄蜂"如何起飞、如何进攻等各项细节大体都由各舰舰长完成。但由于美军航母甲板起降作业能力较差，"企业""大黄蜂"直到 8 点才成功起飞 117 架攻击机（20 架战斗机、58 架俯冲轰炸机、29 架鱼雷机），而且起飞之后不久，攻击机就不再统一行动，而是朝着不同方向飞去。至于第 17 特混舰队航母"约克城"，更是到了 8 点 38 分才开始起飞（见表 4-1）。

表4-1　中途岛海战美军攻击队袭击次序

起飞地点	方向	袭击时间 （当地 6 月 4 日）	指挥官	编成
中途岛	东南	7 点 53 分	洛夫顿·亨德森少校 （Lofton Henderson）	SBD★16
中途岛	西北	8 点 10 分	斯维尼中校	B17★12
中途岛	东南	8 点 15 分	诺里斯少校	SB2U★11
航母"大黄蜂"	东北	9 点 20 分	约翰·沃尔德隆少校 （John Waldron）	TBD★14
航母"企业"	南	9 点 45 分	林德赛少校	TBD★14
航母"约克城"	东北	10 点 10 分	梅西少校	TBD★12
航母"企业"	西南	10 点 22 分	克拉伦斯·麦克拉斯基少校 （Wade McClusky）	SBD★32
航母"约克城"	东北	10 点 25 分	麦克斯·莱斯利少校 （Max Leslie）	SBD★17
航母"企业" "约克城"	西	16 点 45 分	加莱赫少校	SBD★24
航母"大黄蜂"	东南	17 点 50 分	斯特宾斯少校	SBD★13
中途岛	东	18 点 15 分	斯维尼中校	B17★12

　　日军作战总像是在演奏高难度交响乐，严整精密的计划让人目不暇接；但相较之下，美军却好像是在演奏爵士乐，给出一个标准音轨之后，各位演奏者随着节奏韵律一点点变奏下去。

　　两种作战方式各有优劣，日本模式可以保证一次性攻击火力最大化，保证不会有攻击机走冤枉路，弱点就是难以充分考量全局变化，发挥侦察机作用；美国模式可以更广泛地覆盖更大侦察区域，缺点就是飞行分队各行其是，难以保证攻击队都能抵达目标。

二战日本机动部队与美国特混舰队的作战规则都在不同程度地沿袭下来，共同组成现代航母作战的基本原则。具体到中途岛海战，由于日军在兵力上无法同时覆盖中途岛与特混舰队两部分，又不愿意派遣足够侦察部队精确确定美军位置，即便美军航母飞机起飞时间延后一小时，日军也远远没有侦察到美军全部情况，更遑论主动攻击。

9点20分，日军已经将第一次攻击队回归的全部飞机收入囊中，而美军航母"大黄蜂"VT-8分队15架TBD鱼雷机也来临，并在海军少校约翰·沃尔德隆指挥下突袭日军航母"苍龙"。根据渊田美津雄回忆，"赤城"舰桥气氛变得凝重起来，大家开始认为这是针对日本军队的巨大阴谋。

为了应对东边来的敌人，日军将航向从东北转为正西，这就等于让VT-8分队不得不多飞15分钟路程。日军也得以顺利起飞飞机拦截美军飞机，最终只有三架TBD鱼雷机靠近"苍龙"，很快又有两架飞机被

美国海军TBD鱼雷机

零式战斗机击落，只有一架飞机向"苍龙"投掷了鱼雷，然而也被成功躲过。

就在这次突袭中，美国海军少尉乔治·盖伊（George Gay）的飞机掉进海洋，他迅速爬出飞机并用黑色座椅盖住头部，借以躲过日军飞机机枪的射击。这位盖伊也亲眼看见了中途岛海战全程。

《断剑》认为，虽然 VT-8 分队全军覆没，但其"牺牲意义并不在于普遍认为的牵制日军空中巡逻战斗机到海面低空，而是……延迟了日军攻击机的定位作业，因为飞行甲板被空中巡逻战斗机所占据"。

9 点 30 分前后，根据日军先前换弹速度（半小时更换三分之一），可以推断之前更换高爆炸弹的 15 架九七舰攻已经全部换回鱼雷。如果不是沃尔德隆队前来袭击，日军自然可以自由开始九七舰攻的升降、定位作业与九九舰爆的升降、装弹、定位作业。

更可怕的是，接下来发生的一连串轰炸，让日军再难凑齐一个完整时间段来起飞攻击机。

9 点 38 分，日军观察哨再度看到一队 TBD 鱼雷机飞来，这便是海军少校尤金·林德赛率领的航母"企业"VT-6 分队。日军舰队随即转向西北航行，这支分队也就从正南方袭击了航母"加贺"。当然，"加贺"也表现出超高舵机操控能力，最终躲开了林德赛队空袭。

9 点 50 分，日军发现其上空 7000 米高空盘旋着"一小队水平轰炸机"，这是海军上尉詹姆斯·格雷指挥的"企业"VF-6 分队，共有 10 架 F4F 战斗机。其实格雷队早已在上空盘旋了半个小时，目睹了沃尔德隆队、林德赛队攻击失败，但由于通信与协作问题并没有为两支队伍提供护航，只是在 9 点 52 分、10 点分别给第 16 特混舰队发送了两份详细的目击报告。随着"苍龙"升空战斗机，格雷队也随之而去。

10 点前后，机动部队再度调整航向为 30 度（东北），并向联合舰队发送报告："0630 空袭中途岛；0715 受到敌陆基飞机攻击，我军无伤亡；0728 发现敌军由航母一、巡洋舰七、驱逐舰五组成的舰队（第 17 特混舰队），方位 TOSHIRI34，航向西南，速度 20 节。摧毁舰队之后将再度空袭中途岛。1000，我军方位 HEEA00，航向 30 度，速度 24 节。"

根据这封电报可以明白，南云指挥部认为美军空袭即将收尾，而日军更换弹药也已完毕，接下来便要对美军航母发动突袭。就在同时，

"利根"4号机回归，两架十三式舰爆机也开始返航，均未发现有用信息，"筑摩"派出5号机沿着先前路线继续搜索。

但决定日本航母命运的美军飞机队，也已经到来。

三航母起火

10点10分，航母"约克城"VT3（TBD）、VB3（SBD）分队分别在海军少校兰斯·梅西、海军少校麦克斯韦·莱斯利率领下逼近日本航母舰队。由于两支分队另有六架F4F"野猫"战斗机护航，这也成为美军在中途岛海战中第一次多机种、高密度协同攻击。

日军航母已经历数次美军空袭。但由于日军航母防空火力较差，航母主要防御措施都是利用高超的掌舵技术躲避鱼雷袭击。这种躲避方式固然为美军所不具备，但也导致两个严重问题：第一是为了让航母自由转向，各护航巡洋舰、驱逐舰必须留出空间，进一步削弱航母周边防空力量；第二是航母多次转向之后，编队队形就会混乱，从而又方便美军进一步空袭。

就在10点前后，日军四艘航母已经无法保持最初的方形编队，第2航空战队"苍龙"正在东北侧带头行进，而第1航空战队"赤城""加贺"则从北到南排布在第2航空战队西侧，三者形成一个三角形，最东侧舰"苍龙"与最西侧舰"加贺"之间距离已经超过15000米。

10点10分，"赤城"回收三架零战，紧接着又开始准备起飞另外三架零战以为替换，整个日本机动部队上空有近40架零战护航，航母航向转为30度。得知梅西队（VT3）袭来，之前追击林德赛队（VT6）的零战随即回来防御美军。10点15分，四艘航母航向又转为西北方向，将梅西队、莱斯利队全部让到了东侧。

零战当然也出来截击，不过这次由于有六架VF3的F4F战斗机（海军少校约翰·史密斯·萨奇），日美战斗机展开了正式交锋。而就在这一次攻击中，萨奇少校的六架F4F互相配合，一架美军飞机会从侧面袭击紧咬另一架美军飞机的日本零战，成为"萨奇剪"的第一次成功案例——一番缠斗下来，萨奇六架飞机毫发未损，零战却被击落三架。

萨奇队的缠斗让日本零战疲于应付，也为梅西队TBD鱼雷机争取了不少时间，12 架 TBD 仅仅损失一架，随即冲向距己最远的航母"苍龙"。日军航母起飞第二波巡逻零战前来截击，11 架 TBD 转瞬之间就只剩下四架，梅西本人座机也遭击落。

这段时间，莱斯利队（VB3）正在北侧盘旋寻找攻击点位，而与此同时，航母"企业"VS6、VB6 分队在海军少校克拉伦斯·麦克拉斯基率领下，通过追踪日本重巡洋舰"岚"的尾流而来到航母部队附近。

需要注意，之前无论是亨德森队、沃尔德隆队、林德赛队还是刚刚抵达的梅西队，都是从东侧而来，这就使得日军全部精力都放在东侧，尤其是中途岛方面的东北侧。然而与此相反，麦克拉斯基队却是从西南侧而来，10 点 20 分，他要求属下 VS6（海军上尉威尔莫·加莱赫）、VB6（海军上尉理查德·贝斯特）两支分队各自对处于编队西侧的"加贺""赤城"发起突袭。

不过有趣的是，根据美军作战手册，如果两支飞行中队面对两艘敌军舰艇，那么一般是处于前侧的飞行中队（VS6）攻击远端目标（"赤城"），后侧的飞行中队（VB6）攻击近端目标（"加贺"）。应该说，麦克拉斯基的命令事实上违背了美军作战一般规则。

但在命令发布之后，麦克拉斯基兴奋地率领三架飞机加入 VS6 攻击队，开始俯冲"加贺"；但这就使得 VB6 指挥官贝斯特颇为不满，他用无线电直接提出"请按照军事准则行动"，随后也向着"加贺"冲去——不过电报并没有送达，结果就是 VS6、VB6 两个飞行中队全部袭向"加贺"。

"敌军俯冲！"

"加贺"观察哨大喊起来，但已经来不及了。10 点 24 分，加莱赫驾驶的第四架飞机将 500 磅炸弹扔到"加贺"尾部升降机旁边的甲板上，不到两分钟时间内，三枚炸弹命中"加贺"。其中有一发炸弹直接命中舰桥正上方，整个"加贺"指挥人员瞬间汽化，熊熊大火燃烧起来。

随后 10 点 25 分，莱斯利队率领 17 架 SBD 俯冲轰炸第 2 航空战队"苍龙"。不过真正攻击"苍龙"的并没有这么多，因为刚刚 13 架飞机袭击之后，就有三枚炸弹命中"苍龙"，其中第二枚炸弹穿透飞行甲板中央，直接扎到了机库核心部分，随即锅炉房连续爆炸，"苍龙"失去了动力。莱斯利队最后四架飞机见状便不再攻击航母，临时转去攻击驱逐舰"矶风"。

临时转向的还有贝斯特。这位中队长看到麦克拉斯基少校的队伍纷纷俯冲向"加贺",他与另两架僚机便迅速拉起来,并向着航母"赤城"俯冲而去。

一般而言,区区三架飞机根本无法伤害航母,但由于"赤城"甲板人员注意力都在熊熊燃烧的"加贺"上,"赤城"便遭遇灭顶之灾。

10点26分,三架飞机的三枚炸弹之中有两枚命中,一枚近矢。但从后来分析,第一、第三枚炸弹应该是都落入海里发生爆炸,只有第二枚炸弹落在航母中段升降机附近,这枚炸弹也穿过飞行甲板,在停放九七舰攻的机库上方爆炸,大火熊熊燃起。

三艘航母起火,这就是对山本五十六一意孤行的惩罚。

日本海军航母起火

"命运五分钟"

"五分钟!谁能料到瞬息之间战局就会逆转呢?"

关于中途岛海战,最富戏剧性的说法莫过于"命运五分钟"。根据渊田美津雄《中途岛》记载,10点20分,南云忠一下令"一旦准备工作完成,飞机立刻起飞",与此同时"赤城"飞行甲板上"全部飞机已经发动,庞大的航母开始逆风航行,五分钟之内，全部飞机就可以起飞"。

但10点25分开始，"三架黑色敌机朝'赤城'垂直俯冲下来。机关炮开始向敌机猛烈射击，但已经晚了。美国无畏式俯冲轰炸机的巨大黑影越来越多，突然，许多黑色的东西从机翼下凄厉地摇晃而下"。

不到五分钟就能反击，而五分钟以内恰好"赤城"遭到炸弹袭击，失去战斗能力，这的确让人意料不到——但不得不说，《中途岛》这番记录很可能是戏剧演绎，或者说，纯粹是编的。

的确，早上10点，南云忠一曾给联合舰队发报，提到准备起飞攻击机对敌作战。然而在10点6分，航母"赤城"依旧起飞了几架零战，又在10点10分将几架战斗机收容回甲板。既然有战斗机回到甲板，那么下一步作业必定是拉回到升降机，再通过升降机回到机库——这一过程大概需要15分钟，之后才能重新开始九七舰攻的起飞作业。

事实上航母"赤城"的甲板作业已经很快了，就在15分钟之后的10点25分，也就是"赤城"被炸的前一分钟，"赤城"还是尽全力起飞了一架零战。

零战身形小巧，可以暂时存放在飞行甲板边缘或后部作为防空飞机而用，但九七舰攻、九九舰爆都没有类似条件，不可能发起一次多机种总攻击。除去"赤城"之外，另外三艘航母事实上也没有做好准备去大规模升空九七舰攻或九九舰爆。

那么临时起飞的零战是否有用呢？答案也是否定的。事实上当时日本航母在空中有42架飞机护航，多加一架对扭转整个战争局势并没有什么益处。而且在天空中，多数飞机都聚集在东南侧缠斗，恰好"苍龙"的位置在东北部（莱斯利队攻击范围），而"赤城""加贺"都在西南侧（麦克拉斯基队攻击范围），只有正南侧的"飞龙"受到一定保护，没有遭到美军突袭。

其实在整个中途岛海战期间，后来的《中途岛》作者、联合舰队航空参谋渊田美津雄身体状态一直不好。他自己也提到，从5月27日启航之后他就做了阑尾炎手术，几日航行中一直卧病在床，直到作战时才从病床上爬起来观战。他具体在什么位置观察，看到了什么，所写是否为所知，都不太好说。口述历史固然有其价值存在，但是否切合实际情况，是否符合逻辑线条更为重要。

不妨大胆推测，之所以创造出一个"命运五分钟"说法，能感觉到渊田美津雄是想强调中途岛海战的"运气"成分，而不是战略战术成分。如果不是运气使然，那么山本五十六、南云忠一乃至曾经参加过这场海战的每一个人都需要负起责任。考虑到1951年旧海军人马，甚至中途岛海战参战人员还广泛活跃于社会各界，渊田美津雄当然不能说得太直白。

再考虑到战后日本处于复兴期，较之批判上司的著作而言，激励国民的著作显然能更加畅销。无独有偶，也是从20世纪50年代起，作家司马辽太郎也开始连载《山坡上的云》（坂の上の雲），强调明治时代荣光，并批判昭和前期黑暗，进而激励国民继续前进。

回过头来，如果说10点26分的这次轰炸没有运气，也不太现实。

以当时情况而言，"加贺"舰桥被炸平，前后升降机无法使用，发电机被炸成碎片，甚至连消防水管与二氧化碳灭火系统都全部炸毁，大火吞噬着舰体，并朝着机库里堆放的40吨爆炸物燃去，这艘航母距离大限已经不远；"苍龙"所受三枚炸弹精准地命中在前、中、后三个升降机附近，并炸穿了每一层机库，动力系统也受到威胁，10点45分，"苍龙"舰长柳本柳作大佐宣布弃舰。美军的确给日军造成了巨大损失。

而且较之"加贺""苍龙"，"赤城"的损失更为致命。虽然这艘巡洋舰改装的航母天生存在很多问题，但它毕竟是旗舰，作用与意义都大不相同。如果"赤城"能够有效地躲开炸弹，如果防空火炮能够击落敌机，再如果美军投弹技术如同之前几个鱼雷机中队一样不准，一旦"赤城"保留下来，日军就依然留有两艘完整航母。

由于美军将飞行中队独立派往各个方向，在接下来4小时40分钟时间里，没有一组美军飞机袭击日军，这就能够给日军以喘息之机，南云指挥部就有足够时间向联合舰队汇报情况，决定下一步方案。但"赤城"遭到重创，整个指挥系统就没办法思虑其他了。

"赤城"发动机室燃起大火，但由于只命中一发炸弹，如果迅速处理起码能够保证"赤城"有动力回到本土。不过由于炸弹命中位置正好在中部升降机旁边，这就使得附近的二氧化碳灭火管道也全部失灵，最终无法将火势控制在顶层机库之中。

在"赤城"指挥部，参谋长草鹿龙之介少将提议第1机动部队指挥部离开旗舰，然而南云忠一中将却死死站在船罗盘旁边的甲板上，反复念叨"时候还没到"。

或许是受到太大冲击，这位机动部队指挥官在好几分钟里一直不愿意面对现实。他从作战伊始就饱受山本五十六批评，却无法对山本五十六的作战计划加上哪怕一点修改，或许他明白这个时刻早晚会来，只是来得太突然。

10 点 46 分，南云忠一中将决定与参谋部一起全体离开舰桥，并将指挥权交给第 8 战队指挥官阿部弘毅少将。到 11 点 30 分，南云指挥部与全部伤员从"赤城"转移到重巡洋舰"长良"。

如今，只有"飞龙"了。

（四）以车对车：日本航母全灭

"我即掌控航空战指挥权"

10 点 30 分之后，美军飞机扬长而去，留下一个巨大的烂摊子。

目睹着一艘又一艘航母被炸，山口多闻少将与整个第 2 航空战队指挥部都惊呆了，旋即开始准备反击。10 点 50 分，代理指挥官阿部弘毅少将向联合舰队报告下一步动向："计划以'飞龙'攻击敌方航母，机动部队暂时北撤，重新集结部队"，并向第 2 航空战队简短下令"攻击敌军航母"。

10 点 54 分，山口多闻回电："我即掌控航空战指挥权"，宣告反击正式开始。10 点 58 分，"飞龙"起飞九九舰爆 18 架（12 架装备 250 公斤半穿甲弹、6 架装备 242 公斤高爆炸弹）、零战 6 架，在小林道雄大尉率领下扑向美军。

在文艺作品里，山口多闻少将这封回电总会显得魄力十足。然而实际上，山口多闻这条命令并非独创，反而恰恰是执行南云忠一在 10 点 10 分左右发布的命令："以 30 度航行，接触敌人后反击。"

就在"飞龙"第一次攻击队起飞时，11 点 10 分，"筑摩" 5 号机发回美国舰队位置情报："敌航母位置在我舰队 70 度 90 海里，我即开始引导攻击队"，根据美军资料推断为第 17 特混舰队。

11点20分，"飞龙"用信号灯发布指示："第二次攻击队舰爆18架、战斗机五架已经起飞，按计划在一小时之内再起飞舰爆九架、战斗机三架。""飞龙"第一次攻击队升空以后，立刻收容了"赤城"零战七架、"加贺"零战九架、"苍龙"零战四架与九七舰攻一架。

11点27分，南云忠一在重巡洋舰"长良"重新建立指挥部，并发布新消息："'赤城''加贺''苍龙'在1030遭到敌军炸弹袭击之后严重受损……我已经转移到'长良'上。攻击敌人之后全军北进。"

既然是攻击之后再北进，那么目前选择就自然是与美军越来越近。从当时情报来看，日美两军距离不过90海里，水面战斗并非全无可能。虽然山口多闻似乎很激进，但事实上当时的南云忠一也是急于求战，甚至不惜冒着水面战的风险向美军行进。

在大部分人看来，"三航母起火"之后日军指挥权就完全由山口多闻全权掌握；然而从实际情况看，在转移到"长良"之后，指挥权起码名义上又回到了南云忠一手里。很快阿部弘毅少将在11点43分用信号灯询问："已令第8战队、第3战队、第10驱逐队准备完毕，准备攻击。"南云忠一随即要求阿部弘毅停止准备，因为时间还不到。

不过由于"飞龙"是唯一反击力量，山口多闻也开始干预指挥。11点47分，他向各驱逐队发布命令，要求为每艘受伤航母配备一艘驱逐舰，其余都集中起来跟随大部队（但实际上每艘航母留了两艘驱逐舰）；随后"飞龙"再度发出命令："航向170度（东南）、速度12节。"

从思路来看，南云忠一的作战计划极为简洁：靠着"飞龙"第一次攻击队掩护，全速驶向美军，尽可能利用水面舰艇优势与美军作战。12点，第2舰队司令近藤信竹中将传来消息："我正朝机动部队前进"，南云忠一也开始寻求与第2舰队合流，共同攻击美军特混舰队。

但从实情来看，在12点前后，航母"飞龙"只有37架攻击机（包括已经出发的攻击队），空中还有27架零战护航，整体只有64架飞机可用。这屈指可数的飞机能够保证舰队不受攻击就不错了，再发起攻击实际上勉为其难。

如果想要让日军在以后的战争中留有更多有生力量，与其强袭美军航母，还不知能否击沉哪一艘，倒不如让珍贵的"飞龙"尽可能离开美军飞机作战半径。从结果来看，日军强袭美军的结果，就是用一条"飞龙"抵消了一条"约克城",看起来似乎平等,但考虑到日美两国显著的工业能力差距,这种抵消极不明智。

应该说,在 6 月 4 日正午之前,虽然日军三艘航母遭到重创以致无法修复,但这更多是由于山本五十六的战略失误与源田实的侦察计划失误所造成的,南云忠一与指挥部还保留了最基本的战术头脑。但在目睹三艘航母起火之后,巨大刺激让南云忠一不得不想办法挽回过失,这就将机动部队剩余力量也推向灭亡。

与此同时,山口多闻并没有站在"飞龙"角度上批评南云忠一的激进计划,反而是更为激进地寻求与美军决战。无论两人关系如何、观点是否有区别,在这一时点,两人都重新统一在日本海军"寻求决战"的陈旧思路之中。

攻击"约克城"

虽然美军在中途岛取胜,但不得不说,对比高效率的日本航母,美军三艘航母的战术能力不是一般的差。

以"大黄蜂"为例,除去沃尔德隆 VT8 部队成功找到日本航母之外,其余部队都没有找到日本任何一艘舰船。从上午 8 点左右起飞到 9 点 15 分,"大黄蜂"VF8 的战斗机都游荡在如今完全无法考证的位置,然后掉头返航。

但返航途中,飞行员为了降低油耗不得不贴近海面飞行,这就进一步导致通信设备难以与航母联系上,逐步迷失了方向。到 10 点左右,VF8 各机燃油逐渐耗尽,不得不迫降在水面上,虽然飞行员最终基本上都被救起(一人死亡、一人失踪),但不得不说整个飞行任务极为失败。

无独有偶,两支 SBD 俯冲轰炸机编队 VB8、VS8 也不尽如人意。在 9 点 15 分与 VF8 告别之后,它们又向前飞行了一段,随即回返。由于通信系统有问题,VB8 里的 14 架飞机只能跟随一架 PBY 来到中途岛降落;VS8 则相对运气较好,基本上都回到了"大黄蜂"原处。

在 6 月 4 日早上攻击之后,美军损失 70 架飞机(12 架 F4F、21 架 SBD、37 架 TBD),先前"企业"与"约克城"的攻击力量不是被日军击落,就是在茫茫大海里迷失了方向,损失率超过 40%,这就导致三艘航母的唯一生力军只剩下"约克城"VS5 的 17 架 SBD——当然,总体

SBD 攻击"加贺"之后降落回甲板

而言美军依然保持着近 60 架俯冲轰炸机，经过重新编队之后依旧是一支可怕力量。

但还不等美军重整队伍，日军已经到达了。

11 点 20 分，"飞龙"第一次攻击队发现了正在回归母舰的"企业"VB3 轰炸机队。不过日军误以为这些是美军 TBD 鱼雷机，由于 TBD 较之其他机种更不擅长空战，便决定派两架零战去打个秋风。

飞下来以后，日军才发现对手居然是已经卸下炸弹的 SBD 轰炸机，一番战斗之后，一架零战弹药打光了只能返回，另一架零战则在中弹之后歪歪扭扭回返，最终在日军舰队附近迫降。从这个角度来看，日军零战并没有完全理解作战任务，在这个关键时期，11 点 52 分，"约克城"发现日军飞机队正在飞来，而且有相当数量的飞机正在爬升，为俯冲轰炸做准备。接到雷达预警，12 架 F4F 立刻迎战日军，击落三架零战、11 架九九舰爆，导致日军只有七架九九舰爆能够飞向"约克城"。

与日军有所不同，美军航母并不完全依赖于掌舵技术来躲避轰炸，反而是将大量巡洋舰、驱逐舰紧紧围绕在航母周围，利用全部舰艇的防空火力对抗对手攻击。不过这也有一个问题，那就是一旦日军多架飞机从不同方向顺利切入"约克城"附近，那么"约克城"连调动舵机的空间都很小，只能被动挨打。

12点10分，三架九九舰爆组成的飞行小队从"约克城"尾部发起攻击，虽然三架飞机最终只有一架逃脱了防空炮火，但也有两枚炸弹精准命中"约克城"飞行甲板；紧接着又有四架九九舰爆从"约克城"右舷发起攻击，其中一枚250公斤半穿甲弹命中"约克城"中部，导致六个锅炉停止运转（一共九个），"约克城"航速明显降低下来。

虽然区区七架九九舰爆就让"约克城"受到重创，但24架日本攻击机组成的"飞龙"第一次攻击队也只有三架零战、五架九九舰爆成功返航，连指挥官小林道雄大尉都坠海身亡。很明显，日军已经不具备强袭美军航母的能力了。

而且麻烦的是，山口多闻少将本来宣布在11点20分之后的"一小时"左右起飞第二次攻击队，但由于士气低落，人困马乏，航母作业能力受到严重削弱。在11点34分收容了六架零战之后，"飞龙"并没有表现出几个小时之前那种效率，直到12点20分，"飞龙"第二次攻击队依旧没能完成准备工作，至少还需要一个小时才能起飞。

也就在12点20分，联合舰队在沉默了一个上午以后终于发来总调度令：首先主力部队、攻略部队均全速前进支援机动部队，另外正在北方进行阿留申作战的第2机动部队向南进发，并延缓对中途岛、基斯卡岛的攻击。

虽然山本五十六的主力部队距离南云忠一有近一天的路程，但这封电报也多少起到了一些激励作用。

情报终于完整

其实直到6月4日正午，日军情报依旧混乱不堪。

虽然小林道雄的第一次攻击队连续发送多封报告，并提到"正在轰炸敌航母"，但直到12点10分这封报告才抵达"飞龙"，而且由于没有注明时间，山口多闻也不知道到底这封电报来自何时。

当然，既然小林道雄能够在不到70分钟时间里接触美军，也就说明日美两军距离很近，这与"筑摩"5号机先前的汇报吻合。12点40分，"筑摩"5号机再度发来消息："12度方向，据起飞位置130海里处发现两艘敌舰踪迹，似乎是航母一艘、驱逐舰一艘，向北航行，航速20节。"

既然是向北航行，那么就说明美军正在尽量保持与日军距离，这就使得南云忠一心心念念想要进行的水面战役逐渐变得不可能。但12点45分，南云忠一还是下令全军向正北方向行进。

13点，"飞龙"接到"长良"转发的驱逐舰"岚"的一封电报。电报是一封审讯报告，原来"岚"在12点前后俘获了落水的美国海军少尉卫斯理·奥斯马斯（Wesley Osmus），从他嘴里得到了美军全部情报：美军有三艘航母、六艘巡洋舰、十艘驱逐舰；其中"约克城"与两艘巡洋舰、三艘驱逐舰构成一个团体，与其他部队分别行动。了解完情报之后，日本士兵杀死了这位俘虏。

情报终于完整起来，然而现实问题也随之浮现：美军有三艘航母，还有一个中途岛，日军却只残存一艘航母，从数量上已经不在一个水平线。但南云忠一却随即向高速战舰"榛名"、重巡洋舰"利根"发出电报，要求沿着0—90度方向发射侦察机，确定美军另一支编队位置。

13点15分开始，日军下令发射五架九五水侦，从10度到90度每20度布置一架，预计向前搜索150海里之后再左转飞行30海里（不过"利根"两架侦察机直到14点才起飞）；13点20分，"榛名"提到自己除去起飞一架预定侦察机之外，还起飞两架其他侦察机帮助侦察其他方位。随即13点22分，南云忠一改航向为70度，准备与东南侧的"飞龙"合流。

13点30分，"飞龙"起飞第二次攻击队（零战六架，九七舰攻十架），在空袭中途岛的指挥官友永丈市大尉率领下奔向美军。之后13点45分，一架十三式舰爆机终于回到"飞龙"，报告自己与美军三个"机动部队"有接触。一连串情报终于让日军明白：除去"利根"4号机、"筑摩"5号机发现的航母之外，美军还存在"企业"级航母、"大黄蜂"级航母各一艘。

但这对于日军依然远远不够，他们还需要更多侦察报告来确定美军位置。13点55分，"榛名"侦察机发来电报，提到"1240，我军左舷90度方向发现敌军。敌舰队由巡洋舰五艘、航母五艘组成，一艘航母正在燃烧"。虽然不知道"榛名"侦察机驾驶员把什么东西看成了航母，但"五艘"航母也实在过于夸张，甚至南云忠一本人都在作战日记里给"五"字旁边写了一个问号。

不过"五艘"航母并不是这架飞机的唯一问题，他所谓"一艘航母燃烧"也为后来日军确定战果带来了误导。虽然"约克城"确定被"飞龙"第一次攻击队打得起火，但到了14点前后，"约克城"大火已经全部熄灭，速度也恢复到了20—24节，以至于"飞龙"第二次攻击队抵达前线时，认为这是"未受损伤的其他航母"。

当然，误导也不能全怪这一架侦察机。友永丈市之所以只能发现第17特混舰队，也是因为负责侦察第16特混舰队的"筑摩"5号机在起飞之后不久就被美军击落，最终导致"飞龙"第二次攻击队只能飞到较近的第17特混舰队。

最后一次空袭

14点26分，友永丈市16架飞机接近美军第17特混舰队。虽然美军在半小时以前就通过雷达得知这一消息，但由于"约克城"一直处于修理状态，加之一段时间内动力减弱，因而仅仅起飞了六架F4F对抗日军入侵。

14点34分，日军从西北、东北两个方向对美军展开攻击。虽然"约克城"又迅速起飞10架F4F迎战，并击落两架零战、四架九七舰攻，但也拦不住日军其他飞机从两侧对"约克城"发射了四枚鱼雷。最终"约克城"水上部分命中两枚鱼雷，锅炉室与发电机彻底损坏，日军认为自己击中了一艘"企业"级航母。

不过前来袭击的"飞龙"攻击队也损失惨重，不仅两次攻击队指挥官小林道雄、友永丈市双双战死，日军派出的40架各式攻击机也损失了24架。虽然"飞龙"拼死一战为日军击沉了一艘美军航母，然而也让这艘机动部队硕果仅存的正规航母陷入危险之中。

14点45分，萨奇·亚当斯上尉发现日军舰队，并提到有"航母一、战舰一、重巡洋舰一、驱逐舰四，15节速度北上，位置北纬31度15分，西经175度5分（与美军舰队有72海里）"，此外，亚当斯还提到航母与其他舰艇分为两队行进，很明显这就是南云忠一与山口多闻分别率队。

得知消息，航母"企业"随即发起进攻。15点17分，"企业"下

中途岛海战受到攻击的航母"约克城"

令起飞，随即 19 架 F4F、7 架 SBD 聚集在一起起飞，里面虽然混有"约克城"15 架飞机，但美军飞行大队与航母独立编制的特点帮助它们迅速融入新的飞行甲板之中。

很快在 15 点 25 分，全部飞机升空，指挥官为先前成功空袭"加贺"的加莱赫上尉；之后的 16 点，"大黄蜂"16 架 SBD 也成功起飞，前往追赶"企业"飞行队。

其实就在"大黄蜂"起飞飞机的同时，山口多闻也从返航的第二次攻击队员口中得知击中美军航母的消息。由于日军以为击沉了两艘美军航母，那么接下来便是一对一作战——这种简单思维模式让山口多闻向南云忠一提议在 18 点发送第三次攻击队。

不过南云忠一并不同意这种观点。早在 15 点 45 分与 15 点 50 分，"利根"3 号机、4 号机就分别发来报告，称自己发现了两艘毫发未损的美军航母。如此推测，美军最多可能派来了四艘航母，但"飞龙"只储备有六架零战、五架九九舰爆、四架九七舰攻与一架十三式舰爆机，南云忠一认为日军机动部队已经难以再与美军抗衡。

燃烧的航母"飞龙"

如果说南云忠一与山口多闻在 6 月 4 日下午有什么思路冲突，这估计是最后一次了。但双方还没有个结果，16 点 45 分，加莱赫率领 24 架 SBD 编队突入日军阵营，日军虽有 13 架零战升空阻拦，却无法阻止四枚炸弹命中"飞龙"飞行甲板前端。

之所以全部命中前端，据美军飞行员回忆，他们都以"飞龙"上极为显眼的"日之丸"标志作为目标。"飞龙"在涂装时估计从未想到，这个日本官方美学之中极富代表意义的标志会成为自己命丧黄泉的契机。

17 点 50 分左右，"大黄蜂"编队抵达前线，看到"飞龙"浓烟滚滚，他们便调转方向前往进攻"利根"与"筑摩"，但由于这两艘重巡洋舰相对小巧，旋转速度较快，美军的努力算是徒劳无功。

经过一天激战，中途岛地区逐渐迎来落日。19 点 30 分前后，"加贺""苍龙"被己方驱逐舰用鱼雷击沉，"赤城""飞龙"也不可避免地走向沉没之路。

（五）战后探讨：山本五十六为什么不第二次攻击？

前线部队面临的实际情况

落日来临，日美两军开始纷纷收拾残局。

先说美军。"约克城"受损严重，弗莱彻下令将所有乘组人员从航母接下，其余舰船前去寻找第16特混舰队庇护。为防日军前来拖拽，还特地派遣了驱逐舰"休斯"陪在"约克城"身边，并要求如果日军到来就立刻将"约克城"击沉。

之后，弗莱彻向名义上的下级——第16特混舰队司令斯普鲁恩斯发来情报，请示下一步命令。

然而第17特混舰队已无飞机起降能力，实际指挥权早已落入第16特混舰队手中。虽然弗莱彻资历更老一些，但也不得不让斯普鲁恩斯担负起名义指挥权。

每一本关于中途岛战役的书都会提到，斯普鲁恩斯是一位极为沉稳冷静的战将。的确，在美军一连串成功之下，他本可以继续派遣部队在夜间作战，但他对于战役形式却有一些基本判断：首先日军并非不可能派遣更多航母前来，如果日军还有第五艘航母，那么作战就不能轻言结束；其次日军水面舰艇向来擅长夜战，力战不一定有什么效果；最后如果日军在第二天派遣更为强大的舰队前来，那么如今再消耗战斗力就不是明智选择。

当然，批评声也是不绝于耳。从战后情报分析，如果当时斯普鲁恩斯执意发动下一步突袭，那么不仅南云忠一剩余部队难以为继，就连途中的近藤信竹攻略部队也很可能遭到重创。

但必须说，仅凭重创四艘航母，美军就已经获得了前所未有的大胜了，这也是太平洋战争开始以来盟军第一次在战略、战术两方面击溃不可一世的日本联合舰队。

联合舰队方面，山本五十六本人虽然一直在下将棋，但山本指挥部在得知"三航母起火"消息之后却一直处于精神极度紧张状态。13点10分，联合舰队为了挽回颓势而发布命令："使用'攻击敌舰队C

法'",等于是要求进攻中途岛、阿留申群岛两方面的全部战斗力量来到中途岛对敌决战。

如果一开始就采用这种方法,中途岛战役即便赢不下来,起码也不会输得这么惨。按照估计,目前第1机动部队还剩下"飞龙",第2机动部队则有两艘轻型航母,三艘航母组合在一起仍然具备强大的空中战斗力。

不过阿留申群岛方面很快就宣告不可能。15点30分,第2机动部队发来电报:"第2机动部队收回攻击荷兰港的飞机之后迅速南下。6日未明,我部将在北纬44度40分,西经176度20分加油后南下,与第1机动部队会合。6月4日15点,我部位于荷兰港西南120海里处。"

既然目前还在对荷兰港作战,就意味着角田部队不可能在6月8日之前抵达中途岛海域。17点55分,联合舰队再度收到消息"'飞龙'中弹起火",这就意味着即便强攻也不会再有飞机护航。

紧接着18点30分,第8战队根据"筑摩"2号机报告写了汇报:"起火美军航母后方还有四艘航母",这无疑让受尽刺激的南云忠一又一次备受打击。日军以为自己已经击沉了"两艘航母"(实际上只有一艘),那么另外如果还有"四艘航母"要打,自然让人难以承受。也难怪南云忠一叹息"敌军航空母舰拥有预想之外的优势"。

问题在于,这份报告其实误读了"筑摩"2号机电报。这架水上飞机先后发来三份电报(17点28分、17点32分、18点10分),其中第一封电报提到美军航向为70度(东),随后又两次修正为110度(东南)、170度(南),三者明显都是在向远离日军的方向行驶。

但第8战队却认为美军特混舰队正在转向,还误以为"筑摩"2号机与之前侦察机发现的几艘航母是完全不同的航母,进而估计"航母四、巡洋舰六、驱逐舰十五"正在袭来。若真有这么多航母,那么即便赶来的攻略部队里拥有轻型航母"祥凤",恐怕也难以抵挡。

但不久之后,晚上19点15分,联合舰队再度发来命令(GF电令158号):"(1)敌机动部队向东退避,大部已受打击;(2)附近军舰立即追击残余敌军,攻击中途岛;(3)主力部队在6月6日0点之前到达位置FUMERI32,航向90度,速度20节;机动部队、攻略部队(除第7战队外)与先头部队互相保持联络,攻击敌军。"

很明显，联合舰队指挥部还是要打。

全军撤退

山本指挥部为什么还是要打呢？

当然，山本五十六不愿意放弃煞费苦心的"MI"作战计划，这可以理解，但更重要的原因，是因为联合舰队与机动部队之间的情报构成不太一样：联合舰队与第1机动部队都收到了17点32分"筑摩"2号机报告，但联合舰队并没有收到第8战队发来的"还有四艘航母"报告。既然他们认为美军已经撤退，那么就应该趁机冲上去夜袭。

19点20分，山本指挥部针对中途岛附近侦察的潜艇"伊168"发去命令（GF电令159号），要求潜艇轰炸中途岛东岛的航空基地，另外命令攻略部队第7战队（栗田健男少将）迅速在夜间炮击中途岛。

南云忠一得到命令自然大惊，赶忙在21点30分给联合舰队回电（机动部队机密第560番电），提到第8战队认为目前前方仍有"航母五、巡洋舰五、驱逐舰十五"；接着在22点50分，南云忠一又给联合舰队发电"GF电令第158号的相关敌航母（有可能包含轻型航母）尚余四艘……我方航母全灭"。

不过联合舰队却认为南云忠一的汇报难以取信。这位指挥官刚刚在一天之内损失了至少两艘正规航母，这番夸大美军力量的表述自然会让联合舰队认为他怯战。

22点55分，联合舰队剥夺南云忠一的机动部队指挥权，要求他处理"赤城""飞龙"及护卫驱逐舰，至于其他机动部队舰船则全部划归攻略部队司令近藤信竹中将；23点25分，联合舰队直接对攻略部队发去电报，要求详细阐明机动部队所属第8战队与第3战队的行动情况。虽然南云忠一在23点30分又给联合舰队发去报告，但事实上他已经彻底失去了机动部队指挥权。

近藤信竹迅速接过指挥权，要求旗下所有部队做好在6月5日1点"接敌"准备。如果美军真在寻求"扩大战果"而西进，那么日美两军必定会在夜间接触；只要在夜战之中获得胜利，乃至击沉航母，就有可能让主力部队靠近中途岛。

但可悲的是，一直到6月4—5日这个午夜，日军水面部队还未与美军部队接触到，这就说明两军距离依旧很远，一旦不能在夜间击溃美军，那么到了白天，攻略部队与主力部队都会面临前一天机动部队的惨剧——而且，缺乏航空力量支持，一定会更惨。

接触敌人越来越没有希望，6月5日0点15分，联合舰队向南云忠一、近藤信竹发布命令："（1）中途岛攻略部队、第1机动部队（除'赤城''飞龙'与警备力量）加入主力部队；（2）今日0900，主力将到达北纬32度8分，东经179度1分地点。航向90度，航速20节"——联合舰队开始撤退的第一步。

就在执行命令过程中，联合舰队首席参谋黑岛龟人大佐、渡边安次中佐组织部下提出一份以攻略部队、主力部队进攻中途岛的方案，即在6月5日日出之前抵达中途岛并用舰炮轰炸，并用主力部队保有的轻型航母"瑞凤"、攻略部队的轻型航母"凤翔"作为主力攻击美军特混舰队。

山本五十六却明确表达意见："你在海军大学校学习过，应该知道海军历史教导我们不应该用军舰对抗陆军。"

宇垣缠中将也终于有了一名参谋长的派头："用军舰与岸防设施交战十分愚蠢。中途岛机场还能使用，有很多陆上飞机。敌人有一些航母未受损伤，我方战列舰虽有强大火力，但在接近中途岛并使用火炮之前，就会被敌飞机、潜艇攻击歼灭……即便因为不能发动攻击而认输，我们也并没有输掉整个战争，我们舰队还有八艘航母……打仗与下棋一样，因绝望而蛮干就是傻瓜。"

虽然宇垣缠对于中途岛具体有何种"岸防设施"、对中途岛有多少"陆上飞机"并不了解，但这并不妨碍他作出正确的基本判断。当然，若不是山本五十六本人也否决了这份提案，他想必不会如此长篇大论。

但问题来了。既然夜战已经不可能实现，山本五十六又不愿意在没有掩护的前提下炮击中途岛，那么除去全盘撤退外，联合舰队已经别无选择。

"我们怎么向天皇陛下交代这场败仗呢？"一位参谋向宇垣缠提问。

"这事交给我。对天皇陛下谢罪的只需我一人。"山本五十六抢过话头。

6月5日2点50分，山本五十六下令"处理"掉自己曾担任过舰长的航母"赤城"；2点55分，"GF电令161号"发布，宣布：（1）中止攻略中途岛；（2）主队集结起攻略部队、第1机动部队，到预定地点接受补给；（3）警戒部队、"飞龙"及警戒舰与"日进"前往同一位置；（4）占领部队西进，离开中途岛空中力量作战半径。

中途岛作战宣告彻底失败。

"飞龙"沉没与击沉"约克城"

6月5日凌晨2点30分，山口多闻少将已经认为"飞龙"无法挽救，便召集全部活着的乘组人员站在飞行甲板上，作了最后一番训示。

这番训话极负盛名，山口多闻感谢了"飞龙"作战人员的辛勤努力，"倾尽全力，却只能让陛下之舰沉没于此，实为遗憾"。紧接着他与众人一起向着皇居方向三呼万岁。他决定与舰长加来止男大佐一起留在船上，与"飞龙"一起沉没。

死前，山口多闻把军帽脱下，送给首席参谋伊藤清六中佐。5点10分，驱逐舰"谷风"击沉"飞龙"。

由于场景颇具戏剧性，各种文艺作品也一次又一次将其再现。然而很少有人提到，"飞龙"的沉没与72名飞行作战人员的死其实白白浪费掉了，因为他们以为好不容易击沉的"约克城"在这一时点不但没有沉没，反而已经扑灭了大火，扫雷艇"绿鹊"拖着"约克城"以3节速度缓慢驶向珍珠港。

"约克城"并非由日本航空兵击沉，而是由日本潜艇击沉。

仍然要说到潜艇"伊168"。虽然联合舰队下令撤退，但没人会想到专门给一艘潜艇下令，于是"伊168"依然忠实执行了轰炸中途岛任务。只不过从效果来看，八枚炸弹没有一枚命中目标，"伊168"只好灰溜溜撤回来，独自寻找着美军落单的舰艇。

6月5日4点10分，"伊168"观察哨发现受伤的"约克城"在六艘驱逐舰保护下缓慢行驶。为了防止美军声纳探测，"伊168"决定每半小时使用一次潜望镜，尽可能凭借感觉跟踪"约克城"，并择机发动袭击。

到了中午时分，"伊168"探出潜望镜，却发现"约克城"就在自己正上方，水平距离不超过500米。为了防止鱼雷爆炸殃及自己，"伊

168"向航母右舷侧退去，直到 1500 米左右位置才停止。

有趣的是，"伊 168"虽然跟踪了美军数个小时，但美军六艘驱逐舰的声纳系统似乎集体失灵，完全没有发现有一艘日军潜艇跟在下面。这有可能是因为"伊 168"隔热层有助于吸附声纳发出的声波，使得没有足够声波回到声纳探测器之中。当然更有可能是因为美军轻敌，并没有重视声纳系统。

13 点 31 分，"伊 168"发射了两组四枚八九式鱼雷，并迅速下潜至极限深度 100 米（安全深度 70 米）。不到 40 秒，三次巨大爆炸声响起：第一枚鱼雷命中驱逐舰"哈曼"（USS Hammann, DD—412）中部锅炉房，引得储藏的深水炸弹爆炸，舰艇迅速下沉；第二、第三枚鱼雷击中"约克城"右舷，整个船体迅速进水。15 点 50 分，舰长下令全员弃舰。

与此同时，护航的"格温""莫纳汉""休斯"等军舰向水下抛掷了大量深水炸弹，"伊 168"被炸了个七零八落，从鱼雷管道到电池箱全部开裂，应急灯也损坏掉，完全失去作战能力。16 点 40 分，"伊 168"被迫上浮，准备用潜艇上部机枪作战，然而美军却早已扬长而去。

看到美军走了，"伊 168"开动柴油引擎，开启返航之路。不过麻烦的是，柴油引擎冒起黑烟，又一次引来美军舰艇攻击。没办法，"伊 168"只好全速逃跑，并在排除潜艇内氯气之后再度下潜，以龟速逃回吴港。

较之日本航母的惨淡表现，或许潜艇还能稍微挽回一点面子。不过就在同一时刻，日本没来得及撤走的重巡洋舰"三隈"却迎来末日。

"三隈"沉没

虽然山本五十六已经下令全员撤退，但日军电报传递系统又一次失灵，导致出现无谓损失。

当地时间 6 月 4 日 22 点 45 分，第 7 战队（重巡洋舰"熊野""铃谷""三隈""最上"）开始接近中途岛。这支部队最早的任务是护送运输船团，但在第 1 机动部队被毁坏之后，联合舰队要求距离中途岛最近的第 7 战队前往轰炸中途岛，因而它们甩掉驱逐舰"朝潮""荒潮"，以最快速度前往中途岛。

山本五十六虽然在 6 月 5 日 0 点 20 分就下令取消炮击中途岛，但第 7 战队并没有立刻收到电报，电报反而是先到了第 8 战队，再通过反复传导在 2 点 30 分抵达第 7 战队——不过这时候离中途岛只有 50 海里之遥。然而军令如山，栗田健男不得不率领四艘重巡洋舰回归，转航向北。

但既然深入虎穴，第 7 战队也不免被美军发现。稍早一点的 2 点 15 分，美军潜艇"海豚"（UUS Tambor, SS—198）发现"大型军舰"四艘；而到了 2 点 38 分，四艘重巡洋舰突然向北行驶，便发现了潜伏在下面的"海豚"。

第 7 战队旗舰"熊野"观察哨马上发现潜艇出没，立即向全体舰队发出红色警报，带领舰队全体转向向左（向西转舵）。但命令传递过于匆忙，第 7 战队好似推起了多米诺骨牌："熊野"左转之后正挡在 2 号舰"铃谷"面前，"铃谷"迅速向右急转，险些撞到前舰尾部（2 点 41 分）；但"铃谷"这么一转，3 号舰"三隈"又不得不面对"熊野""铃谷"两舰近在咫尺，只得再度左转；然而"三隈"这次大幅度左转又与 4 号舰"最上"跑到了同一条航线上。

2 点 43 分，这两艘倒霉的重巡洋舰走到一起，3 号舰"三隈"从右

6 月 6 日"三隈"受攻击而沉没

舷侧重重撞到"最上"舰桥。不过由于4号舰"最上"在撞击前一刻扭转航向，"三隈"并没有受到太大损伤，只有"最上"从船头到右船舷第一主炮附近出现变形，一个油箱开始漏油。

后来享有"逃栗田"（逃げ栗田）之名的栗田健男看到这种情况，当机立断选择率领"熊野""铃谷"离开现场。栗田健男的思路很简单，毕竟美军潜艇就在附近，既然要撤退了，那么能保住一艘是一艘——然而这种思路却无异于将"三隈""最上"扔在后面。

目前"最上"最高航速只有12节，这在天亮以后肯定会成为美军靶子。为了减少损失，"最上"将所携带的24枚九三式氧气鱼雷全部扔掉，而"三隈"及随后赶来的第8驱逐队（"朝潮""荒潮"）则全副武装担任护卫职责。

至于附近的美军潜艇"海豚"，则似乎被眼前景色冲昏了头脑，它并没有对任何一艘舰艇发动袭击，甚至都没有确认四艘军舰是何舰种。直到4点前后，第16特混舰队司令斯普鲁恩斯才了解到日军有两艘重巡洋舰拖后缓行。

然而美军也暂时没有太多进攻能力。中途岛目前只有PBY水上飞机基本完好无损，陆军几乎不剩什么飞机，海军也只有四架战斗机、12架俯冲轰炸机；相比之下，第16特混舰队大概还有60架飞机可用，但想要靠这些飞机追亡逐北，基本也只能局限于一些零散目标。

6点30分，美军PBY发现"三隈""最上"两艘军舰的尾迹，并回报"发现巡洋舰两艘，中途岛264度方向，距离125海里，航向265度，速度15节"，随后第二架PBY发现两艘巡洋舰都受损，其中一艘在漏油。

既然是这种情况，美军自然要搂草打兔子。7点前后，六架SBD、六架SB2U、八架B-17迅速起飞，8点30分开始先后轰炸日军两艘重巡洋舰。不过相比前一天笨重的航母，两艘重巡洋舰显然更加灵活，加之美军飞行员拙劣的投弹技术，"最上"仅仅挨了一枚近矢弹，两人丧生，"三隈"对联合舰队发出电报："0834受到敌B-17攻击，但成功逼退敌人，未受伤。"

虽然躲过中途岛陆基飞机攻击，但他们随后又将迎来第16特混舰队的袭击。

其实就在 6 月 5 日上午，各路情报源源不断传往第 16 特混舰队，其中 8 点的一份报告提到"发现敌军战列舰二、巡洋舰三或四，起火航母一"；随后 8 点 53 分，另一架侦察机也发现起火航母。

根据美军情报，前一天上午受损的三艘航母应该已经沉没，第四艘正在起火，那么还可能会剩有第五艘航母在海面上游荡。大体如此，斯普鲁恩斯决定让中途岛陆基飞机袭击两艘落单的重巡洋舰，而让特混舰队去击沉起火航母（"飞龙"），并追逐可能存在的其他航母。

15 点 12 分，"企业"起飞 32 架 SBD；15 点 30 分到 34 分，"大黄蜂"起飞 33 架各式飞机，共同组成编队前往轰炸起火航母。不过在飞行过程中，"飞龙"事实上已经沉没，美军飞机只是在返航途中数次攻击了前来寻找"飞龙"幸存人员的驱逐舰"谷风"（美军误认为是轻巡洋舰）。但是，"谷风"靠着惊人的运气与娴熟的操作技术躲过了全部炸弹攻击。

时间到了 6 月 6 日，斯普鲁恩斯再度追击日军航母。7 点 30 分，一架"大黄蜂"SBD 发现日军二艘重巡洋舰与二艘驱逐舰编队（"三隈"编队），以为是"航母一艘、驱逐舰五艘"，本着穷追不舍的原则，继续由"大黄蜂"起飞了 14 架 SBD、8 架 F4F 前往轰炸。

9 点 30 分左右，"三隈"发现两架 PBY 并立即开火驱散，但这并不妨碍美军前来轰炸。9 点 50 分，美军开始俯冲轰炸，两枚炸弹落在"最上"甲板上，其中一枚直接穿过鱼雷存放室爆炸——若不是"最上"提前将全部鱼雷清空，恐怕"最上"也要重蹈几艘航母的覆辙。

为了寻求空中援助，"三隈"与"最上"在 11 点左右向着西南方向前进，希望得到 710 海里以外威克岛航空队掩护，而由于动力系统修复，两艘舰艇都恢复到 20 节速度。与此同时，威克岛方面也接到消息，准备出动一式陆攻协助"三隈""最上"返航。

美军也调整部署，认为"三隈"是一艘战列舰，继续发起攻击。12 点开始，"三隈"逐渐进入美军轰炸机视野，"企业"16 架 SBD 俯冲下来，五枚炸弹命中，两枚炸弹近矢，鱼雷仓库发生大爆炸。到 14 点前后，"最上"向联合舰队报告："'三隈'大爆炸，已无希望。"

不过美军还嫌不够，"大黄蜂"第二次攻击队 23 架 SBD 再度袭来，六枚炸弹炸到"最上"，一枚炸弹命中"三隈"并炸毁机械室，使得

"三隈"无法动弹。最终在当天傍晚,"三隈"沉没,这是日本自开战以来损失的排水量最大的水面舰艇。

随着"三隈"沉没,失败的中途岛作战也最终画上句号。

但厄运并没有结束。6月7日夜晚,联合舰队集结返航,当整个舰队右转过程中,驱逐舰"矶波""浦波"相撞,造成"浦波"烟囱受损,航速减到24节;"矶波"船首开了个大口子,航速更是降低到11节。好在两艘舰艇并没有更大问题,得以在轻巡洋舰"仙台"护航下慢慢回航。

粉饰战争

作为日本海军军令最高机构,(海军)军令部自然在第一时间就了解了情况,并在东京时间6月5日晚(中途岛6月6日晨)上报裕仁天皇。天皇什么也没有说,在6月8日以前甚至没有向亲信——内大臣木户幸一提起。

不仅对于宫内省保密,事实上对于日本陆军,除去在大本营直接参与中途岛作战计划的(陆军)参谋本部作战课军官之外,日本海军并未与陆军直接交换过中途岛海战实际情况。只能在当时陆军机密战争日志里瞥见一斑:

> "6月8日……中途岛仍在决战中,敌我似均有相当损失。传说登陆作战推迟……(参谋本部)作战课与本课无任何联系……开战以来海军首次布满愁容。"

> "6月9日,中途岛海战似以帝国海军失败而告终,帝国攻略中途岛的作战目的终于受挫……"

之所以不告诉陆军,自然是因为陆、海军之间不睦已久,但更重要的原因在于,首相是陆军军人东条英机,他一旦抓住海军失利不放,那么海军官僚体系很容易失去主动权;一旦失去主动权,别说战争指导需要全盘听从陆军调遣,就连海军内部人事也有可能受到牵制。

为了维护面子与官僚体系正常运作,联合舰队不得不保留机动部队指挥官南云忠一、参谋长草鹿龙之介的位置,并把他们派往日后组建的第 3 舰队担任指挥官与参谋长。不过中途岛海战的作战参谋却大多数离开了岗位：渊田美津雄中佐被调到横须贺镇守府担任教官，直到 1943 年 7 月才重新回到第 1 航空舰队担任作战参谋；源田实中佐也被踢出参谋部，成为航母"瑞鹤"飞行长。

针对中途岛战损，6 月 10 日，军令部要求定为"沉没一艘航母（'加贺'）、大破一艘航母（'苍龙'）、大破一艘巡洋舰（'三隈'）、损失 35 架飞机"，但战果却如同珊瑚海海战一样提高为"击沉'企业'级、'大黄蜂'级航母各一艘，击沉'旧金山'级重巡洋舰一艘，击落敌机 120 架"。

应该说，二战各国其实都存在战时新闻管制，比如美国在 1942 年 1 月 15 日发布新闻出版广播的《战时行为准则》（*Code of Wartime Practices*），里面明确提到关于军队行动的报道与战果、战损发布要详细进行自我审查。事实上关于奇袭珍珠港的战损报道，也是在战况大幅好转的 1942 年底才得以正式发布。

相比之下，日本"大本营发表"在初期并没有太过分，但从珊瑚海海战起，日本对战果战损的发布就开始注水；而到了中途岛海战，由于战损过于严重，日本海军只能加以"粉饰"。

其实这种"粉饰"本身问题并不大，但麻烦在于，自从珊瑚海海战之后，不仅日本民众、就连未参加战役的日本海军中下层军人也相信这些"发表"，这就使得制定下一阶段任务时会有重大误判。

然而日本海军并未想办法解决问题，反而更进一步文过饰非。

6 月 11 日，天皇示意军令部下令，要求中途岛伤员必须在严密保护下回到日本，禁止与外界接触。很明显，天皇也深知这次重大败仗会让日本民众信心动摇。于是 6 月 14 日联合舰队回到军港以后，虽然东京举行了大规模提灯游行以庆祝"大胜"，但数百名军人却变成了"特殊病人"，被迫"隔离"起来，没有得到特殊许可，即便是医护人员也不得接近。

应该说，虽然中途岛海战惨败，但日本仍然拥有两艘正规航母（"翔鹤""瑞鹤"）、五艘轻型航母（"隼鹰""龙骧""飞鹰""瑞凤""凤翔"），战略态势上虽然弱于拥有四艘正规航母（"企业""黄蜂""大黄蜂""萨拉托加"）、一艘轻型航母（"长岛"）的太平洋美军，但仍然是一支强大力量，起码比起 1944 年马里亚纳海战时期的 9（日）∶25（美）还是要强了很多。

机密战争日志也提到："胜败乃兵家常事。日俄战争之初，帝国丧失两艘战舰（'初濑''八岛'），但东乡元帅依旧泰然自若。损失数艘航空母舰虽然暂时受到打击，但战争前提尚为辽远，更应坚持坚定意志，向完成战争目的而迈进。"

从人的角度而言，保持诚实而乐观的态度对于任何事情都非常重要。然而经过中途岛海战，日本人不但保持不了乐观情绪，还在战役失败之后更加不诚实，颇有些"输不起"。

航空舰队重建

6 月 21 日，军令部内部通告下发，其中提到中途岛海战中战损军舰可以作出如下处理：（1）在合适时机将"加贺""苍龙""三隈"除籍（三艘均于 8 月 10 日除籍）；（2）"赤城""飞龙"暂时保留船籍，但停止作业（两艘均于 9 月 25 日除籍）；（3）阵亡将士以个人为单位向家属发布通知，但不能提及沉没舰船名称。

对于中途岛海战，日本海军没有开过一场专题总结会（战训会），只是在 6 月 21 日当天开了一场"航母急增对策委员会"。除去联合舰队主要成员之外，军令部第二部长（负责军备）铃木义尾少将、航空本部总务部长大西泷治郎少将等兵器负责官员也纷纷到场。

虽然会议主题是如何迅速补足航母作战力量，但随着会议进行，各航母幸存者开始根据自己的亲身经历，提出对于航母性能的批评及改进建议。从飞行甲板防御能力不足到消防系统规划不合理，从飞机作业程序烦琐到航母战术配置问题，不经意间把海军高层批判了一番。

针对这些意见，南云忠一、草鹿龙之介、源田实这些航母部队指挥人员都羞愧难当，山本五十六却回复道："没必要变更计划，航母虽然有其脆弱性，但我有自信将其用好。"

还好，航母建造归海军省管，与山本五十六不属于一个系统。航母作业规则也开始更改，九七舰攻的加油与挂弹作业从机库转为飞行甲板，同时加强消防培训，这就使得航母作业能力愈发增强。

至于正在开工建设的航母"大凤"也获得了很多改良：首先是飞行

甲板整体装甲化，设计要求是要能经得起 800 公斤炸弹的袭击，后来修改为经得起从 700 米高度扔下的 500 公斤俯冲轰炸的炸弹，装甲长 150 米、宽 18 米，覆盖范围为首尾两个升降机之间，恰好是"赤城""苍龙"的主要中弹位置。

除此之外，为了降低船只重心，"大凤"减少了一层甲板；显著增强了对空火力，采用九八式 10 厘米高射炮，虽然较之"翔鹤""瑞鹤"的 16 门减少了四门，但火力有所增强；升降机从三台减少至两台，即去掉航母中部的升降机，将节省出来的重量增强了另外两台升降机的装甲。

但在"大凤"之外，另外一艘处于建设状态的航母"第 302 号舰"（航母"云龙"）就没有这么好的运气。这艘航母最初设计就是"昭和十六年（1941 年）战时急造计划"的一部分，用意在于对抗美军正在建造的三艘"埃克塞斯"级航母。为了求快，这艘航母采用"飞龙"图纸，将舰桥从左舷调整到右舷，同时减少一台升降机，设计基准排水量为 17150 吨。

中途岛海战之后，"云龙"设计并没有做太大更改，防空火炮数字与"飞龙"一样都是 31 门，另外在左右两舷都打开换气口，最后就是将舰内涂料从可燃性转为不可燃性。由于时间紧张，日本一下子规划了 15 艘"云龙"级航母。

但这级仓促上马的航母，到 1944 年仍未能赶上重要的马里亚纳海战，甚至未能获准参加莱特湾海战，最终竣工的"云龙""天城""葛城"三艘航母基本都未能参加到大战之中，只有"葛城"留到战后，成为运送复员军人的舰艇。

另外为了补充航母力量，日本正式停止"大和"级 4 号舰（"第 111 号舰"）建设，全部资材用于将战列舰"伊势""日向"改为航空战舰，以及将德国大型客船改为航母（"神鹰"）；针对已经开工的 3 号舰（"第 110 号舰"），则以"大凤"标准改装为航母，这就是还未出战就被击沉的航母"信浓"。

规划舰艇之外，日本海军还重组航空舰队。7 月 14 日，日本以航母"翔鹤""瑞鹤"及轻型航母"瑞凤"为中心重建第 1 航空战队，另外轻型航母"隼鹰""龙骧"则编为第 2 航空战队，搭配高速战舰二艘、巡洋舰六艘、驱逐舰十六艘，共同组建为第 3 舰队。这支舰队一直存在到 1944 年 11 月莱特湾海战，之后由于全部航母损失而被解散。

中途岛战役日本失败的原因

关于中途岛战役日本为什么失败，各路史学家都已经给出了足够多的答案，但其中哪些有道理，哪些属于过分臆想，依然需要辨明。

首先，日军普遍存在的"胜利病"让他们始终轻视美军作战力量，这点毋庸置疑。但问题是，到了 1944 年马里亚纳与莱特湾两场海战中，到了 1945 年硫磺岛与冲绳战中，日军已经不再有"胜利病"，反而是患了"恐美病"，可依然没有帮助他们获得胜利。

应该说，较之单纯批判"胜利病"，读史人更应该从另一个层面加以探讨：为什么"胜利病"能够存续下去，为什么"胜利病"会影响到作战计划制订，为什么山本五十六一意孤行能够成功，为什么日军组织结构与官僚制度没有充分探讨作战计划。

在日本文化里，承担责任是很重要的事情，一旦某件事情需要某人承担责任，那么就意味着剥夺了这个人的政治生命，像丘吉尔那样在一战中经历过惨败的人，在日本恐怕早就"掉脑袋"了（在日语中，"掉脑袋"一词有裁撤、解雇、驱逐之意）。

所以当山本五十六提出中途岛作战计划时，虽然大量有识之士发出反对声音，但军令部高层却无人出来阻止。毕竟战役成功，那么自己可以沾光；战役失败，自己也大可以把责任推给山本五十六——从战后处理来看，山本五十六自己也不愿意承担责任，于是他把第 1 机动部队两位高官都留下来，却把属下参谋都发配去了其他地方。

整个中途岛战役失败，第一责任人必然是山本五十六。这位战将或许在战前呼吁和平，或许反对德、意、日三国同盟签订，或许是日本海军航空派代表人物，或许在珍珠港奇袭中大获成功。但事实证明，一旦与美军实打实对垒起来，他并没有体现出更为出色的战略战术能力，更像一个典型的日本官僚，其实战能力比起他批判的友人井上成美并没有强到哪里去。

除去这位被过度吹捧的联合舰队司令长官之外，长期享誉日本海军的黑岛龟人大佐、源田实中佐都在各自岗位上犯了错误。其中黑岛龟人明显是看到珍珠港奇袭成功，便全盘以珍珠港旧思路来制订中途岛作战计划，却从未意识到美军已经不再是那只沉睡的狮子；源田实则没有充分考虑到侦察的重要性，由于他本人一直处于生病状态，也未能有效督促各侦察机按时起飞。

从直接影响来看，"筑摩"1号机（5号侦察线）与"利根"4号机（4号侦察线）也难逃罪责。前者没有发现自己航线上出现的美军第17特混舰队，后者则一直没有明确舰种与方位，导致情报长期处于失效状态。然而对比上层军官，这两架飞机的失误事实上可以忽略不计，即便他们带着GPS准确发现美军，也无助于日军赢得战役。

至于一直以来饱受批判的南云忠一及其参谋部，多少有些冤枉。的确，南云忠一在进入20世纪40年代以后性格上开始走中庸路线，战前战中也根本不敢坚持自我。但严格来说，两次"换弹"的决策只能说明这个人在性格上有些犹豫不决，但军事上并没有什么错误，相反当时如果听从山口多闻提议，让全部飞机立刻起飞，那么不但第一次攻击队大多数会掉到海里，整个航母舰队也会处于没有保护的状态下，更何况日军攻击机在当时的情报状态下也不一定能找到美军航母。

当然，南云忠一也不是没有过失。仅从现代军事角度看，在发现美军有可能来袭之时，南云忠一最稳妥的选择，事实上是尽可能远离美军航母与中途岛，这样起码可以保证美军飞机都是从一个方向来袭，为防御系统减轻压力。但南云忠一在这一点上没有灵活调整，而且在失去三艘航母以后仍继续靠近美军，也多少说明他身上存在着"敢进不敢退"的日式军人教育印记。

总体而言，其实从中途岛作战计划制订，到计划的每一个实施细节，都透露着日本海军一直以来的重大问题：重视决战，轻视消耗战。总想着毕其功于一役，一旦出了问题就更想拼尽家底决一死战——这种思路拖着他们在1942年下半年围绕瓜岛打了数场战役，也让他们在极端不利的情况下还要在马里亚纳海战、莱特湾海战中主动出击，最终导致联合舰队彻底覆灭。

中途岛战役影响

中途岛海战是历史上第一次大规模航母编队决战，无疑吸引大量军史爱好者关注。这场惊天战役为航母作战提供了极为优秀的范本，也成为美军日后步步取胜的基础——即便如此，中途岛海战的意义还是被人为拔高了。

从国家战略本身来讲，日美两国本来就无从比较，太平洋战争的战略结构一定是"日军优势—战略相持—美军反攻"这种公式，所以山本五十六才会在战争伊始以奇袭珍珠港为开端，又在1942年6月寻求与美军航母编队决战。

美军虽然在中途岛海战中挫败了日军战略谋划，但鉴于日军中途岛作战本身就错得十分离谱，美军从战略上一直占据胜面。正因为有着战略优势，美军飞行员投弹技术之拙劣、配合能力之低下全部被胜利所掩盖，相反也没有人意识到，如果不是日军一线指战员千锤百炼，善于应对变化，就不可能与美军整整僵持一天。如果将日美两军一线作战人员换位，恐怕中途岛作战不会超过一个上午就结束了。

虽然中途岛作战本身日本并不占据胜面，但中途岛战役本身更像是一个单纯的里程碑，而不是转折点，毕竟无论中途岛战役中日本是赢是败，日本都无法阻止美国日后进入战略反攻阶段。

所以在观察与评价中途岛战役的时候，切忌走上日式"决战思维"，认为似乎四艘航母沉入海底就宣布了日美力量顿时转换过来。事实上在1942年下半年所罗门群岛数次海战中，日军仍然表现不俗，并且依然靠着精锐的航空力量持续作战，仅仅损失了一艘轻型航母（"龙骧"），却击沉了两艘美军正规航母（"大黄蜂""黄蜂"）。

历来提到中途岛，都会认为四艘航母带着数百名飞行员沉入大海。然而从实际情况来看，"赤城"阵亡7名飞行员与机组人员，"加贺"为21人，"苍龙"为10人，"飞龙"由于单兵突击攻击美军而损失了72人，总计有121人。

这个数字与之后的第二次所罗门海战（东所罗门海战，110人）、南太平洋海战（圣克鲁斯群岛海战，145人）相比依然处在同一个水平线上。即便说日军精锐飞行员损失消亡，那也是在瓜达尔卡纳尔岛鏖战期间、在数次所罗门群岛空战期间损失的。从1942年4月开始的一年里，日本海军在南太平洋地区通过鏖战损失了2800余架海军飞机，这才是让日本航空兵垮掉的最主要原因。

所以从长期来看，中途岛败仗的影响与作用并不应该过分估计；但从短期来看，却无疑对日本有着负面影响，直接导致日本在 1942 年下半年面临瓜岛窘境。

毕竟，如果中途岛战役没有进行，那么日本就依然保有第 1 航空舰队全部六艘航母，依然是无可替代的作战力量。即便美军想在所罗门群岛打下桩子，日军强大的航母战力与威慑力也会让美军不敢突进。

但事到如今，四艘正规航母沉入海底，日军又不可能在短时间内补足飞行甲板，那么迎接日本军队的可能就只有一条道路——走向灭亡。